EDUCATION
POLICY
REVIEW
IN
CHINA

U0137789

# 中国
# 教育政策
# 评论 *2023*

（上）

袁振国　主编

上海教育出版社
SHANGHAI EDUCATIONAL
PUBLISHING HOUSE

中国
教育政策　*2023*（上）
评论

主　编

　　袁振国

编　委　（按姓氏笔画为序）

　　朱益明　刘世清　杨九诠

　　吴遵民　范国睿　郅庭瑾

　　周　彬　黄忠敬

# 时代呼唤有组织科研

"世界已经进入大科学时代，基础研究组织化程度越来越高，制度保障和政策引导对基础研究产出的影响越来越大。"习近平总书记 2023 年 2 月 21 日在二十届中央政治局第三次集体学习时的讲话《加强基础研究　实现高水平科技自立自强》中的这句话，深刻揭示了当代科学发展的新特征。2022 年 8 月教育部印发《关于加强高校有组织科研　推动高水平自立自强的若干意见》，其中提出："强化有组织科研，更好服务国家安全和经济社会发展面临的现实问题和紧迫需求，为实现高水平科技自立自强、加快建设世界重要人才中心和创新高地提供有力支撑。"为什么有组织科研受到特别重视？因为知识增长的方式变了，科学的形态变了。

## 一、知识增长的方式变了

大学有三大基本功能——培养人才、科学研究和社会服务，而知识是贯穿这三大基本功能的内在红线。从知识的链条来讲就是知识传播、知识创新、知识转化，知识创新是大学最重要的功能。知识创新的过程就是知识增长的过程，在知识增长的基础上再进一步创新、不断增长知识，就是科学发展的路线。

第二次世界大战以来，特别是近二十年来，科学知识增长方式发生了非常明显的变化，这无疑对科学研究的组织形式提出了相应变化的要求。

## 1. 从分科到综合

文艺复兴以来,现代科学发展起来,在很长的时间里,科学发展的过程就是一个不断分化的过程。自然科学和人文科学的发展都在不断分化。最早只有"智慧之学",没有哲学和科学之分,自弗朗西斯·培根(Francis Bacon)提出对科学方法新的理解后,科学和哲学才清晰地分离开来,而后又逐渐分离出数学、物理学、化学、生物学、医学等学科,每一个学科又不断分化出二级学科、三级学科,形成一棵棵知识树。科学知识增长的过程就是学科分化的过程,也是科学发展不断深化的过程,这是自培根以后整个人类科学发展的线索。因此,不管是大学,抑或是中小学,都开展分科教学。学科分化的过程就是我们掌握知识同时创新知识的过程。但是,在第二次世界大战以后,特别是近二十年来,知识增长的方式开始发生明显的变化——学科分化的路线逐渐走到尽头。传统的学科分化和知识增长已经越来越难以获得重大突破,学科交叉、学科融合成为知识增长的主要动力。当今最有活力的学科,不再是传统意义上的物理学、化学、生物学等,而是以综合学科的发展带动整个科学的发展,以材料科学、能源科学、环境科学、计算机科学、航天航空科学和生命科学为代表的综合科学,都是学科交叉融合的结果。推动科学知识增长的方式已经从学科的分化转为学科的综合。近二十年来,几乎所有的重大科学创新、科学突破都发生在学科交叉重叠的领域。

为适应这样的变化,教育也在改革。20世纪70年代,时任哈佛大学校长的博克(Derek Bok)发起通识教育改革,他任命文理学院院长罗索夫斯基(Henry Rosovsky)教授为负责人。罗索夫斯基在《哈佛通识教育红皮书》(*General Education in a Free Society: Report of the Harvard Committee*)的基础上发表《哈佛核心课程报告书》(*Harvard Report on the Core Curriculum*)。报告书将此前哈佛大学通识课程三大领域(自然科学、社会科学和人文科学)具体划分为外国文化、历史研究、文学与艺术、道德推理、自然科学、社会分析六个领域。这实际上就是人才培养的交叉。进入21世纪,美国提出STEM教育的国家战略,强调科学、技术、工程和数学教育的一体化,现在正如火如荼地在全世界展开。可以看出,科学知识的增长已经越来越强烈地影响到人才的培养。

## 2. 从理论、应用研究分离到理论、应用研究一体

过去,研究基础理论、应用理论、工程技术的人可以"老死不相往来",基础理论的研究成果能否转化为现实,需要多长时间才能转化,并不受上游的关注。从基础理论到应用是一个耗时很长的筛选过程。但是,随着科学发展和社会竞争的加剧,人们对于科学的核心认识加深,理论、技术、应用逐渐一体化。20世纪70年代联合国教科文组织国际教育发展委员会出过一本关于教育的重要著作《学会生存:教育世界的今天和明天》(*Learning To Be: The World of Education Today and Tomorrow*),书中通过科学从技术理论诞生到技术应用转化产品形成的时间表,揭示从理论向技术转化时间缩短的事实。在17世纪,基础理论从诞生到产生应用成果大概需要150—200年;到20世纪50年代,从太阳能理论建立到太阳能产品出现只用了2年。这样的情况现在已经越来越普遍。比如,基因理论到基因技术,量子理论到量子技术,都是几乎同步发展的,量子技术、量子计算机的发展,甚至是在量子理论还很不完备的情况下就已经先行发展起来的。

## 3. 从渐进到突进

在我们的观念中,循序渐进是学习路线和科学增长的路线,在科学史上可以比较清晰地看到学科的演化关系和传承关系。但是,当下的知识增长常常不是渐进式的,而是爆发式的,让人措手不及、意想不到。比如,从核聚变理论到原子弹爆炸成功,特别是从原子弹爆炸到氢弹爆炸成功,几乎是瞬间的事。互联网的发展特别是人工智能的发展更是如此。人工智能的爆发式增长,是谁都没有料想到的。在2010年前后,即使是最前沿的人工智能科学家也认为人工智能的突破还是比较遥

远的事,可谁曾想,仅仅过了几年,人工智能就形成爆炸式的增长,在各行各业得到了广泛应用,深刻改变了人类的生产方式和生活方式。

## 4. 从个人智慧到群智汇聚

从个人智慧到群智汇聚是网络时代的一个重大特点。在人类知识的增长过程中,总是依靠个体智慧的贡献,虽然也有讨论和交流,在知识的交流过程中吸取养料来深化知识系统、优化知识结构、补充知识内容,但总体上是个体行为。但是,网络彻底改变了这种状况,它让知识的交流发生了巨大的变化,每个人都既是学习者也是创造者,既是接收者也是传播者。在网络上的浏览会留下相应的数据,提出的问题也会变成知识产生的动力。在使用社交软件时,软件会分析用户偏好,自动推送个性化的内容。使用预训练生成聊天模型(chat generative gre-trained transformer,简称 Chat GPT)提问和回答的过程就是共同构建知识体系的互动过程。将来随着慕课(massive open online courses,简称 MOOC)的智能化,会产生在网络化之前从未有过的群智汇聚的新景象。网络时代是一个开放的时代,信息的开放、数据的开放、源代码的开放,构建了知识增长的一个新平台、新空间——虚拟空间,这种知识增长的方式绝对不是个人智慧可以想象得到的。

## 5. 从文化普遍性到文化特异性

文化是科学知识产生的土壤,离开了特定的文化土壤,知识的适用性也会发生改变。比如,在自然科学领域,在正常大气压下水的沸点是 100 摄氏度,冰点是 0 摄氏度,但是在海拔 8.848 千米的珠穆朗玛峰顶,受大气压的影响,水的沸点会变成 70 摄氏度。同样,在数学领域,三角形内角之和等于 180 度,但若在非平面上,三角形的内角之和就不再是 180 度。因此,不管是自然科学还是数学,当环境发生变化的时候,知识就受到挑战。社会科学更是如此。工业革命以后,由于科学技术发展与工业革命的内在逻辑相一致,形成西方科学就是真理、科学高于一切的科学主义。20世纪以来,证实主义、渐进发展、普遍适用的科学范式受到证伪主义、突变发展、相对主义的挑战。东方的智慧、中国的文化,特别是综合性、系统性、形象性、主观与客观相互影响的思想越来越受到重视。充分开放、海纳百川、胸怀世界,吸取世界上各种各样的思想观念和管理方式是必要的,但是千万不可照搬照抄,把科学主义奉为圭臬。这不是简单拿来和扔掉的逻辑,而是要重新组装、重塑结构,要充分研究文化特异性,在自己的文化土壤上建立自主知识创新体系。

科学知识增长的方式变了,科学研究的方式、组织形式自然要发生相应的变化,知识增长方式变化的本质特点在于综合化、一体化、突变化、集群化和本土化,这就是提倡有组织科研的原因。

## 二、什么是有组织科研

有组织科研是相对于无组织科研而言的。无组织科研信奉个人自由探索,在活动方式上是单枪匹马的个人行为。过去特别强调个人通过自身的兴趣爱好和自由探索开展研究。但是,由于当前已进入大科学时代和复杂的网络时代,仅凭借个人的兴趣和行为来回答当今世界的复杂问题和重大问题是不现实的。教育科学作为应用性很强的学科,需要综合地看待当今世界复杂多变的各方面因素来开展研究,这样的研究,个人仅凭独立思辨或查找文献是难以胜任的,以个人探索为主导已经完全不能应对当今世界的需要。

### 1. 有组织科研首先是一种工作方式

有组织科研需要在系统创新过程中协同工作。《科学》(Science)杂志专门有文章研究过高成效研究团队具备的特征,文章在总结了大量研究报告和研究案例后得出结论:研究团队在20人左右最高效。根据不同的研究对象和研究内容,需要有不同的组织形态和工作方式。工作坊

(workshop)是有组织科研在 30 年前开始流行的一种方式。随着社会研究的不断发展,仅凭单个学院、单个团队、单个学科,许多问题是难以解决的,需要有不同的学科、知识领域、理论、技术和应用的人来共同参与。但为了解决一个现实问题组建永久性的机构并不实际,因此需要根据问题解决的需求组织临时机构或团队,任务完成后解散。这种临时组织的机构就被称为工作坊,这已经成为一种很普遍的工作方式。在科学研究过程中有很多组织方式,哪一种组织方式是比较合适的? 在有组织科研的基础上,需要考虑研究工作方式与工作内容相匹配。

### 2. 有组织科研还是一种管理方式

大学自诞生起就形成相对稳定的组织机构,按照院系来设置,每个人都从属于一个院系,教师、学生、课程、职称晋升、工资绩效都牢牢地锁定在院系中。这种体系对分科教学和研究是非常合适的,但与综合化、协同创新的要求就格格不入。为了打破传统院系的封闭管理模式,各种新的组织形态纷纷产生,工作坊就是其中的一种。最典型的,如国际星空探测,需要在全世界各个地方汇聚数据,几十个点的数据一个都不能缺少,才能够描绘出一张完整的星空图像。庞大的组织形态也推动了系统工程论的产生,组织这个形态本身成为一种管理方式。但临时组建的工作坊会产生许多现实的问题,比如如何采取多样协同机制以激发个人的归属感。新的科研组织建制的创新成为一种很现实的需要,是迫切需要解决的问题。

### 3. 有组织科研更是一种思维方式

有组织科研不是临时的需要或者暂时的安排,而是科学研究范式的转型,需要研究者在思考问题、进行研究设计时就考虑好如何整合资源,调动各方面的力量,有条不紊地开展研究。这已经成为一种自然的、与研究对象和研究任务相伴随的思维方式。有组织科研不是几个个体的结合,而是对传统研究方式的整体性挑战。

## 三、怎样进行有组织科研

怎样进行有组织科研是一个创新体制机制的问题,在当今环境中,需要特别关注以下六条路径来推动有组织科研的进行。

### 1. 要聚焦大问题

这是作为科研团体的时代使命。社会发展到如今,问题变得错综复杂、相互纠缠。通俗地说,就是最简单的问题都已经解决了,留下来的都是要站在较高层次才能看得清楚的复杂问题。聚焦大问题,才能够把小问题看清楚、看明白,所以需要有更高的境界和更开阔的眼光。

### 2. 要搭建大平台

从国家的角度来说,搭建大平台是建立国家实验室、各种基地和中心。省内的教育科研机构也可以搭建平台,科研会议作为交流协作的机制也是一种平台。各单位、部门科研水平的高度,很大程度上就体现在平台的水平上。因此,国家重大的科研考核一定会涉及平台,包括人的平台、资源的平台、数据的平台、联动的平台等。

### 3. 要开展大协作

有组织科研的主要任务和主要特点就是协同攻关,把相关的人员、知识、技术、资金等集中起来,既有分工又有合作,全局一盘棋,产生 1 加 1 大于 2 的效应。要有大协作就要有大平台,构建适合研究需要的平台是协作的重要保证。可能是系所间、院校间甚至是国家间的协作。要创新组织机制,科教融合、产教融合、高教与普教融合,产、学、研、用一体化。

### 4. 要学科交叉

学科交叉本身是社会发展、学科发展的历史过程。对于教育科学来说，学科交叉是一个天然的机遇和优势，教育学每一次重大的进展都是学科交叉融合的结果，比如科学教育学的诞生就是由于教育学、心理学和统计学的结合。在现代科学教育学诞生之前，教育学就是一种观念、一种思辨，准确地说就是教育哲学。教育哲学是不能对对错好坏作出客观判断的，只是人的一种看法。很多人觉得思辨和理论很重要，这没有错，但是思想不能判定是非，要判定是非，必须通过科学的方法。心理学认为教育要尊重学生成长的规律，所以要总结出教育的规律，要借助心理学、伦理学、统计学、测量学中各种各样的手段和方法。因此，教育科学的诞生就是学科交叉融合的结果。

在很长的时间中，"教育科学"在英文中的表述是表示"单数"的"education science"，但是到 20 世纪 60 年代以后，管理学、社会学、经济学、信息技术等学科和教育学相结合，使得教育管理学、教育社会学、教育经济学、教育技术学等学科蓬勃发展，其所应对的也不再仅仅是教育问题，而变成社会问题。比如，人力资本理论绝不仅仅是关于教育问题的，而是关于人类社会发展的重大理论。再比如教育公平的问题，美国社会学家科尔曼（James Samuel Coleman）对教育公平的价值揭示和对美国的种族融合作出了不可估量的贡献。这个时候，"教育科学"在英文中的表述就变成"复数"的"education sciences"，这是教育科学的第二次跃进。现在，教育科学正面临第三次跃进，即数字化、智能化以及与人工智能、脑科学的结合。

### 5. 要强化实证研究

理工科必须有数据、有量化、有实验，才能开展研究。但对于包括教育科学在内的人文社会科学来说，这是一个不断加强并深化认识的过程。有组织科研需要有实证，这是相辅相成的关系。好的实证研究需要采集、分析并检验各种各样的数据,这些工作是无法全部靠个人完成的,需要组织具有不同的知识、能力和性格的人,才能够让实证研究不断深化。实证研究问题深化的重要进展表现为从相关研究到因果推论的发展。几十年前教育科学研究方法的重点是找相关关系,但现在发现,如果要使这种相关研究有意义,就必须进行因果推论。相关的技术手段在最近几年有较大的进展,要实现从相关研究转向因果推论的研究,对于人员的组织就要有更高的要求。

### 6. 要数字赋能

我们已经进入数字化、智能化时代,数字化转型在产业、商业、服务业等领域都发挥了极大的作用,产生了颠覆性的变化,对教育的影响也越来越广泛、深刻。从历史发展来看,教育经历了三个阶段。第一个阶段是学校的诞生,此前的教育是自在的、自为的,有了学校之后,教育活动才变成有组织、有计划、有目的的活动,人类的文明传承上了一个台阶。但是,这个时候的教育是很低效、面向少数人的贵族教育。第二个阶段是工业革命以后,此时建立起现代的教育制度和学校制度,进入大规模、高效率的教育阶段。但是工业化以后,教育效率的提高和规模的扩大也带来一个非常严重的问题,也可以说是人类付出的一个沉重的代价,就是标准化、统一化和呆板化,知识选择和考核标准的同一性让不同的人都被教成相同的人。因此,教育一直在追求个性化和因材施教,但是在班级授课制度下,选修制、走班制等各种各样有关因材施教的努力都是杯水车薪。数字化、智能化的到来为大规模个性化教育的实现提供了可能,可以把物理空间、社会空间和虚拟空间紧密结合起来,展现出一个真正的未来教育的景象,实现任何人在任何时间、学习任何内容的一种境界,完全可以实现每个人按照自己的需要、节奏和方式进行学习的理想。实际上,依靠如今的数字技术和智能技术,教育能够有更好的发展。然而,传统教育变化缓慢的根本原因在于管理方法的落后。从某种意义上来说,就是落后的生产关系阻碍了先进生产力的发展,但这个过程不会持久。因此,学科交叉作为教育学发展的第三个阶段,将会带来全新的景象。教育科学研究也应当探究如何让数字化为教育研究赋能,基于数据,运用数据,产生数据产品,提高教育数字化水平。

袁振国

2023 年 12 月

# 目 录 contents

*Chapter 13*

# Chapter 1

## 高校哲学社会科学有组织科研的理据、模式与挑战

王　杰　朱军文

**摘　要：**科研组织模式及其变革是科学研究活动高质量发展的重要议题之一。与自由探索相对应的有组织科研，对高校哲学社会科学研究来说是否必要，有哪些类型，有何限度等，是本文希望回答的问题。处于新发展阶段的高校哲学社会科学研究，为了更好地回应国家重大战略需求，更好地应对复杂社会问题研究和以数据驱动的实证研究需要，需要强化有组织科研。高校哲学社会科学的发展历程显示，在自由探索之外，已经逐渐形成针对理论创新、咨政服务、文化传承、数据驱动和协同创新五种不同类型的有组织科研模式。强化哲学社会科学有组织科研，也需要进一步厘清有组织科研与自由探索的边界，持续推进以数据驱动的实证研究，深化以团队为对象的绩效评价，推广合作署名成果的贡献认定，推动高校哲学社会科学高质量繁荣发展新局面。

**关键词：**高校；哲学社会科学；有组织科研；自由探索

小型、分散、封闭、重复一直被认为是我国高校科研组织模式的重要问题，是阻碍高校科研更好地服务国家重大战略需求的原因之一。2022年8月，教育部印发《关于加强高校有组织科研　推动高水平自立自强的若干意见》（下称《意见》），将科研组织模式变革的重要性提升到事关科技自立自强的高度。"有组织科研"亦引发各界热议。已有理论研究主要在自然科学视域下探讨有组织科研的概念，[1]基本经验、推进思路和实施机制。[2]有学者认为，传统的学术建制已难以适应学科交叉融合、理论与应用边界淡化的发展趋势。创新学术建制，构建矩阵式学术组织构架，是加

快一流学科建设的急迫要求。[3]有学者探讨了科研组织模式的整体变迁[4]和我国高校科研组织的演变。[5]还有学者通过国际比较研究，为我国更好推进有组织科研提供了借鉴。[6][7]哲学社会科学是高校科研不可或缺的组成部分。《面向2035高校哲学社会科学高质量发展行动计划》明确提出，要"以有组织科研推动新时代中国特色哲学社会科学知识体系创新"。但学界对于哲学社会科学为何需要有组织科研，高校推进哲学社会科学有组织科研的模式以及面临的困境仍缺乏深入的研究。这是本文希望有所贡献的地方。

## 一、高校哲学社会科学有组织科研的概念和特征

目前学界与有组织科研相关的概念主要有两个：第一，有组织科研单位（organized research units），是指高校中以完成外部资助任务为主要目标的跨部门、跨学科的研究单位。[8]有组织科研单位的兴起，主要是为了克服高校传统院系组织体系的缺陷，增加科研组织模式灵活性以解决较为复杂的研究问题。第二，有组织创新（organized innovation），是指涉及基础研究、技术开发和商业转化的一整套创新框架。有组织的创新架构有三个核心的组成部分：（1）引导好奇心，将由好奇心驱动的研究引导为更具野心的现实应用；（2）跨界合作，促进学科交叉以及打破大学、政府和企业之间的藩篱；（3）精心策划的商业化，将不同技术积聚到一起来推动科技进步，最终使整个社会受益。[9]

我国历来重视有组织科研，形成了从科技发展规划到学科整体布局，从重大项目资助到战略科研基地建设的完整框架。《意见》指出："高校有组织科研是高校科技创新实现建制化、成体系服务国家和区域战略需求的重要形式。"我国语境下的有组织科研更加强调对接国家重大战略需求。结合我国政策语境和相关概念，本文认为高校哲学社会科学有组织科研是高校以服务国家战略需求为目标，通过组建跨学科、跨部门的科研团队，以更加体系化、建制化的方式开展哲学社会科学研究的科研组织模

式。有组织科研至少具有三个特征：（1）研究选题注重需求驱动和目标导向；（2）研究过程强调团队攻关和分工协作，呈现出跨学科、跨部门的特征；（3）研究结果更加强调"可转化"与"可应用"，能为社会经济作出实质贡献。值得指出的是，区别于自然科学具有相对统一的研究范式和稳定的知识积累，哲学社会科学研究更具本土化情境，更需要基于我国独特的历史与国情，构建中国特色的理论体系与话语体系。

## 二、高校哲学社会科学有组织科研的理据

自由探索是高校哲学社会科学中由来已久且普遍存在的研究方式。在尊重自由探索方式的基础上，着力强化高校哲学社会科学的有组织科研，是时代发展的必然。

### 1. 国家重大战略需求需要有组织科研的攻关

国家安全和经济社会发展面临的现实问题和紧迫需求，需要高校哲学社会科学进行有组织的科研攻关。哲学社会科学具有科学性和价值性的双重属性，既追求客观真理，也追求具有主观标准的美和善，具有科学认识和意识形态双重功能。[10]选择一个好的研究问题是科学进步的开端。传统的哲学社会科学研究以学者个人的兴趣驱动、自由探索为主，个人的好奇心和价值取向在确定研究方向与具体研究问题的过程中具有关键作用。但由于专业视域和个人经验的局限性，自由探索模式往往难以回应社会和国家面临的重大问题，也会使得一些具有重要文化传承意义的"冷门绝学"项目被冷落。社会科学领域学者尤其需要一种"社会学的想象力"，将"环境中的个人困扰"与"社会结构中的公众论题"相结合去增进理性，[11]将个人兴趣和国家重大需求相结合，关注诸如中国式现代化、共同富裕、经济高质量发展等宏大命题。区别于自然科学，哲学社会科学研究具有价值属性，对中国特色社会主义的理论阐释、中华优秀传统文化的传承创新和社会文明风尚的引领具有独特作用，对国家治理和公共利益的

意义重大。因此，学者的好奇心需要适当引导，高校需要在国家重大战略需求的牵引下布局学科领域和主攻方向，变革科研组织模式，采用自上而下与自下而上相结合的选题机制。

### 2. 问题的复杂性需要多学科、多学者的协同研究

研究问题的复杂性和综合性决定了高校哲学社会科学需要改变传统的单打独斗、资源分散的研究模式。[12]哲学社会科学的研究对象——人类行为和社会现象，因受到历史、文化和环境等多方面因素的影响，具有极其复杂的特征。伴随着哲学社会科学研究的不断深化，学科日益呈现出高度分化的趋势，但这并未改变客观世界和人类社会的整体性和复杂性。高度分化的学科体系越来越难以解决人类社会发展面临的复杂问题，学科交叉融合已成为解决复杂问题，回应世界整体性的主要途径。诺贝尔奖百余年来，41%的成果属于交叉学科，尤其是 21 世纪以来，跨学科成果占半数以上。[13]当前我国面对的共同富裕、乡村振兴、数字经济、"双碳"减排、健康中国等重大现实问题研究，绝非个别学科以一己之力所能单独承担。[14]随着知识的不断专业化和爆炸式增长，学者个人也难以掌握解决复杂科学问题所需要的全部知识和技能，合作研究与科研团队研究成为哲学社会科学研究的重要途径。自 20 世纪以来，科学论文数量呈指数型增长，这主要得益于涉及多位学者合作的大规模研究项目。[15]研究表明，我国哲学社会科学领域学术合作率不断提升，在 2000 年至 2014 年间，学术论文作者合作率从 22.28% 上升 40.37%，机构合作率 7.27% 上升到 14.73%。[16]有组织的团队研究和多学科交叉研究通过分工协作、知识与方法的相互补充和启发，促进学术创新，解决日益复杂多变的社会问题。

### 3. 数据驱动的实证研究范式转型需要有组织科研的助力

哲学社会科学领域数据驱动的实证研究范式转型迫切需要高校有组织科研的助力。美国学者汉考克（Jeffrey Hancock）将大数据对社会科学

研究的意义,比作显微镜之于化学发展的意义。[17]大数据能够为研究者提供前所未有的海量社会行为数据。在互联网环境中,民众、企业和政府等主体的行为足迹都会被记录。利用这些数据,研究者能够深入观察和分析人类社会的复杂行为模式,[18]并为未来趋势的预测提供了可能。区别于传统的"理论假设驱动"研究范式,"数据驱动"的社会科学研究更多的是自下而上的研究,其实施过程将包括初步数据挖掘与问题发现、问题聚焦与理论假设确立、深度数据挖掘与假设检验、知识形成与研究结论等环节,而大数据分析技术将深度融合于以上各个环节之中。[19]由于大数据具有即时性、动态性、体量大和非结构化等特点,传统的数据分析技术和工具已难以提供支撑,如何对这些数据进行挖掘、储存、处理和分析,这对社会科学研究者提出了巨大的挑战。[20]它不仅需要不同学科与大数据技术的深度融合,更需要投入大量资金打造数据存储和分析的硬件与软件。如此浩大的工程,需要从国家层面进行系统谋划,发挥新型举国体制的优势,充分发挥政府、大学、科研机构和企业等主体的作用,协同攻关。

## 三、高校哲学社会科学有组织科研的现有模式及面临的挑战

早在有组织科研正式进入政策文件之前,我国高校哲学社会科学研究在不同发展阶段已经探索并初步形成了一些针对不同类型研究活动的组织模式,为新发展阶段进一步强化有组织科研提供了良好的基础。但由于哲学社会科学自由探索研究的惯性、学术评价体系的制约、科研团队建设和合作机制的不健全,高校哲学社会科学有组织科研仍面临着挑战。

### 1. 高校哲学社会科学有组织科研的现有模式

第一,理论创新型有组织科研模式。它是指高校围绕中国特色社会主义重大理论和现实问题,聚焦学科基础理论创新和学术前沿问题的有组织科研模式。该模式以学科建设为中心,立足理论创新,通过不断提高

基础研究质量，理论联系实际，服务国家重大战略需求，研究阐释新时代中国特色社会主义原创性思想，以推动中国自主知识体系的构建。教育部自1999年起陆续布局建设了151个高校人文社会科学重点研究基地，涵盖了哲学社会科学各学科和重要研究领域。作为哲学社会科学研究的"国家队"，高校人文社会科学重点研究基地在前沿问题研究和理论创新方面贡献突出，近千项成果获教育部高等学校科学研究优秀成果奖，以占高校社科力量1%的人力承担了59%的教育部重大课题攻关项目，以占全国社科力量0.9%的人力承担了35%的国家社科基金重大项目。[21]高校也是马克思主义理论研究和建设工程的重要建设主体，在经典著作编译、学科教材体系建设和理论研究阐释等方面发挥重要作用。如由北京大学于2015年牵头实施的《马藏》编纂工程，计划用约20年时间，通过"多学科联合攻关，国内外协同合作"，汇集并编纂马克思主义形成和发展过程中的相关文献，系统全面展现马克思主义发展历程。[22]通过有组织科研的方式，高校哲学社会科学战线集中优势力量开展理论创新，服务自主知识体系构建，取得了显著成效。

第二，咨政服务型有组织科研模式。它是指高校以服务党和政府决策为宗旨，以智库建设为中心，开展具有前瞻性、针对性、储备性政策研究的有组织科研模式。智库具有推动决策民主化科学化，提高国家治理水平的重要功能。我国已逐步形成以国家高端智库为引领、各类智库协调发展的中国特色新型智库体系。[23]2015年出台的《国家高端智库建设试点工作方案》提出，要建设一批"国家亟需、特色鲜明、制度创新、引领发展"的高端智库。目前，全国共有29家国家高端智库建设试点单位，其中包括北京大学、清华大学、中国人民大学等8家高校智库单位。国家高端智库决策影响力、社会影响力、国际影响力不断提升，已成为中国特色新型智库建设的示范工程。[24]作为教育、科技和人才的结合点，高校具有基础研究实力雄厚，学科门类齐全、人才资源丰富和对外交流广泛等优势，为开展战略研究与政策研究提供了有力的学术支持，已成为我国智库建设的主力军。据南京大学中国智库研究与评价中心统计,截至 2020 年 11 月底,在 940 家"中国智库索引"来源智库中,有高校智库 663 家,占比 71%。[25]

第三,文化传承型有组织科研模式。它是指高校以传承弘扬中华优秀传统文化为宗旨,以建设传承基地为中心,开展优秀传统文化的阐释、教育和发展创新研究的有组织科研模式。2017 年,《关于实施中华优秀传统文化传承发展工程的意见》首次以中央文件形式专题阐述中华优秀传统文化传承发展工作。[26]从 2018 年起,教育部支持了百余所高校开展中华优秀传统文化传承基地建设,围绕课程建设、社团活动、工作坊建设、科学研究、辐射带动、展示交流六个方面。[27]其中,聚焦中华优秀传统文化传承创新的价值与内涵、理念与路径开展学术研究是基地建设的重点任务之一。文化传承创新使命是高校职能的应有之义,尤其对于高校哲学社会科学而言。以 2003 年北京大学启动的《儒藏》编撰工程为例,作为新中国成立以来教育部支持的最大的人文社科项目,该项目联合了国内及韩、日、越三国近百所高校和学术机构近 500 名学者,致力于儒家文献的系统整理与研究。[28]《儒藏》编撰工程不仅促进了儒学研究的发展,还为传统文化传承和世界文明交流作出巨大贡献。类似的项目还有清华大学牵头的"清华简"研究、山东大学牵头的全球汉籍合璧工程和浙江大学牵头的"中国历代绘画大系"工程等。[12]此外,高校还对保护和发展具有重要文化价值和传承意义的冷门绝学具有重要作用。国家社科基金于 2018 年设立专项,重点支持对国家发展、文明传承、文化安全具有重要意义,但仍缺乏投入与研究的冷门绝学。[29]具有浓厚人文氛围和基础研究取向的高校,是冷门绝学项目的主要承接者。

第四,数据驱动型有组织科研模式。它是指高校适应信息技术快速发展,在人类迈入智能化社会的背景下,基于大数据技术,通过哲学社会科学与计算机科学交叉融合实现研究范式转型的有组织科研模式。大数据技术为社会科学研究提供了海量的数据和计算实验平台,将更有利于学科交叉融合、宏观理论的发展以及社会行为的预测,被称为社会科学的第四研究范式转型。[30]2020 年,教育部启动哲学社会科学重点实验室试点建设工作，要求申报机构"具有满足研究需求、长期积累、来源合法、渠道稳定的海量数据资源""能够自主设计开发建设相关数据库和应用软件，数据分析、处理和研究能力独树一帜、体现创新"，明确了哲学社会科学实验室的"数据驱动"取向。在首批入选的 9 个试点和 21 个培育机构中，既包括经济学、管理学和法学等社会科学，也包括语言学、考古学、音乐和艺术等传统人文学科。如武汉大学文化遗产智能计算实验室依托武汉大学优势突出的信息资源管理学科和测绘遥感学科资源，协同历史、文学、考古等传统人文学科，在数智赋能理念指引下，聚焦文化遗产智慧数据、古籍内容挖掘分析、文物图像计算和遗产虚拟呈现等方向开展研究。[31]

第五，协同创新型有组织科研模式。它是指高校以重大创新任务为引领，与企业、科研院所和其他高校等协同单位开展协同创新研究的有组织科研模式。该模式的主要特征在于，强调打破高校与其他创新主体间的体制壁垒，整合高校、研究机构和企业等主体的互补性资源，发挥各自优势，[32]激发创新活力。2011 年实施的"高等学校创新能力提升计划"将协同创新中心分为面向科学前沿、文化传承创新、行业产业以及区域发展重大需求四类。截至 2020 年，教育部共分两批认定了 38 个国家协同创新中心，全国 31 个省（自治区、直辖市）建设认定省级协同创新中心总数超过 1 000 个。[33]高校哲学社会科学主要致力于建设面向文化传承创新的协同创新中心，以中国基础教育质量监测协同创新中心为例，中心由北京师范大学牵头，联合华东师范大学等其他 5 所部属师范大学、中国教育科学研究院和科大讯飞股份有限公司共同建立，旨在构建具有中国特色、国际可比的国家基础教育质量监测体系，推动教育管理和决策的科学化。[34]

## 2. 高校哲学社会科学有组织科研面临的挑战

挑战一：自由探索与有组织科研之间存在张力。哲学社会科学具有个人主观性强、知识弥散和诠释学研究取向，[35]尤其是人文学科。与自然科学研究从多样性和特殊性走向统一性、一致性、简单性和必然性不同，人文学科则突出独特性、意外性、复杂性和创造性。[36]社会科学在经历实证研究范式转型[37]后，虽在认识论和研究方法等方面逐渐与自然科学接近，但研究者也难以做到与研究对象截然两分。价值问题是哲学社会科学永远无法回避的问题。有学者认为，哲学社会科学研究的目的应是揭示貌似自然的事实背后的价值关系、价值选择和价值冲突。[38]相较于自然科学，哲学社会科学研究极易基于不同的价值基础和方法论取向而形成不同的研究范式和学术流派。不同学派间的学术观点有时甚至不可通约或相互矛盾。学科特性决定了自由探索模式在哲学社会科学领域要比自然科学领域更加普遍，这与有组织科研强调的需求导向、团队合作以及应用取向之间存在一定的紧张关系。

挑战二：协同高效的科研团队建设难是阻碍有组织科研的关键。高校有组织科研的实施需要组建合作高效的科研团队。但高校哲学社会科学研究仍以个体化小作坊式和松散耦合的科研团队为主，而任务导向、合作紧密的科研团队较为缺失。在实践中，即使在国家政策引导下建制化发展的科研机构，也存在无实质上的科研团队和缺少科研合作的情况，其"有组织科研"有名无实。这至少存在以下三个方面的原因：第一，受到哲学社会科学传统单兵作战研究模式的惯性影响；第二，受到高校以学科和专业为建设单位的科研组织体系的制约，团队组建渠道不畅，尤其是跨校、跨院系和跨学科团队的组建；第三，科研团队建设本身的复杂性。团队的效能受到多种因素的影响，如团队领导、人员规模和多样性、团队沟通与合作等。[39]作为团队的灵魂，科研团队负责人既要拥有卓越的学术才能，又要具备相应的学术管理能力。而团队成员围绕某一科研目标形成实质且高效的合作，则是提高团队效能的关键因素。[40]高校迫切需要改革体制机制，以畅通科研团队的组建渠道，遴选合适的学术带头人，组建真正合作高效的科研团队。

挑战三：重数量、重个人的学术评价体系阻碍有组织科研的开展。现有重数量、重个人的科研评价方式，不适应以团队协作和跨学科合作为主的有组织科研模式。其一，以质量和贡献为导向的评价体系尚未建立起来，现有评价体系仍然以发表数量、期刊等级和被引次数等量化指标作为评价指标，难以充分反映研究成果的价值与贡献，尤其是难以衡量其对社会经济发展作出的贡献。其二，现有评价体系难以平衡团队整体及其成员的贡献。高校现行评价体系通常过多强调研究成果完成人的排序，强调第一完成人，难以对参与研究的个体贡献进行合理评价。针对团队式、合作式和任务导向型的有组织科研活动，仍需要探索出能够合理识别个人贡献的整体性评价体系。[41]其三，现有评价体系仍然缺少对不同类型科研成果的分类评价。仍需要探索针对不同类型的有组织科研实行分类评价，如理论创新型注重评价学术创新性，文化传承型和协同创新型则应更加侧重评价学术影响和社会贡献。此外，现有评价体系对研究平台建设、研究硬件和软件开发的鼓励不足。重"结果"轻"过程"的评价体系，使得学者（尤其是年轻的学者）不愿意投入时间和精力去做一些产出慢甚至无产出的科研活动，进而对研究平台和数据库的建设、研究硬件和软件的开发形成一定阻碍。

## 四、提升高校哲学社会科学有组织科研水平的建议

高校哲学社会科学有组织科研在中国自主知识体系建构、中华文化传承与创新以及促进国家治理体系现代化等方面具有独特的作用。高校哲学社会科学有组织科研也是对日益复杂的社会问题和以数据驱动的实证研究范式转型的回应。为更好地推进高校哲学社会科学有组织科研，仍需要在以下四个方面作出努力。

### 1. 厘清有组织科研与个人自由探索的边界，促进两者更好结合

进一步厘清哲学社会科学有组织科研的"边界"，即哪些学科、研究领域和问题适合有组织科研模式。一般而言，社会科学相较于人文学科，应用研究相较于理论研究，涉及多学科的综合性"大科学"问题，更适用于有

组织科研模式。有组织科研不意味着压抑或舍弃个人自由探索,而是在更好发挥自由探索优势和特色的基础上,围绕国家战略需求组织开展科学研究。[42]学术自由对于学术创新的重要性毋庸置疑。在有组织科研的过程中,要充分尊重学者的主体地位,充分激励和调动学者的积极性。

### 2. 推动以数据驱动的实证研究,强化组织内部相互合作的依赖性

推动哲学社会科学研究向以数据驱动的实证研究转型,以数据为纽带强化科研团队建设和组织内部成员的科研合作。以大数据技术发展为契机,建立统一的数据管理标准和平台,打通不同学科和机构间的信息共享,降低数据碎片化现象,创造一个开放式的数据共享环境。以数据为基础,消解哲学社会科学内部学科壁垒,打破哲学社会科学和自然科学之间的隔阂,围绕重大研究问题,加强跨学科研究团队建设,形成跨学科合作和共同研究的文化氛围。

### 3. 深化以团队为对象的绩效评价,强化组织目标

建立以科研团队为对象的整体性绩效评价体系,强化有组织科研的目标。一方面,科研团队绩效评价要克服传统学术评价"重量轻质""一刀切",忽视人才培养和社会经济贡献情况的弊端,以质量和贡献为导向,开展多维度、差别化的评价。只有坚持正确的绩效目标追求,才能使团队走向正确的方向。另一方面,科研团队绩效评价要公正合理地评价团队成员的个人贡献,在研究成果中标识出团队成员分工情况及贡献度,以此激励团队成员深化合作,在有组织科研中实现个人目标和组织目标的统一。

### 4. 推广合作署名成果的贡献认定,构建有组织科研合作的微观机制

推广合作署名成果的贡献认定,为开展广泛的科研合作提供激励机制。科研成果认定不仅涉及研究发现"优先权"的确认,还事关学者个人的学术声誉、成果奖励以及职称晋升等切身利益,若不能得到合理的认

可,将极大影响科研合作的积极性。为此,首先应坚持科研成果合作署名的权利义务合一性,做到凡参与科研成果创作必署名,凡署名必直接参与科研成果创作。[43]其次,应在所有参与研究的人员同意的情况下认定科研贡献和署名顺序。倘若贡献相当,可借鉴国际期刊的共同作者制度或研究贡献度声明,以此来打消学者对科研合作的疑虑,更好地推动有组织科研。

## 参考文献

[1] 潘教峰,鲁晓,王光辉.科学研究模式变迁——有组织的基础研究[J].中国科学院院刊,2021,36(12):1395-1403.

[2] 万劲波,张凤,潘教峰.开展"有组织的基础研究":任务布局与战略科技力量[J].中国科学院院刊,2021,36(12):1404-1412.

[3] 袁振国.创新学术建制,进一流学科建设[J].中国高教研究,2022,348(08):11-14.

[4] 陈套.科学研究范式转型与组织模式嬗变[J].科学管理研究,2020,38(06):53-57.

[5] 杜育红,郭艳斌,杨小敏.我国高校科研的组织演变与时代创新[J].国家教育行政学院学报,2022(12):33-39,48.

[6] 张新培.瑞士高校有组织科研的复杂面向及其机制响应——基于苏黎世联邦理工学院的案例分析[J].国家教育行政学院学报,2022(12):40-48.

[7] 张强.何以有组织:澳大利亚高校科研的外部治理机制[J].中国高教研究,2023,353(01):57-63.

[8] Geiger R. L. Organized research units — Their role in the development of university research[J]. The Journal of Higher Education, 1990, 61(1): 1-19.

[9] 柯拉尔,弗朗汉姆,佩里,等.有组织的创新——美国繁荣复兴之蓝图[M].陈劲,尹西明,译.北京:清华大学出版社,2017:51-105.

[10] 樊丽明."新文科":时代需求与建设重点[J].中国大学教学,2020,357(05):4-8.

[11] 米尔斯.社会学的想象力[M].陈强,张永强,译.北京:生活·读书·新知三联书店,2016:1.

[12] 张政文.以有组织科研推动高校哲学社会科学自立自强[J].中国高校社会科学,2023(01):87-104.

[13] 黄海华.41%诺奖成果属于交叉学科,复旦这场科学报告会的关键词正是"融合创新"[EB/OL].(2022-05-27)[2022-03-08].https://export.shobserver.com/baijiahao/html/491713.html.

[14] 徐青森.推动学科交叉融合　促进高校哲学社会科学高质量发展[J].大学与学科,2022,3(01):9-10.

[15] Price D. J. de S. Little science, big science[M]. USA: Columbia University Press, 1963.

[16] 郝若扬,逯万辉.我国人文社会科学学术合作特征演变研究[J].情报杂志,2018,37(06):124-132.

［17］ Goel V. As Data Overflows Online，Researchers Grapple With Ethics［EB/OL］. (2014－08－13)［2022－03－08］. https：//www.nytimes.com/2014/08/13/technology/the-boon-of-online-data-puts-social-science-in-a-quandary.html.

［18］李文，邓淑娜.大数据带来社科研究新变化［N］.人民日报，2015(08).

［19］刘涛雄，尹德才.大数据时代与社会科学研究范式变革［J］.理论探索，2017，228(06)：27－32.

［20］邱泽奇.大数据给社会学研究带来了什么挑战？［C］.上海：上海交通大学出版社，2018：25.

［21］焦以璇.教育部人文社会科学重点研究基地历经 20 年建设重整行装再出发——打造一流的社科研究"国家队"［EB/OL］.(2019－09－23)［2022－03－08］. http：//www.moe.gov.cn/jyb_xwfb/s5147/201909/t20190923_400290.html.

［22］新华网.中国重大基础性学术文化工程《马藏》编纂取得积极进展［EB/OL］.(2021－06－25)［2022－03－08］.https：//baijiahao.baidu.com/s?id＝1703530904027431067&wfr＝spider&for＝pc.

［23］徐晓明.让中国特色新型智库体系更完备更有力［EB/OL］.(2022－06－09)［2022－03－08］.https：//baijiahao.baidu.comh/s?id＝173512583338250739&wfr＝1spider&for＝pc.

［24］林振义，王君琦.中国特色新型智库建设与新时代相偕并进.［EB/OL］.(2023－01－30)［2022－03－08］.https：//www.ccps.gov.cn/dxsy/202301/t20230130_156479.shtml.

［25］中国智库研究与评价中心.中国特色新型智库建设历程回瞻与展望(2015—2020)［EB/OL］.(2022－09－26)［2022－03－08］.https：//cttrec.nju.edu.cn/cn/zxdt/zxzx/20220926/i227912.html.

［26］新华网.中宣部印发《中华优秀传统文化传承发展工程"十四五"重点项目规划》［EB/OL］.(2021－04－23)［2022－03－08］.https：//www.ccmapp.cn/news/detail?id＝997b2541-f935-4b73-8957-4a1f027aefb2.

［27］杨文轶.教育部支持 106 所高校建设中华优秀传统文化传承基地［N］.中国教育报，2022－01－20(4).

［28］北京大学儒藏编撰与研究中心.工程简介［EB/OL］.(2022－05－27)［2022－03－08］.http：//ruzang.pku.edu.cn/gcgk1/gcjj.htm.北京大学儒藏编撰与研究中心.《儒藏》"精华编"中国部分 282 册全部出版［EB/OL］.(2022－10－10)［2022－03－08］.http：//ruzang.pku.edu.cn/info/1056/2656.htm.

［29］中国经济网.如何让冷门不冷绝学有继［EB/OL］.(2023－01－16)［2022－03－08］.https：//baijiahao.baidu.com/s?id＝1755143201275361906&wfr＝spider&for＝pc.

［30］米加宁，章昌平，李大宇等.第四研究范式：大数据驱动的社会科学研究转型［J］.学海，2018(02)：11－27.

［31］武汉大学文化遗产智能计算实验室.实验室成员［EB/OL］.(2020－03－27)［2022－03－08］.http：//iclch.whu.edu.cn/TeamMembers/Team1.

［32］陈劲，阳银娟.协同创新的理论基础与内涵［J］.科学学研究，2012，30(02)：161－164.

［33］教育部.关于政协十三届全国委员会第三次会议第 4829 号(教育类 377 号)提案答复的函［EB/OL］.(2022－09－05)［2022－03－08］http：//www.moe.gov.cn/jyb_xxgk/xxgk_jyta/jyta_kjs/202009/t20200927_491784.html.

［34］中国基础教育质量监测协同创新中心.中心简介［EB/OL］.(2018－06－15)［2022－03－08］.https：//cicabeq.bnu.edu.cn/.

［35］李醒民.知识的三大部类：自然科学、社会科学和人文学科［J］.学术界，2012，171(08)：

5 - 33.

　　[36] 中国大百科全书出版社编辑部.《简明不列颠百科全书》(第 6 卷)[M].北京：中国大百科全书出版社,1986：761.

　　[37] 朱军文,马银琦.教育实证研究这五年：特征、趋势及展望[J].华东师范大学学报(教育科学版),2020,38(09)：16 - 35.

　　[38] 劳凯声.人文社会科学研究的问题意识、学理意识和方法意识[J].北京师范大学学报(社会科学版),2009(01)：5 - 15.

　　[39] 季小天,赵文华.高校科研创新团队建设：国外研究进展与启示[J].研究生教育研究,2021,65(05)：76 - 83.

　　[40] 黄颖,李瑞婳,刘晓婷,等.科研团队学：内涵、进展与展望[J].图书情报工作,2022,66(04)：45 - 55.

　　[41] 李秀坤,陈凯华,陈劲,等.有组织科研如何提升服务国家战略能力[N].中国教育报,2023 - 03 - 06(06).

　　[42] 新华社新媒体.瞭望|以"三个破解"加强高校有组织科研[EB/OL].(2022 - 11 - 22)[2022 - 03 - 08].https://baijiahao.baidu.com/s?id = 1750158333272672779&wfr = spider&for = pc.

　　[43] 段从宇,李人杰.规范科研成果合作署名的困境与突破——基于权利义务一致性的探讨[J].中国高校科技,2019,373(09)：8 - 11.

## 作者简介

　　王　　杰　华东师范大学教育学部博士研究生,主要研究方向为高等教育管理

　　朱军文　华东师范大学教育学部教授,主要研究方向为高校创新政策与评价、高校人才政策与评价、科学计量与科研评价

## 电子邮箱

　　52214110010@stu.ecnu.edu.cn

　　jwzhu@ed.ecnu.edu.cn

# Chapter 2

## 论高校有组织科研与基于应用的基础研究突破

江　璐　蔡连玉

**摘　要：** 我国高科技被"卡脖子"，迫切需要基础研究尤其是基于应用的基础研究突破，高校有组织科研能为这一突破提供有效支持。作为一种科研推进范式，有组织科研本质上是一种集体"分工协同"的攻关，它重视集体科研组织的协作分工，由集体协作汇聚群体智能，从而实现重大研究问题的进展与突破。基于科学研究象限模型，我国高科技发展的关键在于巴斯德象限即基于应用的基础研究的突破，而应用引发的基础研究因其复杂艰深、工作量大且时间紧迫而具有强烈的协同需求。作为当前高校运转的底层逻辑，条块分割的院系管理、市场化的绩效分配与信念不足的教师行动策略阻滞了高校有组织科研的协同创新，因而需要基于有组织科研范式，通过如下组织创变推动基于应用的基础研究突破：(1) 创新组织架构，推进高校"后学院科研"；(2) 变革绩效管理，引导教师科研协同行为；(3) 强化制度激励，塑造教师合理科研信念。

**关键词：** 高等学校；有组织科研；基于应用的基础研究；组织创变

在后全球化时代，巴斯德"科学无国界而科学家有祖国"[1] 的论断意义凸显，构建国家创新能力、突破高科技"卡脖子"困境，对我国发展蓝图的实现至关重要。高校是创新的重镇，其科学研究活动是教师个体的"闲逸好奇"，还是集体的"分工协同"，这是两种不同的高等教育哲学。被"卡脖子"的高科技关涉的往往都是艰深复杂的基础研究，尤其是"基于应用的基础研究"。对我国来说，这些领域的科研发展正处于"无人区"，需要科研人员规模化的集体攻关，个体"闲逸好奇"的科研范式对此已然功效不彰。作为一种研究范式，有组织科研有其内在的质的规定性，而基于应用的基础研究有着强烈的协同需求，对此进行深入识读，并基于当前高校科研治理的底层逻辑，探究提升高校科研组织性以促进基于应用的基础研究突破的组织创变路径，具有理论与实践意义。

## 一、对作为范式的有组织科研的识读

有组织科研既是现代大学对社会高质量发展需求作出的积极回应，也是现代大学自身高质量发展进程中的主动选择。第二次世界大战后，美国为实现繁荣复兴之蓝图，有组织科研框架开始受到重视，[2]它旨在利用"有组织的研究单位"（Organized Research Units，简称 ORUs）开展有组织的协同创新研究，而高校在美国已成为实施有组织科研的主力军。有组织科研，无论是从其组织运作还是从思维方式审视，都昭示着一种新的科研组织范式的形成。"范式"（paradigm）指普遍公认的科学成就，且能在一段时期内为科学共同体的实践提供一套基本完善的规则和行为标准，[3]它包括科学共同体共有的全部承诺，既代表某一科学共同体成员共有的信念、价值、技术等构成的整体，也指谓具体谜题解答的范例基础。[4]基于对具体学科的深入分析，库恩抽象出汇聚本体论、方法论、认识论、价值论于一体的范式理论，[5]这为本文深入解读有组织科研提供了分析框架。

本体论是探究世界本原或基质的哲学理论，[6]用以分析事物质的规定性及其存在的本真性问题。从范式理论的本体论维度审视，有组织科研本质上是一种集体"分工协同"的攻关，其质的规定性强调科学研究的"强组织性"。有组织性是相对于科研的无组织混乱分散、涣散断层而言的，[7]有组织科研的有组织性表现为以纵横交织的方式在高校内部形成矩阵式学术组织结构，即"有组织研究单位"，并以此进行集体性的"分工协同"攻关，打破大学传统系科结构的藩篱，超越传统的个体"闲逸好奇"式探究，致力于学科交叉的深度融合研究。

方法论是起指导作用的原则、理论与方法的总和，范式作为谜题解答的范例,能为有组织科研的实施方式提供科学指导。从范式理论的方法论维度审视,有组织科研致力于国家重大研究问题攻关,这就要求集体科研组织的合理分工与有效协作,超越传统的个体科研行动的独立自主方式,集中优势力量实现学科交叉和深度融合,跨越从基础理论到科学技术再到国家产业之间的原始创新断层。有组织科研的方法论维度强调科研实施方式的合理分工与高度协作,倡导在设定研究目标基础上,以构建科研团队、通力协作的组织方式开展科研工作。

认识论是个体的知识观,是个人对知识本身及知识获取等持有的信念,[8]它影响有组织科研知识生产与转化的内部机制。从范式理论的认识论维度审视,有组织科研依赖集体的"分工协同"开展跨学科交叉研究,超越传统上由个人兴趣引发的以单一学科为主的知识生产模式,强调由集体协作汇聚群体智能,增进国家战略性知识创新。群体智能(collective intelligence)是个体间合作与竞争带来的超越个体智慧水平的智能或决策方式,[9]其生成要求有组织科研的集体协同促成各学科智慧的汇聚,集中各方优势力量致力于国家战略性"大科学"计划的知识生产与转化事业。总之,有组织科研范式在认识论维度强调,知识生产与转化有赖于集体协作汇聚群体智能。

价值论是关于社会事物之间价值关系的本质与发展规律的学说,表现为事物运作产生的效益贡献。从范式理论的价值论维度审视,有组织科研能够实现国家重大研究问题的进展突破。研究表明,对新奇事物的痴迷可能使科学变得无关紧要,并且基础研究成果不会从一项发现自动发展为解决人类问题的应用程序。[10]因而,需要有组织科研的战略导向激发巴斯德(Louis Pasteur)推崇的"用途启发的基础研究"(use-inspired basic research)。[11]而且,有组织科研范式的集体"合理分工与有效协同"的本质属性,有助于超越传统科研以个体知识生产为主的无序重复带来的相对低效汇集,进而实现国家重大研究问题的进展突破。

基于上述四个维度的理论分析可以认为,作为一种科研推进范式,有组织科研本质上是一种集体"分工协同"的攻关(本体论),它重视集体科研组织的协作分工（方法论）、由集体协作汇聚群体智能（认识论），从而实现重大研究问题的进展与突破（价值论）（见图1）。从这四个维度深度识读作为范式的有组织科研，能够为突破当前我国高科技发展困境提供启示与思路。

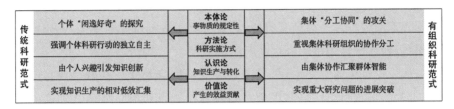

| 传统科研范式 | 个体"闲逸好奇"的探究 | 本体论<br>事物质的规定性 | 集体"分工协同"的攻关 | 有组织科研范式 |
|---|---|---|---|---|
| | 强调个体科研行动的独立自主 | 方法论<br>科研实施方式 | 重视集体科研组织的协作分工 | |
| | 由个人兴趣引发知识创新 | 认识论<br>知识生产与转化 | 由集体协作汇聚群体智能 | |
| | 实现知识生产的相对低效汇集 | 价值论<br>产生的效益贡献 | 实现重大研究问题的进展突破 | |

**图1  传统科研范式与有组织科研范式的比较**

## 二、基于应用的基础研究及其协同需求

改革开放以来，我国科技迅速发展并取得了一系列"中国成就"，但作为创新主体的高校的科技竞争力与其他发达国家相比，差距还较为明显，[12]创新领域自主设计研发能力较为不足，因而我国对外技术依存度较高，部分关键核心技术面临被"卡脖子"的问题。随着中美贸易和科技摩擦的不断升级，以华为为代表的高科技企业面临的关键技术断供或限制出口的风险也愈发凸显，我国经济社会和国际竞争力发展面临前所未有的挑战和瓶颈。在严峻的形势下，汇聚研发力量，快速突破一批"卡脖子"前沿高端技术并掌握核心技术自主权具有迫切性。

部分高科技领域被"卡脖子"的现状表明，我国迫切需要突破一批关键核心技术，而这些需要突破的领域往往属于由应用引发的基础研究。"基于应用的基础研究"源于美国学者司托克斯（Donald E.Stokes）提出的巴斯德象限理论，司托克斯构建了科研分类的象限模型（见图2），该二维分类模型由四个象限组成。第一象限被称为"玻尔象限"，指以玻尔为代表的科学家进行的以纯粹自由探求知识规律为动机的科学研究；第二象限被称为"巴斯德象限",指将认知需求和问题解决两个目标综合起来进行研究的科研模式,此模式以巴斯德为重要代表;第三象限被称为"爱迪生象限",指以爱迪生为代表的科学家进行的以追求经济效益为目的的研究;第四象限被称为"皮特森象限",一般指探索特殊现象的以经验和技能为主的研究,其无目的属性导致象限内的科研成果输出较少。[13]巴斯德象限的提出在扩充科研知识、丰富基础研究的同时,为解决因同时含有基础研究和应用研究特征而难以准确判断科学研究类属的难题提供了解决思路,可将明确服务于个人、组织或社会需求并能够创造广泛知识的定向性基础研究归属为"应用引起的基础研究"。[14]在科学研究象限模型中,基础研究分为纯基础研究与应用引起的基础研究两类。纯基础研究少有考虑研究可能带来的经济社会效益,表现为以个体"闲逸好奇"进行规律和知识探索的传统研究,因而容易形成知识生产的相对低效汇集;而应用引起的基础研究则是由日常生活技术应用困顿触发的定向性研究,它往往关涉国家发展重大战略使命。基于应用的基础研究虽然是问题导向,但其并非如应用研究那般侧重于直接应用和解决具体问题,其本质仍具基础性。

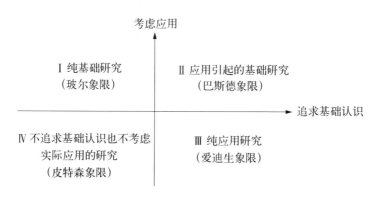

**图 2  科学研究象限模型**[15]

在人类科学发展史上,如牛顿力学理论之类都属于纯基础研究,引导这些伟大科学家思考钻研的往往是其自身的兴趣。纯基础研究成果虽然对人类文明进步影响深远，但是很难产生经济社会发展的即时效益，而基于应用的基础研究则是由应用困顿触发的。当前最典型的例子就是我国人工智能科技发展。一般可以认为，在人工智能技术的应用领域，我们并没有落后，甚至在社会生活智能化程度上领先于西方，但是人工智能领域导向应用的基础性研究如芯片的先进制程等却被"卡脖子"，这直接危及了我国经济社会发展伟大蓝图的实现。

然而，由应用困顿触发的基础研究推进，要求科研活动具有高度组织性，有着强烈的协同需求。首先，基于应用的基础研究虽由实践问题导向，但其本质仍是基础性的，而这类基础性质的研究往往具有复杂性，这些领域的研究在我国尚处于"无人区"，因而需要科研人员汇聚群体智能，集聚并发挥各个科研工作者和科研单位的研究优势，以"蹚过"研究的"无人区"。其次，基于应用的基础研究需要突破的科研问题往往具有学科的深度交叉融合性，科研工作量巨大，因而需要各领域各学科科研人员的合理分工与高效协作，需要众多研究者齐心协力，从而汇聚庞大的科研工作量。再次，从提高科研国际竞争力来讲，我国急需推进基于应用的基础研究，突破"卡脖子"现状，但由于时间的紧迫性，需要各领域分项研究在分工协作前提下齐头并进、协同攻关，推进应用引发的基础研究。如此，组织性与协同性需求就成为我国实现应用引发的基础研究突破的内在要求。基于此，有组织科研作为一种国家战略性科研推进范式，其质的规定性强调集体"分工协同"的攻关，由集体协作汇聚群体智能，从而推动重大研究问题的进展。因此，我国高科技发展基于应用的基础研究与"卡脖子"困境的突破需要大力提升科研的有组织性，有效推进有组织科研。

## 三、高校底层逻辑对有组织科研的阻滞

底层逻辑是事物运行的共同规律与本质，[16]它指引着个体与组织的日常行为，从而形成不同的工作绩效和组织效能。高校基于应用的基础

研究的突破需要大力推进有组织科研,然而,当前高校内部治理底层逻辑在不同程度上有悖于有组织科研范式的本体论、方法论、认识论和价值论,从而阻滞了科研工作的有效组织与协同推进。

### 1. 条块分割的院系管理阻滞有组织科研

当前我国高校院系管理呈现明显的"条块分割"特征。一方面,高校自上而下依归口不同的"多条式"科层管理,每个部门都追求量化考核,彰显强烈的部门审计文化,如此制度安排难以满足基于应用的基础研究突破的协同需求。科研集权化的管理模式表现为,由高校行政部门设置各二级学院科研量化指标,再由院系内部层层配发,而考核结果与院系及其教师个体的资源获取直接挂钩。受高校各部门行政权力压制,专业主义追求的同僚治理价值与学术权力弱化,科研生态行政化侵蚀了有组织科研的学术基础性,助长了科研工具理性对价值理性的僭越,而强问责文化也阻碍了各院系及其教师之间的科研协同。另一方面,"分块式"院系管理模式阻碍了高校内部跨部门间的科研协调。[17]高校各院系普遍基于单一学科组织而成,分系科进行精细化的科研块状分工,自成封闭体系,各学科院系之间缺乏必要的交流联系与互动协作。而以单学科为主开展科研工作不仅无法落实基于应用的基础研究所需要的跨学科深度融合,还容易滋生资源过度竞争造成的科研生态的恶性内卷,压制有组织科研所需的跨部门协作动机。总之,在"条块"纵横分割的院系管理格局下,"条条""块块"相互之间工作不衔接,把本应协调推进、密切合作、有组织实施的科研活动割裂开来,各院系单独运作,如此,高校内部治理的底层逻辑不利于各学科群体智能汇聚,压制了科研的有组织性。

### 2. 市场化绩效分配方式阻滞有组织科研

在新管理主义与新公共管理的渗透下,我国高校科研治理以市场化的绩效分配原则为导向,重资源激励的底层逻辑阻滞了科研的组织协同性。一方面，高校绩效管理在技术上遵循泰勒主义的"科学至上"，绩效考核强调标准化工分统计，以科研绩效的量多而非质高作为个体资源分配的标准，把精细化的科研绩效考核结果与个体的绩效收入等货币化收益及职称荣誉等非货币资源直接挂钩，过度利用资源激励学术竞争，体现出强烈的工具理性与量化思维，因而助长了高校形式绩效繁荣，遮蔽了实质绩效产出，"短平快"的科研成果产出就成为教师科研工作的客观追求，而不是参与具有基础性的成果可能未知的有组织科研的课题研究。另一方面，高校绩效管理往往采用"低基本工资"与"人均绩效封顶"的制度设计，从而导致教师绩效分配上"自己多得的即为他人失去的"，这种"零和博弈"的绩效游戏规则助长了科研的个人主义，压制了科研工作的组织协同。另外，当前高校流行的首席研究员制度（principal investigator system，简称 PI 制），在实施过程中带来了科研协作的内部不稳定性与外部流动性，PI 制关涉的研究往往具有短期性，[18]而且并未脱离绩效量化考核与资源分配的底层逻辑，难以将科研组织的协作效益最大化和长期化。由上观之，高校绩效管理包括的制度设计往往过度追求科研产出的量化即时性，强调科研工作者对资源的竞争，甚至是"零和博弈"，这些都有损科研活动的"组织性"基础。

### 3. 信念不足的绩效行为阻滞有组织科研

相较于绩效制度制定者、实施者与刚性制度本身，高校教师作为制度受众可以被视为弱势方，而当前高校受绩效制度直接施受作用的教师个体往往由于缺乏坚定的学术信念，而作出"显性顺应"与"隐性抵制"绩效制度的决策与行为，这就阻滞了有组织科研的协同开展。一方面，绩效顺应是个体作为"理性经济人"的机会主义行为外显形式，即以最少的投入获取利益的最大化，在缺乏坚定学术信念支撑的情况下，"短平快"的科研成果成为教师科研工作的核心追求，这偏离了有组织科研从事基于应用的基础研究的旨趣；另一方面，在追求高绩效工分的背后，形式上表现为假意绩效顺应的"隐性绩效抵制"是指以累积低阶绩效为主的"隐性的"反控制行为。因绩效工分具有"通约性",教师仅需少许努力就能完成累积低阶绩效为主的非创新性工作,年终绩效分配也不会因疏于高创新度的科研工作而处劣势,因而成为个体获取切身利益,在绩效制度中创造自由发展空间的"最佳选择"。而这种因学术信念不足,以追求切身即时利益为目的的个体绩效行为,阻碍了高校教师从事有组织科研"大科学计划"的集体攻关活动。绩效制度规训着教师的科研工作实践,不论是绩效顺应还是绩效抵制行为,实质上都是在资源激励的市场逻辑导向下,因个体缺乏坚定的科研信念而对绩效制度作出的适应性反应,客观上这也是高校有组织科研受阻的个体行动底层逻辑。

## 四、组织创变推动基于应用的基础研究

有组织科研作为新的科研推进范式,有利于实现重大科研问题的进展与突破,然而,当前高校底层逻辑却有碍于科研组织性提升,于是就需要通过高校组织创变推动有组织科研,实现基于应用的基础研究突破。作为底层逻辑,高校条块分割的院系管理、市场化绩效分配与信念不足的教师绩效行为,致使有组织科研各主体要素间难以实现有效协同创新。因此,高校应实现相应的组织架构创新、绩效管理变革与制度激励强化,打造组织领导力,提升教师个体科研行动合理分工与有效协作的动机,以推进有组织科研。我们认为,在高校有组织科研的系统运行机制中(见图3),高校组织领导力是以资源和组织机制为基础的引领众多教师个体科研行动的分工协作,以积极作用于实质性科研绩效生成所需要的实现有组织科研目标的"组织化能力"。[19]实质上,实现组织创变的目的就是提升高校有组织科研的领导力。而组织领导力作为一种集体领导力量,是在各科研主体以及各"非人格化要素"[20]之间有机协同与良性互动中得以实现的。基于上文对高校底层逻辑阻滞有组织科研的分析,推进基于应用的基础研究需要从如下三个维度进行组织创新与变革。

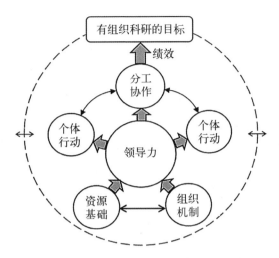

**图3　高校有组织科研的系统运行机制**

### 1. 创新组织架构，推进高校"后学院科研"

有组织科研的目标达成有赖于跨学科研究团队的集体攻关，而当前各院系僵硬的系科边界不利于集体的分工协作，因而革新高校组织架构，推动传统"学院科研"向"后学院科研"模式转型具有必要性。学院科学是科学最纯粹形式的原型，也是一种无明确规定、组织者与共同计划的特殊建制，它包括高度分化的学科体系和特征分明的智识传统。[21]大学传统科研倡导以学院科学模式为主，表现为由闲逸好奇导向高度个人主义的基础性研究，这种个体分散式研究称为"学院科研"。当前"大科学"计划无法依赖个体独立工作来解决突出问题，因而"后学院科研"兴起，这也表明大学研究迫切需要朝着集体的行动模式发展，此阶段"后学院科研"知识生产具有跨学科性、定向高效、集体化与语境应用化等特征。[22]可以看出，这些特征与有组织科研在质的规定性上具有内在统一性，因而革新高校条块分割的组织架构，从内部构筑起有组织科研的网络构架，以知识生产"后学院科研"模式促进基于应用的基础研究突破具有实践意义。

为推进"后学院科研",高校可尝试设立基于"枢纽"和"学域"的学术架构,[23]打破传统系科藩篱。革新传统院系分设,建立"枢纽"与"学域"的新型学术构架所回应的是现代大学面临复杂环境变化,旨在突破传统系科设置的"块状"限制以及科层"条状"管理顽疾,切实推动学科交叉深度融合,促进新兴前沿学科发展。具体而言,枢纽的设置应涵盖自然科学和人文科学等多个学域,例如信息枢纽内设人工智能、计算媒体与艺术、数据科学与分析、物联网等学域。这是我国香港科技大学(广州)打破传统院系及专业壁垒的组织架构的尝试,这一创变对推动有组织科研架构具有积极探索意义。进一步,落地以"枢纽"和"学域"为代表的学术架构革新,其核心要求是发挥组织领导力,建立一种"无边界组织"[24],以培育科研协作创新共同体。这种无边界组织并不是要求完全消除与外界的联系,而是以无边界协作的思维模式,跨越大学传统的院系界限,实现内外资源整合与能源互换,确保有组织科研边界的可渗透性和灵活性能够适应科研环境的繁复多变,为推进高校"后学院科研"提供可穿透的组织架构保障。

## 2. 变革绩效管理,引导教师科研协同行为

高校绩效管理之目的在于通过制定合理的绩效制度,激励和约束个体绩效行为,以提升组织绩效。然而就制度实施效果而言,当前高校绩效管理偏离了制度设计的初衷,强化了教师机会主义行为在催生形式绩效的同时阻滞了有组织科研的推进。为有效引导教师科研行为,激发其内在科研动力与协作意愿,促进基于应用的基础研究突破,需要从如下路径变革和完善高校绩效管理。

首先,应淡化绩效制度中的量化审计。绩效考核的结果量化性易于行政部门操作,但过于强调量化有悖于基于应用的基础研究事业攻关的长期性和难以确切量化的特征,而且,过于强调结果和量化往往会导致个体基于利益追求的形式绩效产出崇拜。绩效制度设计上应淡化指标硬偏好,强调绩效沟通、辅导与反馈的过程性,在产出质量考察上更多体现基

于同行评议的实质性多学科协作贡献，以有组织的协同导向规制教师科研绩效行为。

其次，应破除制度设计中的"零和博弈"。当前高校绩效管理制度设计往往是一种零和博弈模式，即某一个体绩效工资中多得的就是其他成员少得的。形成零和博弈的原因是制度设计上的"平均绩效封顶"。零和博弈带来的是教师工作中的协作减少，而且会催生追求个人利益最大化的机会主义绩效行为，如对低阶绩效的顺应或绩效隐性抵制。破除零和博弈的关键是破除绩效封顶，按合作贡献程度来分层奖励，以此激发教师科研协作创新的动力与意愿。

再次，应限定制度设计中的"绩效通约"。当前高校绩效管理中对不同类型的教师工作绩效进行赋值，而这些数值可以通约汇总以统计绩效总工分，依此换取绩效报酬。对教师而言，若高阶绩效工分难以获取，则会导向低阶绩效的累积，譬如用重复性"教学过度"累积绩效工分，而少有投入到具有创新难度的基础性科研工作中去。大多数高校对教学、科研的最低绩效工分有下限要求，但刚性不足，对低阶绩效的上限少有设定。因此，应在制度设计中限定绩效通约，为各类工作绩效设上、下限的刚性规范，以减少教师机会主义行为，引导教师在保证育人工作的基础上积极承担参与有组织科研事业的国家使命。

### 3. 强化制度激励，塑造教师合理科研信念

"制度激励"源于企业管理，它是一种通过规章制度与文化等要素作用引导员工朝着企业目标方向发展，持续激发个体主动性、积极性与创新活力的内生动力机制。[25]大学归根结底是一个创新、传承高深知识的学术研究和人才培养机构，与企业组织具有内在异质性，故两者的制度激励属性不可一概而论。然而，当前高校科研激励机制以资源配置导向的激励模式为主，呈现出较强的企业管理工具理性制度旨趣，在遮蔽教师本体价值的同时倾轧其工作应有的学术理性。因而，当前高校普遍存在的教师坚定科研旨趣信念缺失而表现出的机会主义行为、科研协作意愿不彰与

有组织科研的协同创新旨趣相悖。考虑到高校教师的职业特殊属性及有组织科研的协同需求,高校科研激励机制应当以价值理性为基础,推进资源导向的绩效激励向以人为本的制度激励良性变革。为此,需要完善高校内部治理制度,以制度的合理性及其衍生的优质学术制度文化吸引人、激励人,合理淡化物质资源激励,强调制度的稳定性与可预期性,并且直接利用制度来引导激发教师的专业自觉。高校教师专业自觉是指教师在教学、科研和社会服务中对三大专业活动内在规律自觉遵循的意识与实践能力,也是对其专业性的正确认知。在构建教师专业自觉的基础上,高校教师的合理科研信念则顺势形成。科研信念是高校教师在从事学术事业中积累和发展起来的,以学术理想、学术价值观和学术德性等为核心内容的精神体系,是其学术活动的"依据框架"。[26] 为"纯学术"服务的学术信念,[27] 是高校教师传统学术实践活动的"心脏",能够引导教师自觉规避对功利性成果的盲目追求,而合理的科研旨趣信念则从内部驱动教师投入到有组织科研的国家事业中来。这一过程的本质要求是以制度激励为基础,强调有组织科研事业繁荣与教师主体发展的统一性,增强教师对制度的认同感、融合度和支撑力,形成有组织的群体信念,以激发教师科研内生动力。由此,良性制度就塑造了教师科研的合理信念,信念驱动则成为激发教师科研协同创新的内生动力,从而推动着基于应用的基础研究突破。

## 参考文献

[1] [法]帕特里斯·德布雷.巴斯德传[M].姜志辉,译.北京:商务印书馆,2000:3.

[2] Roger L. Geiger. Organized Research Units — Their Role in the Development of University Research[J]. The Journal of Higher Education, 1990, 61(01): 1-19.

[3] Kuhn T. The Structure of Scientific Revolutions[M]. 2nd ed. Chicago: University of Chicago Press, 1970: Preface VIII.

[4] 托马斯·库恩.科学革命的结构[M].金吾伦,胡新和,译.北京:北京大学出版社,2003:157.

[5] 祝克懿.文本解读范式探析[J].当代修辞学,2014(05):12-28.

[6] Hofweber, Thomas. Logic and Ontology. In Edward N. Zalta(Ed.). The Stanford Encyclopedia of Philosophy(Spring 2021 Edition)[EB/OL]. (2021-03-31)[2023-01-

06］. https：//plato. stanford.edu/archives/spr2021/ entries/logic-ontology/.

［7］［美］史蒂夫·C. 柯拉尔.有组织的创新：美国繁荣复兴之蓝图［M］.陈劲,尹西明,译.北京：清华大学出版社,2017：Ⅶ.

［8］ Steup，Matthias and Ram Neta. Epistemology，in Edward N. Zalta（Ed.）. The Stanford Encyclopedia of Philosophy（Fall 2020 Edition）［EB/OL］.（2020 - 09 - 30）［2023 - 01 - 06］. https：//plato.stanford.edu/archives/fall2020/entries/epistemology/.

［9］何静.预测加工：群体智能研究的新范式［J］.社会科学,2022(08)：29 - 34.

［10］Flagg M. Reward Research for Being Useful — Not just Flashy［J］. Nature，2022，610 (7930)：9 - 9.

［11］ Stokes D. E. Pasteur's Quadrant：Basic Science and Technological Innovation ［M］. Washington，DC：Brookings Institution Press，2011：viii.

［12］杜德斌,段德忠,夏启繁.中美科技竞争力比较研究［J］.世界地理研究,2019(04)：1 - 11.

［13］［美］D.E.斯托克斯.基础研究与技术创新：巴斯德象限［M］.周春彦,谷春立,译.北京：科学出版社,1999：62 - 64.

［14］［15］［美］D.E.斯托克斯.基础研究与技术创新：巴斯德象限［M］.周春彦,谷春立,译.北京：科学出版社,1999：63.

［16］刘润.底层逻辑：看清这个世界的底牌［M］.北京：机械工业出版社,2021：Ⅴ.

［17］骈茂林.教育改革中的跨部门协调：一个分析框架及其应用［J］.华东师范大学学报（教育科学版）,2019(06)：137 - 148.

［18］［美］格雷厄姆.项目管理与组织行为［M］.王亚禧,罗东坤,译.东营：石油大学出版社,1988：1.

［19］贠杰.组织领导力：中国共产党治理成就的制度逻辑［J］.管理世界,2021(08)：20 - 30.

［20］张钢,李慧慧.从个体领导力到组织领导力——战略领导力研究的新趋向［J］.中国地质大学学报（社会科学版）,2020(05)：106 - 118.

［21］［英］约翰·齐曼.真科学：它是什么,它指什么［M］.曾国屏,等译.上海：上海科技教育出版社,2008：31 - 37.

［22］［英］约翰·齐曼.真科学：它是什么,它指什么［M］.曾国屏,等译.上海：上海科技教育出版社,2008：82 - 90.

［23］高耀.打破院系之分的探索具有积极意义［N］.光明日报,2022 - 09 - 09(02).

［24］［美］阿什克纳斯,等.无边界组织（第 2 版）［M］.姜文波,译.北京：机械工业出版社,2005：Ⅳ - ⅩⅨ.

［25］张杰.推进以人为本的制度激励构建现代大学治理体系［J］.中国高等教育,2014(22)：4 - 7.

［26］谢翌.教师信念论［M］.广州：广东高等教育出版社,2010：44.

［27］王占军.服务学术的洪堡式叙事与市场相遇——研究型大学四种学术工作信念的叙事研究［J］.江苏高教,2020(08)：10 - 20.

**作者简介**

江 璐 浙江师范大学教育学院高等教育学专业 2022 级博士研究生

蔡连玉（通讯作者） 教育学博士,浙江师范大学教育学院教授,博士生导师,教育改革与发展研究院副院长,研究方向为高等教育管理

**电子邮箱**

cailianyu@126.com

## Chapter 3

# 科研助理助力高校教师有组织科研的实证研究

林心颖　曹宇莲　哈　巍

**摘　要：**科研助理作为科研辅助人员，是支撑有组织科研的重要人力资源配备。本文基于某研究型大学理工科教师 2010—2019 年行政数据，通过双向固定效应模型和工具变量法，实证分析科研助理对高校教师科研产出的影响。研究发现：科研助理对教师科研发表的数量和质量均有显著的正向作用，其中对科研发表质量的影响更为突出且稳健；聘用科研助理的数量对教师科研发表的影响呈现倒"U"形，存在最优聘用规模；相较于学术助理，行政助理对教师科研发表的影响更大。

**关键词：**科研助理；科研产出；有组织科研；工具变量

## 一、引言

加强有组织科研是新一轮科技革命中高校服务国家战略需求的重要形式。2022 年 8 月，教育部印发的《关于加强高校有组织科研　推动高水平自立自强的若干意见》(以下称《意见》)指出："高校作为基础研究主力军和重大科技突破策源地……高校科技创新仍存在有组织体系化布局不足，对国家重大战略需求支撑不够等突出问题……要加快变革高校科研范式和组织模式，强化有组织科研，更好服务国家安全和经济社会发展面临的现实问题和紧迫需求。"《意见》指明了高校作为基础研究的主阵地角色，同时强调了有组织科研对于落实完善科技创新体系、健全新型举国体制的重要性。

不少学者采用理论研究、案例分析的方式提出我国高校进行有组织科研存在的问题,主要聚焦学科建设、平台搭建、资源配置、吸引人才、成果转化、体制机制等方面,鲜有学者关注到支撑有组织科研最基本的研究单位,即以首席研究员(principal investigator)为核心的学术组织(通常称为 PI 团队)的建设。无论是学科的交叉融合还是研究人员之间的交流合作,科研任务最终都将被分解到以研究员个体为核心的 PI 团队中进行落实。有组织科研不仅体现在跨学科、多主体间的交叉融合,更需要渗透到分工协作、高效运转的 PI 团队中。

在新的知识生产模式下,科研工作逐渐超越了个体、学科和单一组织,更加需要组织协作。早在 20 世纪 90 年代,吉本斯(Michael Gibbons)等人就提出了著名的"知识生产模式 II",[1]用以解释超越学科界限的新知识生产模式。在模式 II 中,知识处理在应用情境中进行并承担了更多社会责任,是跨学科、异质性的,涵盖了范围更广的、临时性的、混杂的从业者。知识生产模式 II 催生了新的科研组织形式:除了决定研究方向、攻克关键问题的首席研究员,还需要有在团队中负责落实想法、统筹协调的专职研究人员,以及聚焦具体问题的博士生、博士后。不能忽视的是团队中还需要一类从事基础研究工作的科研助理,他们负责与政府、企业、材料供应商、其他科研机构等对接,需要不断地重复成熟的工艺流程,反复沟通分工合作事宜,完成财务报账和撰写调研报告的初稿等。虽然这些工作不直接作用于科研本身,但却因为能够通过分工的方式实现术业专攻和技能互补,从而有效地减轻科研人员的行政事务负担并减少他们耗费在重复劳动上的时间。知识生产模式 II 下,科研助理成为顺利推进有组织科研的润滑剂。

然而,中国高校科研辅助人员不足使得科研人员大量的时间和精力被行政事务占用的问题依然突出。基于国外高校官方网站和国内教育部统计数据分析发现,国外高校一般每位教师配 3—10 位行政人员,而大部分中国高校处于 0.5—0.7 之间。[2]习近平总书记在 2021 年中国科学院第二十次院士大会、中国工程院第十五次院士大会和中国科协第十次全国代表大会上指出:"科技创新离不开科技人员持久的时间投入……要建立让科研人员把主要精力放在科研上的保障机制，让科技人员把主要精力投入科技创新和研发活动。""让科研单位和科研人员从繁琐、不必要的体制机制束缚中解放出来！"为了将科研人员宝贵的时间精力从繁重的事务性工作中解脱出来，国家陆续出台各项政策，从经费、队伍建设、配套措施等多维度支持为中国科研人员配备专职辅助人员。例如，2014 年《国务院关于改进加强中央财政科研项目和资金管理的若干意见》首次明确指出，劳务费不再设比例限制；2018 年国务院印发《关于优化科研管理提升科研绩效若干措施的通知》，提出要加快建立健全科研财务助理制度，切实把科研人员从报表、报销等具体事务中解脱出来。通过这些政策可以看出，国家建立科研助理队伍，积极支持科研人员潜心研究的政策导向。但目前国内外关于科研助理对科研生产力的影响程度及影响机制的研究还不足，难以为政策实施提供有效支撑。

本文将在理论分析和文献梳理的基础上，以某研究型 A 大学 2010 年至 2019 年理工科教师为研究对象，基于教师行政数据评估科研助理对理工科教师科研产出的影响。本研究首次从个体层面研究科研助理对高校教师科研生产力的影响，并综合使用了双向固定效应、工具变量等因果推断方法，对于国家和高校激发人才创新活力、破除影响和制约科技核心竞争力提升的体制机制障碍具有重要意义。

## 二、理论分析和文献评述

### 1. 社会分工理论和劳动力技能互补性假说

社会分工是经济学关心的重要问题，以亚当·斯密（Adam Smith）为代表的经济学家研究了社会分工如何提高劳动生产率和促进经济增长。亚当·斯密在其《国民财富的性质和原因的研究》中说明了分工的三大好处：提高劳动者熟练程度进而增加其完成的工作量；减少工作转换带来的时间损失；推动劳动简化、新工具的创造和设备的改进。[3]后来的学者通过数学分析、超边际分析等方法进一步探究了社会分工的形成过程和经济效益等问题。

在社会分工理论基础上提出的劳动技能互补性假说指出,就业于同一区域的劳动力之间的技能是相互补充的。劳动力的异质性是技能互补性存在的原因,这种异质性尤其表现在劳动力技能水平的差异性上。不同的劳动力个体具有不同的技能水平,他们的合作将大大降低生产成本,实现规模收益递增。敖荣军[4]提出,技能互补性可能源于工作任务的互补性。由于不同工人的工作任务是互补的,其中任何一项工作的缺失都将降低整个团队的生产效率,所以必须加强工人之间的合作,以提高每个工人的生产率及工资收益。吴伟平[5]认为,技能互补性的内在要求是劳动的专业化和专业的多样化。存在劳动力专业化分工时,不同技能水平的劳动者倾向于选择符合自身比较优势的行业或职业,为劳动力技能互补形态的形成奠定了前提基础。劳动技能互补形成的主要推手是经济的组织化。经济组织化是指通过一定的社会经济组织形式和制度协调分工使社会构成一个有机整体的过程。[6]经济组织化的意义在于有效推进资源整合利用和组织社会生产,最大化地形成生产能力并降低生产成本。这是有组织科研的理论基础。这与诺斯[7]提出的"专业化扩大引起了组织创新,组织创新导致了技术变革,技术变革反过来需要进一步的组织创新来实现新技术的潜力",其实质是一致的。

面对越来越稀缺的时间资源,对于科研人员来说,一个理智的选择就是将自己不擅长或者可创造价值有限的工作外包出去。一方面,简单而重复的工作通过提高从业人员的熟练度、减少不同工作中转换的时间,能够提高劳动生产率;另一方面,将科研人员的时间从低附加值的工作中置换出来能够提高他们时间的平均价值。因此,科研人员将财务记账、行政杂务和简单的重复性的实验操作外包给科研助理,只要劳动生产率的提高或科研人员时间价值的提高大于聘用科研助理的费用,就是一场成功的社会分工,这是科研助理制度产生的内在机制。从社会分工的角度看,经过专门财务培训的科研助理比科研人员更擅长协调和追踪科研经费的使用过程。

## 2. 科研助理影响科研生产力的实证研究

国外学者通过质性或定量分析方法，探究了科研助理对于科研工作重要性。例如辛德曼（Carl J. Sindermann）[8]通过案例强调了"一个好的研究团队必须同时具有知道如何清洗试管的秘书和能打字的技术人员，即使在首席研究员缺席的情况下研究也能顺利推进"。皮诺等人（Claude Pineau）[9]调查了 155 个生物医学团队，他们将成功的生物医学实验室与不太成功的实验室进行比较时发现科研生产力最弱的团队几乎没有或者只有很少的全职技术人员，而最高产出的团队有十个以上的全职技术人员。科特尔利克（Joe W. Kotrlik）等人[10]基于从美国农业教育协会会员档案中随机抽取的 228 名教师数据发现：分配给教师的研究生助理工作小时数对教师的研究生产力有显著正向影响，该结果与敦达尔等人（Halil Dundar）[11]利用美国国家研究委员会（NRC）1993 年针对 3 600 多个博士项目（涉及理工科和人文社科 41 个领域 274 所大学）得出的研究结论"被聘为研究助理的研究生比例与教师的研究成果高度相关"是一致的。此外，学生助理的质量也同样重要，贝尔德（Leonard L. Baird）[12]基于一个美国化学、历史和心理学科的全国代表性样本研究发现：学生助理越出色，教师的科研产出越高，原因在于博士生和学生助理能够帮助教师分担部分基础的科研工作，从而提高教师的时间利用率。

国内关于科研助理的研究，更多是对科研助理队伍现状的调查，较少有文献关注了科研助理对教师科研生产力的影响。其中由由等人[13]基于 46 所美国研究型高校 2005—2014 年的面板数据，通过混合数据最小二乘法发现，在教师全体教职工数量一定的情况下，增加辅助人员可以提高高校科研产出数量和质量；王力[14]以中国科学院某研究所为例，基于 20 份有效调查问卷和模糊综合评价法发现科研财务助理是科研单位承上启下、沟通协调的重要岗位；哈巍和于佳鑫[15]运用中国科学院 1993—2004 年 62 个院所的面板数据，运用广义矩估计发现辅助人员数量对科研产出的影响呈现倒"U"形；陈文博[16]基于 2007—2018 年间 58 所教育部直属高校面板数据，通过双重差分法发现教辅人员对高校科研产出有显著的正向影响、工勤人员影响次之,而行政人员则对科研产出有负向影响。国内的这些研究多以机构作为研究单位,不能剔除科研人员质量变化带来的内生性问题;而且研究方法多为线性回归分析,不能完全解决自选择偏误和反向因果等问题,实证结果的说服力有限。

## 三、 研究设计

### 1. 研究对象

本文的研究对象是 2010—2019 年期间 A 大学的理工科教学科研岗教师。A 大学是一所位列"双一流"的教育部直属全国重点大学,也是一所综合性大学,同时又是一所研究型大学,其文理工科在全国都享有盛名。考虑到理科和工科的研究范式对科研助理的需求量要远高于社会科学和人文科学,且理工学科的国际发表也相对于社会科学和人文科学更具可比性,因此本研究聚焦 A 大学理工学科的教学科研岗在职教师(即不包含纯教学岗和研究技术岗的教师)。此外,为减少退休教师和新入职教师的干扰,本文剔除了 2010 年时年龄已超过 63 岁的样本(A 大学教授的退休年龄是 63 岁)和 2010—2019 年期间累计入职不足 3 年的样本。

### 2. 数据来源

本研究使用的数据来源为 A 校教师行政数据。包括性别、年龄等人口学特征,来校时间、职称、所在院系等在职信息,每年聘用的科研助理、指导的硕士生、博士生、博士后人数,以及国际学术发表情况。其中发表数据只包含被 SCI(《科学引文索引》)和 ISTP(《科技会议录索引》)收录的文章。

### 3. 变量设定

因变量,即教师每年的科研产出情况,包括论文数量与论文质量。

1926 年,洛特卡(Alfred J. Lotka)[17] 在他里程碑式的工作中使用了出版物数量作为科研生产力的衡量指标,由此开启了采用成果数量来评价科学家科研生产力的研究范式。后续很多学者意识到,仅以出版物的数量来评价科研生产力有其片面之处,于是在计算出版物数量的基础上增加了期刊质量权重以及文章引用率等指标。[18-20] 阿布拉莫（Giovanni Abramo）和德安杰洛（Ciriaco Andrea D'Angolo）[21] 从微观经济理论的角度进行分析,据此提出了 $FSS_R$ 指数,它是表示一段时间内个人平均年生产率的指标,计算公式如下:

$$FSS_R = \frac{1}{W_R} \times \frac{1}{t} \times \sum_{i=1}^{N} \frac{c_i}{c} f_i \qquad 公式（1）$$

其中,$W_R$ 为研究者 $R$ 的平均年收入;$t$ 指研究者 $R$ 在观察期间的工作年限;$N$ 表示观察期间研究者的出版物数量;$c_i$ 为第 $i$ 个出版物的被引数量;$c$ 为同年所有与 $i$ 同类的出版物的平均被引量;$f_i$ 表示研究者对出版物 $i$ 的贡献权重（根据每个合著者的署名顺序和合著者的性质给出不同的权重①）。从 $FSS_R$ 的公式可以看出,该指标综合考量了作者的每一篇出版物的被引量与同类出版物平均被引量的比例,考虑了一篇出版物中有多个作者时的权重分配,并且通过除以平均年收入控制了成本投入。与其他指标相比,$FSS_R$ 综合考虑了更多的因素,是评价科研发表质量相对全面的指标,因此本文分别用国际论文发表数量和 $FSS_R$ 作为衡量教师科研产出的指标。

自变量,即教师聘用的科研助理数量。如果科研助理当年聘用时间不满一年,则聘用数量记为:聘用月份/12。此外,本文进一步将科研助理分为了学术助理和行政助理。

2010 年教育部关于印发《高等学校科研助理管理办法（暂行）》的通知

---

① 如果第一作者和通讯作者属于同一所大学,则每人各算 40% 的贡献率,其余 20% 由所有其他作者分享。如果前两位作者和后两位作者属于不同的大学,则第一作者和通讯作者各算 30% 的贡献率;第二作者和倒数第二位作者各算 15% 的贡献率;其余的 10% 被划分在所有其他作者中。

（教技〔2010〕4号）首次明确提出科研助理的定义和分类："高等学校科研助理是指学校根据承担科研任务和学校科技长远发展需要聘用的从事项目研究、实验（工程）技术和科研辅助的人员，是学校专职科研队伍的重要组成部分……包括项目研究、实验（工程）技术和科研辅助等岗位。项目研究岗位人员主要从事科研项目研究工作；实验（工程）技术岗位人员主要从事科学与工程技术实验、分析测试、仪器设备运行等工作；科研辅助岗位人员主要从事科研行政、业务秘书类等工作。"按照文件对科研助理岗位类型的划分，项目研究岗位人员和实验（工程）技术岗位人员的工作性质具有一定的专业性和学术性，而科研辅助岗位人员的工作内容则以行政事务为主。鉴于两类岗位在工作内容上存在巨大差异，应聘者的个人特质和职业追求也存在较大的异质性，本研究将前者称为"学术助理"，后者称为"行政助理"。

### 4. 实证策略

策略一：双向固定效应模型。本研究将使用双向固定效应模型作为基准回归模型，来估计科研助理对高校教师科研产出的影响：

$$Y_{it} = \alpha + \beta RA_{it-1} + \gamma X_{it-1} + u_i + \pi_t + \varepsilon_{it} \qquad 公式（2）$$

因变量 $Y_{it}$ 表示研究者 $i$ 在第 $t$ 年的科研产出，$RA_{it-1}$ 表示研究者 $i$ 在 $t-1$ 年聘用的科研助理数量，$X_{it-1}$ 表示随时间变化的教师控制变量，包括教师年龄的对数[1]、当年的职称情况、指导的硕士生、博士生和博士后数量。由于从论文投稿到发表见刊存在一定的滞后性，所以科研助理和其他控制变量均使用一阶滞后项，这也可以一定程度解决科研发表与科研助理聘用之间的反向因果问题。$u_i$ 表示个体固定效应，用以控制不随时间变化的个体特征，如教师的能力。$\pi_t$ 表示时间固定效应（年份），用以控制共同的时间影响因素，例如A校各年度经费情况、管理制度。$RA_{it-1}$ 的

---

[1]　由于模型控制了教师个体固定效应和年份固定效应，直接加入教师年龄会存在完全共线性。

系数 $\beta$ 表示科研助理对教师科研产出的影响，是本文关注的核心。

聘用科研助理的自选择问题可能会使得 $\beta$ 高估科研助理对教师科研产出的影响。教师聘用科研助理的数量是非随机的，会受到教师科研能力和科研需求的正向影响，而这两个因素又都与教师科研产出正相关。在双向固定效应模型中，加入教师个体固定效应可以控制教师不随时间变化的科研能力，加入教师年龄的对数可以控制教师科研能力随年龄变化的共同趋势；加入职称情况可以控制不同职称下教师的共同科研需求情况。但是，这依然无法控制教师科研能力或科研需求随时间而发生的特异性变化。例如，两个科研能力相同、年龄相同并均已获得教授职称的教师，一个将职业理想定为继续攻克科研难题，则会聘用更多的科研助理，同时科研产出也会更高；一个则将职业理想定为提升课程质量、培养杰出人才，则其科研助理和科研产出相对可能更低。

策略二：工具变量法。为了进一步解决聘用科研助理的自选择问题，本文将使用高校劳务费改革作为工具变量进行因果推断。2014 年 3 月国务院出台《国务院关于改进加强中央财政科研项目和资金管理的若干意见》（国发〔2014〕11 号），意见中首次提出："除以定额补助方式资助的项目外，应当依据科研任务实际需要和财力可能核定项目预算，不得在预算申请前先行设定预算控制额度。劳务费预算应当结合当地实际以及相关人员参与项目的全时工作时间等因素合理编制。"这一政策的出台意味着完全放开科研经费中劳务费的比例限制，而在此之前劳务费的支出范围和支出比例有非常严格的限制。① 劳务费改革使得教师拥有了更加充足的

---

① 例如《国家杰出青年科学基金项目资助经费管理办法》（财教〔2002〕64 号）规定支付给直接参加项目研究的研究生、博士后的劳务费不得超过杰出青年基金资助经费的 10%，经批准的项目资助经费预算一般不作调整。《国家自然科学基金项目资助经费管理办法》（财教〔2002〕65 号）规定支付给直接参加项目研究的研究生、博士后，面上项目不得超过资助经费的 15%，重点项目、重大项目及各类专项不得超过资助经费的 10%，经批准的项目预算一般不予调整。《高等学校博士学科点专项科研基金管理办法》（财教〔2002〕123 号）规定"用于直接参加课题研究的研究生、博士后人员的劳务支出，一般不得超过课题资助经费的 5%"。

劳务费来聘用科研助理,从而引起 2014 年后 A 校科研助理数量有一定程度的提升(如图 1 所示)。因此,本文将是否发生劳务费改革(2014 年以前取值 0,2014 年及以后取值 1)作为工具变量,以使用外生性政策带来的科研助理数量变化估计其对教师科研产出的影响。

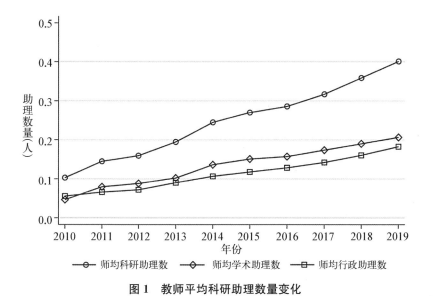

**图 1　教师平均科研助理数量变化**

　　基于工具变量进行因果推断有赖于工具变量的相关性与排他性。相关性是指工具变量与科研助理聘用数量是相关的:劳务费改革提高了教师聘用科研助理的可用经费,从图 1 看 2014 年科研助理数量有一定程度提升,但还需要通过弱工具变量检验统计意义上是否存在"弱工具变量问题"。排他性要求工具变量与误差项不相关。虽然政策改革是完全外生的,但由于工具变量与时间相关,所以模型中无法控制时间固定效应,而随着时间的变化教师科研产出可能有一个自然增长,也可能存在 2014 年以后其他政策影响教师科研产出。为解决这一问题,本文在模型中控制了时间趋势项,以一定程度地控制科研产出的时间变化趋势。基于工具变量的两阶段回归方程如公式(3)和公式（4）所示：

$$RA_{it} = \delta_0 + \delta_1 Post_t + \delta_2 Year + \varphi X_{it} + u_i + v_{it} \qquad \text{公式（3）}$$

$$Y_{it} = \alpha + \beta \widehat{RA_{it}} + \gamma X_{it} + u_i + \pi_t + \varepsilon_{it} \qquad \text{公式（4）}$$

## 四、实证结果分析

### 1. 描述性统计

表1展示了主要变量的描述性统计结果，所有变量均进行了99%缩尾处理，以避免异常值对结果的干扰。可以发现，2010—2019年间，A校理工科教师每年聘用的科研助理数量平均为0.26人，其中学术助理占53.8%，行政助理占比46.2%，学术助理数量略高于行政助理的数量。如果将科研助理、硕士生、博士生和博士后作为教师科研团队的主要成员，其平均占比分别为6.2%、28.2%、58.8%和7.8%，科研助理在科研团队结构中占比最小。

**表1　主要变量的描述性统计**

|  | （1）均值 | （2）标准差 | （3）最小值 | （4）最大值 | （5）样本量 |
|---|---|---|---|---|---|
| 因变量 | | | | | |
| 论文数量 | 4.01 | 4.98 | 0.00 | 25.00 | 8 953 |
| 论文质量 | 0.71 | 1.45 | 0.00 | 8.86 | 8 953 |
| 核心自变量 | | | | | |
| 科研助理 | 0.26 | 0.72 | 0.00 | 4.17 | 8 953 |
| 学术助理 | 0.14 | 0.50 | 0.00 | 3.17 | 8 953 |
| 行政助理 | 0.12 | 0.37 | 0.00 | 2.00 | 8 953 |

| | （1）<br>均值 | （2）<br>标准差 | （3）<br>最小值 | （4）<br>最大值 | （5）<br>样本量 |
|---|---|---|---|---|---|
| 控制变量 | | | | | |
| 　教师院系（理科＝<br>　1,工科＝0） | 0.64 | 0.48 | 0.00 | 1.00 | 8 953 |
| 　教师性别（女性＝<br>　1,男性＝0） | 0.18 | 0.38 | 0.00 | 1.00 | 8 953 |
| 　年龄的对数 | 3.83 | 0.16 | 3.40 | 4.14 | 8 953 |
| 　长聘（长聘＝1,非<br>　长聘＝0） | 0.55 | 0.50 | 0.00 | 1.00 | 8 953 |
| 　预聘-长聘制（进入<br>　预聘-长聘体系＝<br>　1,否则为0） | 0.22 | 0.42 | 0.00 | 1.00 | 8 953 |
| 　硕士生数量 | 1.41 | 2.23 | 0.00 | 11.00 | 8 953 |
| 　博士生数量 | 2.94 | 4.28 | 0.00 | 18.00 | 8 953 |
| 　博士后数量 | 0.39 | 0.85 | 0.00 | 4.50 | 8 953 |
| 工具变量 | | | | | |
| 　劳务费改革 | 0.64 | 0.48 | 0.00 | 1.00 | 8 953 |

注：长聘是指非预聘-长聘制下的教授或预聘-长聘制下的长聘副教授和教授,所有变量均进行了99%缩尾处理。

## 2. 双向固定效应模型回归结果

表2展示了基于双向固定效应模型的基准回归结果,第(1)至第(3)列因变量是国际期刊论文发表数量,第(4)至第(6)列因变量是国际期刊论文发表质量。第(1)和第(4)列未加入任何控制变量,第(2)和第(5)列加入教师固定效应和年份固定效应,第(3)和第(6)列继续加入控制变量:教师年龄的对数、硕士生数量、博士生数量和博士后数量。

可以看出加入控制变量前后,科研助理数量对教师科研发表数量和质量均有显著的正向影响。以加入固定效应和控制变量后的第(3)和第(6)列结果为例,科研助理数量每增加1,教师论文发表数量将增加0.20篇(即0.04个标准差),教师论文发表质量将提高0.15(即0.10个标准差)。从统计显著性和实际显著性来看,科研助理对教师论文发表质量的影响都要大于对论文发表数量的影响。此外,科研团队博士后和博士生对教师科研发表数量的影响均大于科研助理,但博士后和博士生对教师科研发表质量的影响均小于科研助理,硕士生对教师科研发表数量和质量均没有影响。这些发现可能的原因是,博士后和博士生可以直接参与科研实验、论文撰写和投稿,可以作为合作者增加教师科研发表数量;科研助理较少直接参与实验和论文写作等科研活动来提高教师的科研发表数量,更多是通过减少教师花在其他事务性工作上的时间,提高教师科研投入的专注度,从而提高教师科研发表的质量;而硕士生的科研能力还处在起步期,同时学业任务较多,对教师的科研活动帮助较小。最后,长聘的系数显著为负,即教师获得教授或者长聘副教授后科研发表数量和质量都显著下降,这与布罗加德(Jonathan Brogaard)等人[22]针对经济学学者的研究发现一致。

**表2　双向固定效应模型-科研助理对教师科研生产力的影响**

| 因变量 | (1)<br>论文数量 | (2)<br>论文数量 | (3)<br>论文数量 | (4)<br>论文质量 | (5)<br>论文质量 | (6)<br>论文质量 |
|---|---|---|---|---|---|---|
| L. 科研助理 | 1.12***<br>(0.08) | 0.49***<br>(0.09) | 0.20**<br>(0.09) | 0.24***<br>(0.02) | 0.20***<br>(0.04) | 0.15***<br>(0.04) |
| L. 年龄的对数 | | | 15.80***<br>(3.85) | | | 2.54<br>(1.56) |
| L. 长聘 | | | − 0.45***<br>(0.15) | | | − 0.12**<br>(0.06) |
| L. 预聘-长聘制 | | | 0.40**<br>(0.16) | | | 0.10<br>(0.07) |

续　表

| 因变量 | (1)论文数量 | (2)论文数量 | (3)论文数量 | (4)论文质量 | (5)论文质量 | (6)论文质量 |
|---|---|---|---|---|---|---|
| L.硕士生数量 | | | −0.01<br>(0.03) | | | −0.00<br>(0.01) |
| L.博士生数量 | | | 0.27***<br>(0.03) | | | 0.07***<br>(0.01) |
| L.博士后数量 | | | 0.52***<br>(0.06) | | | 0.07***<br>(0.02) |
| 教师固定效应 | No | Yes | Yes | No | Yes | Yes |
| 年份固定效应 | No | Yes | Yes | No | Yes | Yes |
| 样本量 | 8 199 | 8 164 | 8 164 | 8 199 | 8 164 | 8 164 |
| $R^2$ | 0.02 | 0.78 | 0.79 | 0.01 | 0.59 | 0.59 |

注：* $p<0.10$，** $p<0.05$，*** $p<0.01$；括号内为普通标准误。

### 3. 工具变量法回归结果

表3展示了使用劳务费改革作为工具变量的实证结果，第(1)列为第一阶段回归结果，第(2)至第(3)列是第二阶段回归结果。从第(1)列来看，在控制了年份趋势等控制变量和教师固定效应后，工具变量劳务费改革的系数显著为正，劳务费改革使得教师平均多聘用了0.04个科研助理（即0.06个标准差）；从第(2)至第(3)列来看，一阶段 $F$ 值为10.02，略大于拒绝弱工具变量假设的经验值10，可以认为不存在弱工具变量问题。第(2)至第(3)列中科研助理的回归系数来看，科研助理对教师论文发表数量和论文发表质量均显著为正，且数值远大于双向固定效应模型中的回归系数，这既可能是因为工具变量回归系数反映的是局部处理效应（即受到劳务费改革影响的那群人），也可能是因为一阶段 $F$ 值并不大（即工具变量与内生变量科研助理数量的相关性不够强）。

表3　工具变量法-科研助理对教师科研生产力的影响

| | （1） | （2） | （3） |
|---|---|---|---|
| | 第一阶段回归 | 第二阶段回归 | |
| 因变量 | L.科研助理 | 论文数量 | 论文质量 |
| L.劳务费改革 | 0.04*** (0.01) | | |
| L.科研助理 | | 5.48* (3.01) | 3.55** (1.48) |
| L.年份趋势 | 0.01 (0.01) | −0.35*** (0.12) | −0.08 (0.06) |
| L.年龄的对数 | −0.21 (0.49) | 16.79*** (4.68) | 3.27 (2.30) |
| L.长聘 | 0.06*** (0.02) | −0.83*** (0.25) | −0.34*** (0.12) |
| L.预聘-长聘制 | 0.15*** (0.02) | −0.59 (0.47) | −0.43* (0.23) |
| L.硕士生数量 | 0.02*** (0.00) | −0.13* (0.07) | −0.08** (0.04) |
| L.博士生数量 | 0.02*** (0.00) | 0.13 (0.08) | −0.02 (0.04) |
| L.博士后数量 | 0.12*** (0.01) | −0.06 (0.35) | −0.33* (0.17) |
| 教师固定效应 | Yes | Yes | Yes |
| 样本量 | 8 164 | 8 164 | 8 164 |
| $R^2$ | 0.82 | −0.36 | −1.06 |
| 一阶段 $F$ 值 | | 10.03 | 10.03 |

注：* $p<0.10$，** $p<0.05$，*** $p<0.01$；括号内为普通标准误。

## 4. 稳健性检验

本文还进行了一系列稳健性检验。第一,只使用平衡面板数据,即剔除掉在 2010—2019 年间新入职教师和退休教师的影响。结果如表 4 中第(1)至第(2)列所示,与表 2 中的基准回归结果基本一致。第二,只使用有过科研助理的教师。本文统计发现,2010—2019 年间 71.83% 的教师从未聘用过科研助理。完全未聘用过科研助理的教师和聘用过科研助理的教师间可比性可能较低,比如研究范式差异、科研动力和科研能力差异等,为此本文在稳健性检验中尝试只使用有过科研助理的教师重新进行双向固定效应回归。结果如表 4 中第(3)至第(4)列所示,在聘用过科研助理的教师群体中,科研助理数量对论文发表数量没有显著影响,但对论文发表质量依然有显著的正向影响。第三,使用教师层面聚类标准误。使用面板数据时,同一个教师多个年份数据的残差值之间可能存在较强的相关性,通过使用教师层面聚类标准误能放松因教师自相关带来的异方差问题。从表 4 中第(5)至第(6)列可以发现,当使用教师层面聚类标准误后,科研助理数量对论文发表数量不再有显著的正向影响,但对论文发表质量的正向影响依然显著。综上,本文发现科研助理对教师的论文发表质量有显著的、稳健的正向影响,但对论文发表数量的正向影响并不稳健。

### 表 4 稳健性检验

| 稳健性检验 | (1) | (2) | (3) | (4) | (5) | (6) |
|---|---|---|---|---|---|---|
| | 平衡面板 | | 有过科研助理的教师 | | 教师层面聚类标准误 | |
| 因变量 | 论文数量 | 论文质量 | 论文数量 | 论文质量 | 论文数量 | 论文质量 |
| L. 科研助理 | 0.23** (0.10) | 0.16*** (0.04) | 0.03 (0.13) | 0.08* (0.05) | 0.20 (0.17) | 0.15** (0.06) |
| L. 年龄的对数 | 11.64*** (4.22) | 0.68 (1.61) | 45.72*** (10.25) | 4.83 (4.00) | 15.80*** (5.31) | 2.54 (1.82) |

续　表

| 因变量 | 论文数量 | 论文质量 | 论文数量 | 论文质量 | 论文数量 | 论文质量 |
|---|---|---|---|---|---|---|
| L. 长聘 | −0.40** (0.16) | −0.11* (0.06) | −1.05*** (0.33) | −0.18 (0.13) | −0.45** (0.18) | −0.12 (0.08) |
| L. 预聘-长聘制 | 0.40** (0.17) | 0.12* (0.06) | 0.72** (0.31) | 0.14 (0.12) | 0.40 (0.30) | 0.10 (0.10) |
| L. 硕士生数量 | −0.01 (0.03) | −0.01 (0.01) | −0.13** (0.07) | −0.01 (0.03) | −0.01 (0.04) | −0.00 (0.01) |
| L. 博士生数量 | 0.27*** (0.03) | 0.07*** (0.01) | 0.24*** (0.05) | 0.07*** (0.02) | 0.27*** (0.04) | 0.07*** (0.02) |
| L. 博士后数量 | 0.48*** (0.07) | 0.05* (0.03) | 0.58*** (0.10) | 0.10*** (0.04) | 0.52*** (0.09) | 0.07* (0.03) |
| 教师固定效应 | Yes | Yes | Yes | Yes | Yes | Yes |
| 年份固定效应 | Yes | Yes | Yes | Yes | Yes | Yes |
| 样本量 | 7 057 | 7 057 | 2 263 | 2 263 | 8 164 | 8 164 |
| $R^2$ | 0.78 | 0.58 | 0.75 | 0.61 | 0.79 | 0.59 |

注：* $p<0.10$，** $p<0.05$，*** $p<0.01$。第（1）至第（4）列为普通标准误，第（5）至第（6）列为教师层面聚类标准误。

## 5. 拓展性分析

接下来，本文检验了科研助理数量对教师科研产出的影响是否为非线性，并比较了不同类型科研助理对教师科研产出的影响。表 5 中第（1）至第（2）列展示了加入科研助理数量平方后的非线性分析结果，可以发现科研助理的系数显著为正，同时科研助理的平方项系数显著为负，说明对科研助理的聘用数量并非越多越好，呈现倒"U"形。科研助理存在最优聘用规模，对于论文数量而言，科研助理的最优规模为 2.14 人；对于论文质量而言，科研助理的最优规模为 3.2 人。目前人均 0.26 人还远低于最优聘用规模。随着聘用数量增多,管理成本也会提高,如果没有通过管理水平或者管理制度的改善来降低管理成本,就可能在超过一定数量后反而降低科研产出的现象。一位被访谈的教师提及:"一开始你要培养新人,让他熟悉环境和工作。人数慢慢多起来以后就要考虑他们之间关系的平衡、任务分工、待遇差别,还有未来的发展预期,事情就变得复杂起来,如果处理不好,可能会影响团队的长久发展。"

表5中第(3)至第(4)列展示了将科研助理分为学术助理和行政助理后的回归结果。可以发现,学术助理仅对教师论文发表质量有显著正向影响,行政助理对教师的论文发表数量和发表质量均有显著的正向影响,且行政助理对教师论文发表质量的影响较学术助理更大。通过对教师的访谈发现,在科研团队中学术助理是"从事项目研究、实验(工程)技术和科研辅助的人员",其工作内容与硕士生、博士生具有一定程度的相似性,区别主要体现在工作的难易程度和侧重点有所不同:博士生侧重关键性、前沿性的问题,而技术成熟的重复性工作主要由硕士生和学术助理完成,如饲养白鼠、清洗实验设备、记录实验结果等。而主要负责财务报账、行政事务的行政助理,相对于研究生和博士后在工作内容上具有不可替代性,学生始终处于流动状态,无论是工作的熟练程度还是专业程度都比不上专职的行政助理,并且国家和学校也越来越强调不可滥用研究生。对中国当下的科研人员而言,面临的最大困境是过于繁杂的行政事务性工作。聘用行政助理对科研发表质量的贡献正在于通过节约教师直接花在行政事务上的时间来提高教师自身对时间的利用效率。需要说明的是,学术助理和行政助理仅是依据他们的工作内容进行划分,在实际工作中可能不会作如此严格的区分,学术助理会帮忙做一些简单的行政事务,而行政助理经过培训也能做些重复性的实验操作。对于经费紧张的教师,招聘的科研助理可能同时兼顾学术助理和行政助理的双重角色;但由于理工科教师普遍经费比较充裕,兼顾双重角色的现象并不严重。

表 5   非线性分析和不同类型科研助理比较

|  | （1） | （2） | （3） | （4） |
|---|---|---|---|---|
| 拓展性分析 | 非线性分析 | | 学术助理 VS 行政助理 | |
| 因变量 | 论文数量 | 论文质量 | 论文数量 | 论文质量 |
| L. 科研助理 | 0.90\*\*\*<br>（0.21） | 0.32\*\*\*<br>（0.08） | | |
| L. 科研助理的平方 | − 0.21\*\*\*<br>（0.06） | − 0.05\*\*<br>（0.02） | | |
| L. 学术助理 | | 0.07<br>（0.13） | 0.11\*\*<br>（0.05） | |
| L. 行政助理 | | 0.50\*\*\*<br>（0.17） | 0.18\*\*\*<br>（0.07） | |
| L. 年龄的对数 | 15.35\*\*\*<br>（3.85） | 2.43<br>（1.56） | 15.67\*\*\*<br>（3.85） | 2.56<br>（1.56） |
| L. 长聘 | − 0.47\*\*\*<br>（0.15） | − 0.13\*\*<br>（0.06） | − 0.46\*\*\*<br>（0.15） | − 0.12\*\*<br>（0.06） |
| L. 预聘-长聘制 | 0.41\*\*<br>（0.16） | 0.10<br>（0.07） | 0.39\*\*<br>（0.16） | 0.10<br>（0.07） |
| L. 硕士生数量 | − 0.01<br>（0.03） | − 0.00<br>（0.01） | − 0.01<br>（0.03） | − 0.00<br>（0.01） |
| L. 博士生数量 | 0.26\*\*\*<br>（0.03） | 0.07\*\*\*<br>（0.01） | 0.26\*\*\*<br>（0.03） | 0.07\*\*\*<br>（0.01） |
| L.博士后数量 | 0.53\*\*\*<br>（0.06） | 0.07\*\*\*<br>（0.02） | 0.51\*\*\*<br>（0.06） | 0.07\*\*\*<br>（0.02） |
| 教师固定效应 | Yes | Yes | Yes | Yes |
| 年份固定效应 | Yes | Yes | Yes | Yes |
| 样本量 | 8 164 | 8 164 | 8 164 | 8 164 |
| $R^2$ | 0.79 | 0.59 | 0.79 | 0.59 |

注：\* $p<0.10$，\*\* $p<0.05$，\*\*\* $p<0.01$；括号内为普通标准误。

## 五、结论与讨论

有组织科研越来越成为当下完善科技创新体系,健全新型举国体制的有效措施,而科研助理恰是支撑有组织科研的最基本研究单位 PI 团队中重要的科研辅助人力配备,他们对于减轻科研人员行政事务负担和减少他们耗费在重复性劳动上的时间具有重要的意义。然而,现有的研究极少对科研助理助力科研产出的效果进行实证研究,基于个体层面的因果推断更是鲜见。

本研究以某研究型 A 大学的理工科教师为样本,通过双向固定效应和工具变量法解决教师聘用科研助理的内生性问题,探究了科研助理数量和类型对教师科研发表的数量和质量的影响,主要结论有三:其一,科研助理对高校理工科教师的科研发表数量和质量均有显著的正向促进作用。科研助理数量每增加 1 人,教师论文发表数量提高 0.04 个标准差,论文发表质量提高 0.10 个标准差,科研助理对教师论文发表质量的影响要大于对论文发表数量的影响。其二,科研助理对高校理工科教师科研发表的影响呈现倒"U"形关系,科研助理存在最优聘用规模,但现有规模还远低于最优聘用规模。其三,相较于科研助理中的学术助理,行政助理对教师科研发表数量和质量的影响更突出。这可能因为科研助理主要是通过节约教师直接花在行政事务上的时间来提高教师自身对时间的利用效率,进而提高教师的科研产出。

本文主要的局限性是研究的外部有效性,因研究对象为国内某顶尖大学的理工科教师,研究结论在推广性上有所局限。本研究未来可在两方面进行改进:其一是获取信息量丰富且涵盖范围更广的全国性数据,对科研助理的作用进行更为扎实的实证研究;其二是走进田野,通过对一线科研人员的访谈,真实了解科研助理在科研生产过程中是如何发挥作用的。

**参考文献**

［1］迈克尔·吉本斯，卡米耶·利摩日，黑尔佳·诺沃茨曼，等.知识生产的新模式：当代社会科学与研究的动力学［M］.北京：北京大学出版社，2011.

［2］林心颖.科研助理对高校理工科教师科研生产力的影响研究［D］.北京：北京大学，2023.

［3］亚当·斯密.国民财富的性质和原因的研究（下卷）［M］.北京：商务印书馆，1974.

［4］敖荣军.劳动力区际流动及其人力资本再分配效应——基于技能互补性假说的理论与实证分析［J］.地理与地理信息科学，2007（01）：59－63.

［5］吴伟平.城市劳动力技能互补的微观机制研究：基于分工的视角［J］.社会科学，2020，474（02）：74－84.

［6］向国成，李真子.实现经济的高质量稳定发展：基于新兴古典经济学视角［J］.社会科学，2016，431（07）：57－63.

［7］North D. C. Structure and Change in Economic History［M］. New York：W. W. Norton & Company，1981.

［8］Sindermann C. J. The Joy of Science：Excellence and Its Rewards［M］. New York：Plenum Press，1985.

［9］Pineau C.，Levy-Leboyer C. Managerial and organizational determinants of effciency in biomedicai research teams（Social Sciences）［M］// S. R. Epton，R. L. Payne，A. W. Pearson，Managing Interdisciplinary Research. New York：John Wiley and Sons，1983：141－163.

［10］Kotrlik J. W.，Bartlett J. E.，Higgins C. C.，et al. Factors associated with research productivity of agricultural education faculty［J］. Journal of Agricultural Education，2002，43（03）：1－10.

［11］Dundar H.，Lewis D. R. Determinants of research productivity in higher education［J］. Research in Higher Education，1998，39（06）：607－631.

［12］Baird L. L. What characterizes a productive research department？［J］. Research in Higher Education，1986，25：211－225.

［13］由由，闵维方，周慧珺.高校教师队伍结构与科研产出——基于世界一流大学学术排名百强中美国大学数据的分析［J］.清华大学教育研究，2017，38（03）：4－14.

［14］王力.科研财务助理效用评估研究［J］.会计之友，2019（02）：122－125.

［15］哈巍，于佳鑫.辅助人员对科研生产力的影响——以中国科学院为例［J］.华东师范大学学报（教育科学版），2019，37（01）：83－94＋168.

［16］陈文博.大学辅助人员的规模与配比对科研产出有影响吗？——基于2007—2018年间58所教育部直属高校的校际面板数据分析［J］.教育与经济，2022，38（06）：84－93.

［17］Lotka A. J. The frequency distribution of scientific productivity［J］. Journal of the Washington Academy of Sciences，1926，16（12）：317－323.

［18］Johnes G.，Johnes J. Measuring the research performance of UK economics departments：an application of data envelopment analysis［J］. Oxford Economic Papers，1993，45（2）：332－347.

［19］Porter S. R.，Umbach P. D. Analyzing faculty workload data using multilevel modeling［J］. Research in Higher Education，2001，42：171－196.

［20］Primack R. B.，O'Leary V. Research productivity of men and women ecologists：A longitudinal study of former graduate students[J]. Bulletin of the Ecological Society of America，1989，70(01)：7－12.

[21] Abramo G.，D'Angelo C. A. How do you define and measure research productivity? [J]. Scientometrics，2014，101：1129－1144.

[22] Brogaard J.，Engelberg J.，Van Wesep E. Do economists swing for the fences after tenure? [J]. Journal of Economic Perspectives，2018，32(01)：179－194.

## 作者简介

林心颖　北京大学人事部人事调配办公室副主任，副研究员，教育博士，主要研究方向为教育管理

曹宇莲　北京大学教育学院博士研究生，主要研究方向为教育经济学

哈　巍　北京大学教育学院副院长、长聘副教授，公共政策博士，主要研究方向为教育政策的定量评估与因果推断

## 电子邮箱

rsbxyl@pku.edu.cn

yuliancao711@pku.edu.cn

wha@pku.edu.cn

# Chapter 4

# 大学有组织科研的时代意涵、中国优势与院校问题 *

罗志敏　黄扬杰

**摘　要：** 作为一种曾在历史上发挥重要作用的科研组织机制，有着复杂内部构成和权责角色结构的有组织科研虽不新鲜，却体现出一种与自由探索式科研不同的知识生产关系。时至今日，有组织科研在中国语境下被提出、强调并纳入国家政策文本，对大学来讲也自然有其不一样的时代意涵，即紧迫的国家需求导向（助力国家实现科技自立自强）和直接的工作任务指向（科技攻关任务的驾驭和完成）。在中国，大学有组织科研至少拥有两方面的现实或潜在优势：一是强延续性的国家发展政策；二是步调统一的政府组织力量，也由此能给大学开展有组织科研带来稳定的发展预期以及集中且高效的支持。但是，目前大学校内普遍存在的科研力量分散难题及其背后的院系设置问题，使其难以充分利用和转化所拥有的优势来进行有组织科研。要破解这一难题，大学有必要针对有组织科研建立起相应的操作及组织机制，并构建以"学院＋"为主的院校组织机制。

**关键词：** 有组织科研；科技自立自强；科技攻关；治理优势；科研力量

2021 年 3 月习近平总书记在《求是》杂志发表文章《努力成为世界主要科学中心和创新高地》，提出"要加快转变政府科技管理职能，发挥好组织优势"。[1]自此"有组织科研"开始在一些大学的科研工作会议上被提及。在 2022 年 1 月国家布局的新一轮"双一流"大学建设方案中，要求建

---

\* 本文系教育部哲学社会科学研究重大课题攻关项目"科技自立自强背景下高校创新体系构建研究"（21JZD057）的研究成果。

设高校"强化有组织创新"①,这意味着"有组织科研"在经过一段时间的酝酿后开始进入国家政策文本。2022 年 7 月,教育部在其召开的"教育这十年"新闻发布会中,着重提出下一个十年"将着力加强有组织科研"。[2]同年 8 月,教育部就专门针对在大学实施有组织科研颁布了政策文件《关于加强高校有组织科研,推动高水平自立自强的若干意见》,提出有组织科研是大学"建制化、成体系服务国家和区域战略需求的重要形式"②,并强调要"推动高校充分发挥新型举国体制优势,加强有组织科研"。这表明,具有明显任务导向性的有组织科研开始作为一个专门性话语纳入国家政策实施体系。那么,由此带来的问题是,在一国科技体系中早已存在并非新见的有组织科研,与以往相比具有什么不一样的意涵? 对大学有组织科研来讲,这个"新型举国体制优势"即"中国优势"意味着什么? 拥有此优势的大学又面临着哪些阻碍有组织科研实现的问题呢? 本文接下来就从院校的视角出发,围绕以上问题展开分析和探讨,以期为当前时代背景下我国大学有组织科研的有效展开提供一些理论上的启导和实践上的镜鉴。

## 一、大学有组织科研的时代意涵

作为一种与自由探索式科研(spontaneous research)有联系又有区别的科研组织机制,有组织科研(organized research)并不新鲜,源自 20 世纪初一些大学对资金追求的机会主义取向。[3]它们往往通过那种与基本院系结构相分离的、有组织的研究活动,去寻求外部资助机会,以雇佣和留住研究人员,共享研究设施和仪器,从而推进他们的研究。[4]第二次世界大战之后,有组织科研则主要表现为由政府或市场提出或发出科研任

---

① 参见:教育部、财政部、国家发展改革委发布《关于深入推进世界一流大学和一流学科建设的若干意见》(教研〔2022〕1 号)。

② 参见:《关于加强高校有组织科研,推动高水平自立自强的若干意见》(2022-08-29)。

务要求,有一定科研实力的科研机构则组织力量去申报和承接。作为有组织科研最主要的依托机构,大学也由此发生了许多好的改变,如除了拓展了资金来源以及提高了机构声誉[5]之外,还会使大学由于研究变得多样化而对能参与科研的教师的需求成倍增加,办学条件由于科研需要而得以快速改观,办学规模由于功能拓展、人员角色改变而得以扩大等。[6]因此,有组织科研也被认为是第二次世界大战后美国、日本、德国等国家大学研究体系扩张的决定性因素,并在国家、社会的科技知识需求与大学的知识生产能力之间发挥了有效的调节功能。[7]

以上表明,有组织科研与大学紧密相连,也是大学的一种基本科研运行模式。在大学的整个科研生态体系中,有组织科研既不同于那种个人兴趣导向的自由探索式科研,也不等同于协同式科研或跨学科科研,而体现出不同的知识生产关系:一是在生产启动上具有时效性。有组织科研针对的都是国家、社会或企业发展急需解决的科研大任务,也由此需要大学能在第一时间识别和抓取,且又能在第一时间内把校内的相关科研力量发动(启动)起来,否则就会贻误时机。二是在生产主体上具有交互性。有组织科研不是"单打独斗""各自发展"的科研,也不仅仅是多主体协同科研,而是需要多人、多机构紧密配合的集群式科研,以求能产生有利于科研大任务完成的积聚效应。三是在生产要素上具有统合性。有组织科研需要利用所有以"潜能"形式存在的要素,如政策、制度、人员、经费、场地、设施、信息、关系等,也就因此需要组织者具有运筹帷幄的组织管理和协调能力。四是在生产产品上具有可预见性。有组织科研都是严格在预定的工作计划和工作路线中产出预期的科研成果。时至今日,有组织科研在中国政治和政策语境下被提出、被强调且被纳入国家政策文本,对大学也自然有其不一样的时代意涵。

## 1. 紧迫的国家需求导向: 助力国家实现科技自立自强

与基于个人兴趣的自由探索式科研相比,需求导向一直是有组织科研的一大特征。在历史上,有组织科研曾架起了大学与外部需求对接的桥梁,帮助大学从外部获取更多资源,如美国加利福尼亚大学伯克利分校曾于 20 世纪 60 年代从自己可自由支配的资金中拿出一部分作为种子资金用于一些能响应社会需求的科研项目,目的是从中培育几个知名的"组织化"的研究团队以吸引额外资金。[7]同时,注重发展的政府也会以提供资金的方式支持那种以双方或多方合作为主要模式的"大科学"(big science)。[8]科学技术从来没有像今天这样深刻影响着国家的前途和命运。如我国目前经济增长势头正在放缓,不确定性和风险上升,许多产业的发展正面临着艰难的"障碍赛",一些关键领域核心技术还存在"卡脖子"难题。要跨越前进道路上的种种发展障碍和难题,急需从科技创新上要答案、寻出路。在此背景下,中国共产党十九届五中全会史无前例地提出科技自立自强的要求,强调"把科技自立自强作为国家发展的战略支撑"①。在 2022 年 10 月召开的党的二十大报告中,又为"科技自立自强"加了一个体现任务紧迫性的定语,即"加快实现高水平科技自立自强"②。这是中国共产党和中国政府在百年未有之大变局和国内高质量发展新阶段下做出的重大战略决策,也由此开启了国家创新体系建设的新征程。

作为关键核心技术攻关的"动力源"和"主战场"的大学尤其是研究型大学,以有组织科研的形式助力国家科技自立自强也就成为很急迫的需求。在 2022 年国家布局的新一轮"双一流"大学建设方案中,就要求高校建设"服务国家急需",以"支撑高水平科技自立自强"③。具体来讲,就是需要大学面对我国一些关键领域正在遭受或可能遭受的管制断供危机,打好关键核心技术攻坚战,以尽快打通关键领域技术的堵点、断点,从而实现国家科技体系自主可控。换句话来讲,就是能针对事关国家安全和长远发展的"心腹之患"和"燃眉之急",如高端芯片、操作系统、高端光刻机、高档数控机床、高端仪器装备、关键基础材料等,做国家需求导向的研

---

① 参见:《中国共产党第十九届中央委员会第五次全体会议公报》(2020 - 10 - 29)。
② 参见:《习近平在中国共产党第二十次全国代表大会上的报告》(2022 - 10 - 16)。
③ 参见:教育部、财政部、国家发展改革委发布《关于深入推进世界一流大学和一流学科建设的若干意见》(教研〔2022〕1 号)。

究。对此，习近平总书记曾就此对大学提出了要求："我国高校要勇挑重担，释放高校基础研究、科技创新潜力，聚焦国家战略需要，瞄准关键核心技术特别是'卡脖子'问题，加快技术攻关。"[9]

### 2. 直接的工作任务指向：科技攻关任务的驾驭和完成

有组织科研主要应对的是那些涉及多人、多因素的复杂科研难题的解决，科研攻关尤其是重大科技攻关恰恰就是这种类型的复杂科研难题。与自由探索式的科研不同，科技攻关尤其是重大科技攻关一般都是任务导向型的科研，强调从经济社会发展和国家安全面临的实际问题中凝练科学问题，聚焦的是关键战略领域的重要突破，往往也就需要集中多方力量攻克，也由此呈现出复杂、整体、动态的特征。其一，就其复杂性来讲，科技攻关不是单个科研人员、单个部门、单个机构所能完成的，而是由多主体交互作用的复杂生态系统，具有结构复杂、行为复杂、功能复杂、治理复杂等特征。[10]其二，就其整体性来讲，科技攻关任务的工作目标往往难以明确分解，工作单元也难以相互独立，对其采取还原论的思维方式和治理路径也就难以行得通，即不能把任务分解成若干部分，然后指望把各部分都解决了，整体也就解决了。[11]其三，就其动态性来讲，由科技攻关总是充满着一些不确定的、动态演化的、影响工作进程和绩效的因素，表现为突变、涌现、湮没、演化等难以完全预知的随机性以及可能出现的动态变化或风险。

这也就是说，科技攻关既充满了各种可能的复杂性，又具有不能用还原论方法处理的整体性，同时还可能具有随时可能发生变化的动态性，复杂性、整体性、动态性相互纠缠与耦合，由此也就形成了科技攻关固有的本质属性。科技攻关任务的这一本质属性，意味着任何个人或者单一机构，都不具备解决这一复杂问题所需的全部知识、工具、资源和能力，也不是一个人或一个部门所能独自完成的，也就因此需要采取多主体、跨专业、跨部门、跨机构的手段和方法即有组织科研的形式方能有效应对。

## 二、大学有组织科研的中国优势

与基于个人兴趣的自由探索式科研不同,以"大团体、大项目、大攻关"为主要特征的有组织科研,需要的是集体的一致行动,更需要外在的持续资源注入,这就必然需要强有力的国家战略意志和体制机制作保障,而这恰恰是中国具备的且独有的。新中国成立以后,"两弹一星"等巨大科技成就的取得,就形成和彰显了这种以"集中力量办大事"为主要特征的举国体制的有效性。改革开放以来,中国的一系列改革实践和发展成就,无论是全国性的战略行动(如西部大开发、脱贫攻坚),重大国家工程建设(如三峡工程、青藏铁路、高铁网),还是举办重大的国际活动(如奥运会),抑或是北斗导航系统、海底隧道等重大科技创新突破,不仅延续且强化了这一举国体制,而且还在社会主义市场经济条件下形成了一种新的、更能彰显治理优势的举国体制即新型举国体制。有学者将这种治理优势概括为四个方面:能够集中力量办大事的"集中性";中央和地方政府具有较大协调能力的"协调性";中国共产党统一领导有利于保持政策一致和持续的"连续性";各级政府集中统一管理的"高效性"。[12]中国这一明显治理优势,也必然能给大学有组织科研带来了现实的或潜在的优势即"中国优势"。在本文看来,这种优势主要体现在以下两个方面。

### 1. 强延续性的国家发展政策能给大学有组织科研带来稳定的发展预期

发展预期是指导个人、集体或组织实践活动的强大控制力量。对一个组织来讲,不稳定的发展预期会降低其拓展性行动意愿,增加其管理压力和运行成本。[13]稳定的发展预期对大学有组织科研同样重要,因为科技攻关尤其是重大科技攻关要取得创新性的成果,不是一蹴而就的,往往需要一个甚至几个周期来完成,这就需要有相对稳定的外部环境。中国共产党执政,社会主义意识形态占据社会意识形态的主导地位,政权具有高度的稳定性,国家的方针政策和发展战略不会因政见、意识形态不同及政党更替而废弃,这就保证了国家发展战略的前后衔接与持续付诸实施。[14]这正如来自法国的汉学家高大伟所指出的那样,"中国共产党从具体的国家治理来说,其最主要的优势之一就是保持政策的延续性,中国共产党长期执政,可以按照'五年计划'持续推进国家治理和进步,而西方选举和议会制度只能着眼于任期内,特朗普宣称上台后将不承认《巴黎协定》就是一个很好的例子"。[15]中国这种强延续性的国家政策恰恰能给大学的有组织科研带来包括长期政策目标、持续财政支持在内的稳定发展预期,从而让大学得以保持发展定力,并能制定和实施长期的科技攻关长期战略和行动路径。

其一,由国家长期的政策目标带来的稳定发展预期。与西方国家相比,中国执政党和政府不仅能够制定国家发展的长远战略规划,而且能够持续有效地付诸实施,这是中国治理的一大优势。[16]这一体制上的优势,不仅以顶层设计的形式为科技自立自强提供了强劲牵引,而且还包含有清晰的、明确的阶段性任务的路径规划,如 2021 年 11 月为落实国家科技发展目标而出台的《科技体制改革三年攻坚方案（2021—2023 年）》,从而能够将战略规划持续转化为现实。还涉及大学,大学参与国家科技创新已经成为一项制度安排,纳入国家发展的总体战略、科技部等部门规划以及地方政府的一些发展规划中,不仅有类似《高等学校"十四五"科学和技术发展规划》（2021 年）这种每隔五年一次的中长期规划,还有《关于实施基础学科拔尖学生培养计划 2.0 的意见》（2018 年）、《国家中长期科学和技术发展规划纲要（2021—2035 年）》（2021 年）等这种长远发展规划。如 2019 年国务院印发了《中国教育现代化 2035》就明确规定:"要在高校建设国际一流的国家科技创新基地,全面提升高校原始创新能力。"①这些规划不仅是整个国家和执政党意志的体现,也有包含具体政策扶持措施的

①　参见:中共中央、国务院印发《中国教育现代化 2035》（2018 - 12 - 18）。

落实机制和年度考核机制。大学就能结合国家和地方出台的规划和实现机制,针对其有组织科研的目标制定和构建相应长远的规划和实现机制。

其二,由国家稳定的财政政策带来的稳定发展预期。大学是一个资源高消耗的社会组织,在校园内建立一个有组织的研究环境通常需要高额且持续的经费投入。例如,就目前广受重视的交叉学科研究来讲,学校除了要为建立新的研究所和实验室以及提供额外的员工和服务花费金钱之外,后期还要为其正常运营持续投入经费。[17]大学尤其是公立院校一旦被政府削减了拨款,其科学研究连同高层次人才培养都将面临质量和生产能力方面的严重威胁。如科研人员不能在所处领域的最前沿开展研究,课程也被迫从成本较高的实验研究和训练转成理论性的授课方法。[18]在西方国家,政府拨款已逐渐成为公立大学一项最不稳定的收入来源。[19]例如,美国公立院校明尼达大学,2003年获得的州政府财政拨款占学校总预算的比例从2002年的33.48%下降到30.18%,此比例在其后数年内又急速下降,到2006年,仅为24.9%。[20]至于处在经济状况相对较好州的加州大学,50年前该校70%的开支都由加州政府支持,2006年这个比例已降至27%,2014年仅有14%。[21]在中国,大学所获得与科研相关的经费虽然比西方发达国家起点低,但2013年我国研发经费首次跃居世界第二位之后,近些年一直保持稳定增长。2013—2016年间,我国研发经费年均增长11.1%,而同期美国、欧盟和日本分别为2.7%、2.3%和0.6%。[22]即便是2020年我国由于遭受新冠疫情冲击而导致经济增长大幅下滑的不利局面,我国研发经费投入总量还是比上年大幅增长10.2%,其中投入强度提升幅度创近11年来新高。[23]中国大学能获得政府稳定财政投入的这一优势①,自然

---

① 如自《国家中长期教育改革和发展规划纲要(2010—2020年)》这一强延续性的、时间跨度长达10年的国家政策发布实施以来,高等教育财政性经费总体连续增长,至2017年,国家高等教育财政性经费由2009年底的2 327亿元,增长到6 899亿元,八年时间增长了196.48%,年均增长24.56%。增长率与年均增长率总体均超过国家GDP、财政收入增长率。高等教育财政性经费占高等教育经费的比例也由2009年的52%逐步攀升并稳定至62%左右。参见:张浩,胡姝.高等教育财政政策十年变迁与未来挑战——以《教育规划纲要》实施为背景[J].中国高教研究,2020(10):21-22.

给其有组织科研科技活动带来了稳定的发展预期，这不仅让大学的领导者能够在制定学校科技攻关战略时轻装上阵，没有后顾之忧，而且可以在人才引进、学生培养等方面做持续增量的改革。

## 2. 步调统一的政府组织力量能为大学有组织科研提供集中且高效的支持

纵观新中国成立以来的治国理政方式，有一个很显著的特征：中国共产党长期执政地位及其制度体系，赋予它在整个国家思想、组织、人事、财政、决策等方面的全面领导权力，而且保障了立法、司法、行政、军事体系对这种领导权力的协同支持，从而实现"全国一盘棋"式的治理。这种独特的治国理政方式具有显著优势，比如上下步调高度统一，能排除各种干扰，不像西方国家的决策那样既受利益集团或资本的操控，又受其他政党的干扰和牵制，从而可以避免决策拖延，提高了决策的效率和权威。如十三届全国人大四次会议正式表决通过了《国民经济和社会发展第十四个五年规划和2035年远景目标纲要》（以下简称《远景规划》），它标志着中国共产党的十九届五中审议通过的"十四五"规划这一纲领性文件正式转化为国家意志和法定形式，无论是今后的贯彻执行还是其成果成效，都具有很强的可预见性。这一治理优势不仅使中国实现了人类历史上罕有的持续70多年经济快速发展和社会进步，也为大学的有组织科研提供集中且高效的支持。

其一，可以获得国家集中的支持。无论是"211工程""985工程"这种集中打包式的政策支持，还是诸如"973计划"（国家重点基础研究发展计划）、"863计划"（国家高技术研究发展计划）、国家重点研发计划等这些专项计划，这种由国家顶层设计并组织实施的计划往往伴随着政策、资金、宣传的集中性注入，能在短时间内解决大学一些遗留难题，提升大学整体的科研实力。如在2012年以来经济增长放缓的背景下，中国政府仍然依照既定的规划在2015年启动了"双一流建设"计划，除了制定"到本世纪中叶,一流大学和一流学科的数量和实力进入世界前列"这一长期的发展总目标之外,还规定由教育部会同国家强力部门财政部和发展改革委负责规划部署、推进实施、监督管理等工作,日常工作由教育部承担,涉及政策支持、财政投入、宣传引导等方面。[24]这种统一且集中的支持,不仅是有组织科研这种需要集中支持的科研组织形式所需要,也能使许多大学包括科研实力在内的整体实力在短时间内得到大幅提升。根据《泰晤士高等教育》发布的世界大学排行榜,2021年清华大学进入了世界大学排名的前20名,在全球排名前100名的大学中,有6所来自中国,这是2020年的两倍。[25]单从科研论文引用量来看,中国大学的高被引论文占比也从20年前的0.2%攀升到如今的20%。[26]另据2019年3月发布的ESI全球高校学科排名显示,我国共有258所高校共1060个学科进入ESI排名全球1%(未含香港、澳门和台湾),化学、材料和工程三个学科已经排在了世界首位。[27]

其二,可以获得国家高效的支持。近些年来,得益于国家两级政府在具体政策、专项投入等方面的高效支持,中国大学的科研实力无论是从整体上还是在某一方面都得到了快速的发展。这既表现在科研人员及研究生人数、科研场地及实验室、科研设施设备、科技创业园等外延性指标上,也表现在科研成果、人才培养等内涵指标上。这一发展成就,也自然为一些大学发起旨在进行重大科技项目攻关的有组织科研奠定了人才和学科基础。国家对大学包括有组织科研在内的科技创新体系的高效支持,除了一般的法规、政策和经费支持之外,还包括在科研用地、校办产业等方面给予的免费、优惠、减免税等支持。如就科技创业园区建设等这一重大事项来讲,由于涉及征地、规划、拆迁、征收与补偿、建设、市政配套等复杂工作,仅凭大学一己之力根本就无法完成,即便勉强完成也需耗费大量的时间成本和金钱,但政府往往会围绕这一问题的解决,除了提供巨额经费支持之外,还会通过设置领导小组或联席会议制度等形式,有负责指挥和协调的,有负责落实的,定人定任务定时间,从而能在短时间内动员国土、规划、建设、银行等职能部门一起协同行动,并配以检查任务开展情况的政策措施,从而能保证问题能得到及时且高效的解决。

## 三、大学有组织科研的院校问题

大学有组织科研是学校主导下投入大量人力、物力和财力去实现一个目标，也就是集中力量办大事，这对大学的科研体系及组织能力提出了更高的要求。在这方面，中国大学还存在许多不足。对此，中国高等教育学会会长、教育部原副部长杜玉波曾描述道："学科固化且划分过细，学科布局的综合性和交叉性不够……这些都是制约高校提升服务国家关键核心技术攻关能力的瓶颈问题。"[28] 此外，还有学者认为我国大学存在大团队难以形成等弊端，[29] 或存在整体效率不高等问题，[30] 或存在"需求导向不强""融合不够"等问题。[31] 若对照有组织科研的要求来审视，我国大学科研体系存在的缺陷就更明显，最突出的表现就是科研力量太分散及其背后的体制性难题，这不仅使我国大学难以应对科技攻关尤其是重大科技攻关任务，其实在某种程度上也没有将其拥有的"中国优势"体现出来，甚至是背道而驰。

### 1. 科研力量分散：有组织科研亟待破解的难题

科研力量分散现象在中国大学普遍存在，是大学有组织科研亟待破解的难题。早在 2006 年的中外校长论坛上，时任教育部周济就指出，科研力量分散是我国大学科技创新亟待解决的突出问题。[32] 时至今日，大学科研力量分散问题仍没有得到好的解决，而且愈发复杂。如在科研管理上条块分割从而难以集中资源，在团队建设上成员合作乏力从而难以形成强有力的团队，在学科布局上各自为战从而难以交叉融合，在产学研合作上与企业、政府存在关联障碍从而难以实现学科链、创新链与产业链整合发展。

比如谈到科研团队问题时，就有学者描述道：当前有许多所谓的科研团队在申请项目时"同舟共济"，分担任务时却"同床异梦"。许多联合申请项目中的科研合作多停留在表面，甚至一些项目合作成为共同获取经费的手段,用"合作形式"取代了"合作内容",将合作研究变成利益交换关系。[33]还有学者就此批判道:为申报项目而临时组建的豪华团队,在实际研究中却陷入一种类似于囚徒困境的博弈局面,导致合作最终沦为一个散乱的成果拼盘,与申报的初始目标存在天壤之别。[34]至于科研人员,则大都习惯在自己的学科或研究领域内单打独斗或者是分头突击。对此,有学者曾做过很形象的描述,"(大学)仍存在彼此分割、缺乏协同的'小作坊'式研发,(教师们)往往满足于在各自的'围墙'和'栅栏'内,各自为战。"[35]

有组织科研这一"院校问题"的存在,会使校园内各自为战的科研"个体户""单干户"很多,大且强的科研团队很少,从而难以围绕科研难题组建跨学科、跨学院的科研团队,自然也就难以将多个方向的精锐科研力量整合、集结起来去应对重大科研攻关任务。因为科技攻关尤其是重大科技攻关任务的顺利完成,离不开多方之间长期稳定且持续深入的合作。而且随着任务的推进和深入,遇到的研究问题也越来越复杂,越来越无法依靠研究人员的"单打独斗"就能完成,而需是要多个人、多个小组共同合作、相互支撑才有望完成。

针对这一难题的解决,近年来不少高校也做了一些改革尝试,主要有三种路径:一是成立跨学科性质的研究院。这些研究院要么与学院并列,纳入学校的二级机构管理,要么归并于某个学院,属于学院的内设部门。如北京大学成立的前沿交叉学科研究院,清华大学创建的人工智能研究院,上海交通大学建立的 Med - X 研究院,浙江大学组建的求是高等研究院等;二是组建多学科类型的大学院,即将一些相近或相邻学科的学院合并成一个学院;三是学部制改革,即按照学科门类或学科群将若干个学院归属一个学部管理,学部用来承担发展规划、资源统筹、协同建设等职能。比如大连理工大学实行"两级(学校、学部)管理、三级(学校、学部、学院)建设"的管理体制,下设 7 个学部,每个学部都设有 1 名部长、5—6 名副部长,同时还建有独立建制的学院、教学部和专门学院。以上改革尝试虽然在某种形式上整合某些相近的学院或学科,但教学科研人员、课程、实验设备等资源仍处于分散状态。

比如，就一种改革路径，除了在资源分配、师生管理、绩效评价等方面与院系存在冲突之外，还造成了学校教学科研机构系统的膨胀，增加了学校的管理成本和负担。至于依照第二种改革路所组建的多学科类型大学院，有研究通过调查发现："院系合并并不必然推动跨学科研究的开展，实质上反而可能会限制学科自身的发展。"[36]对此，有国外学者就曾发出警示，简单的单位（院系）合并并不能保证跨学科教学和研究的出现，甚至可能更糟，要警惕强迫性"跨学科"的危险。[37]再如学部，当学部虚体运行时，虽然能维持学院的办学独立性，但就起不到整合学部内部学科资源的作用，学部形同虚设，学院仍然是各自为政，一些跨学科机构也最终固定成为各学院的附属研究机构；[38]当学部实体运行时（即成为一级管理部门），虽然通过行政权力的强行介入使学部内的学科资源能得到某种程度的共享，但处在不同学部之间的学科资源还是难以实现共享，同时还由于在学校与学院之间增加了一个管理层级（学部）而降低了管理效率；当学部虚实结合运行时，由于在人员聘用、人才评价等方面的职责及权力归属比较复杂，有时在"究竟谁说了算"的问题上，容易出现模糊或真空地带。这正如有学者所评价的那样：大多还是停留在原有的院、系、所、教研室等机构的思维定势中，所谓的改革不过是在院、系、所和教研室四者之间做不同的排列组合罢了，实行等级制度的科层管理……至于科学研究，基本上还是取决于教师的个人兴趣和爱好，更谈不上跨学科研究合作。[39]在本文看来，学部制改革虽然在表面上减少了部门数量，但其学部内的院系并没有减少，其内部仍然是壁垒分明的小部门。或者说，通过学部制改革被合并在一起的学部，名义上是一个大的部门，实际上还是各干各的事，并没有真正形成一个"拳头"。

### 2. 科研分散难题背后的难题：院系设置问题

要解决大学科研力量分散这一"院校问题"，就需要以任务为中心，但这却与大学传统的院系机构体系很不相容，即与大学以学科中心的分院系设置存在明显的矛盾。大学分院系设置产生于知识大生产的背景以及知识生产劳动分工的需要，并日益嵌入学校的组织体系，成为学校进行行政、学术资源配置的工具。在大学内部，学科归属于不同的院系，院系则掌控着各自学科的预算、教师的聘任与晋升、教学事务以及学生的管理，长此以往院校也就形成了与其发展利益相一致的学科文化和制度规范，形成了一个个"独立王国"。如此一来，就使大学机构系统内部各机构之间并不是"齿轮咬合"般紧密，而是一种独立性明显、学科资源被分割为各个院系的离散状态。这一机构布置虽然有利于为每个学科的建制提供庇护，但却难以在院系与院系之间建立协调和控制关系，同时也阻碍了学科与学科之间以及所在学院与学院之间的交流与合作。哪怕是在同一个学部乃至同一个院系内两个不同学科，要推进交流与合作也是困难重重。这就如同有学者在论及跨学科合作难题时所描述的那样："目前，大学的分院系设置对跨学科研究有兴趣的大学教师哪怕是校长来说，都是很难跨越'院系堡垒'，弄不好反而易将自身陷入一种学科合法性危机之中。组建跨学科中心，自然可为教师们的跨学科研究提供组织支持和保障。但可以设想的是，如果新成立的跨学科中心要与院系竞争学校资源（人员编制、设施设备、运行经费等），院系就有可能与这些单位为敌……因为跨学科中心需要相对独立且要重组多个学科的人力资源，但这却与院系结构有较大冲突……"[40]

以上说明，院系作为行政管理单位，基于各自部门利益的权衡，对教师的跨院校流动以及相应的资源分配缺乏积极性和主动性的制度支持，甚至采取一种排斥乃至抵制的态度和作为。即便是目前大学普遍采用的类似于"学部""研究院""研究中心"的跨学科组织设计，也并未打破这种以院系为管理单位的学科制度。这种难以跨越院系"围墙"和"栅栏"的尴尬状态，使学院之间的跨学科参与、合作非常有限，[41]学科之间的交叉融合以及学科力量集聚更是难以实现，也由此造成的科研力量分散问题，而使大学难以承担和完成需要各院系深度合作的科技攻关项目以及重大科技攻关项目。对此，国内有一篇文章曾用"巴尔干式的组织割据"和"一个个故步自封的利益群体"来描述大学内部各院系的"相互割裂、分散、孤立"状态。[42]目前,许多大学也相应采取了一些促进多学科合作的政策措施,但由于学科难以跨越院系机构壁垒而难以建立起有战斗力的跨学科合作组织,即便建立起来也难以持久,从而难以集中攻关重大科技难题,有组织科研的整体性目标也就无法达成。

### 四、破解"院校问题":构建利于有组织科研的操作机制及组织机制

诚然,有组织科研在大学的引入和展开,虽然不排斥个人自由探索式的科研,但对大学现有的科研管理观念和体制、科研人员队伍结构、科研资金与资源配置方式、科研评价方式与激励机制等提出了挑战。大学尤其是高水平研究型大学作为国家实现科技自立自强的一支重要的科技战略力量,不仅需要积极应对这一挑战,还需要充分利用其拥有的"中国优势",并发挥好其智力资源聚集、学科领域广布、平台设施齐备的特点。但是,面对阻碍有组织科研有效施行的"院校问题",大学有必要针对有组织科研建立起相应的操作及组织机制,以建立起有利于大学有组织科研生存和发展的制度环境。

#### 1. 针对科研力量分散难题,构建要素资源配置一体化操作机制

在大学有组织科研实践中,由于其面对的科技攻关任务耗资巨大、周期漫长、管理复杂、风险难测,为此就需要通过要素资源一体化机制将那些处在不同空间位置上的政策、人才、设备、资金等要素资源连接起来。否则,有组织科研中的许多问题就打不开、看不透,工作也深入不下去。

首先,要为要素资源的聚合提供一个固定的物理场所。这个可以被有组织科研活动中各成员用来进行社会整合的物理场所一般表现为实验室、研发中心、高科技产业学院等平台。通过这种平台,可以将原本互不关联的"个体行动"逐步转变为互为关联的"集体行动",从而能以一种有意识、有目的、有秩序、有分工的集体行为和行动安排模式应对复杂的任

务。同时,这种平台也是一个制度和文化的载体,由此还可为各成员提供一组操作机制和内在心理预期,如拥有可以影响或控制特定方面变化的规范,能影响成员价值观和行为取向并能给成员带来心理满足与人生意义的人文氛围,这实际上就给了来自校内外的相关要素资源提供了稳定性、规范性、专业性的配置平台。

其次,建立一个能用于要素资源聚合的现场调度总控平台。这个总控平台既要加强整个有组织科研的运行流程、人员调配(包括跨部门人员调配)、设施配备、工作时间等方面的总体控制和总体协调,还要通过建立关键性节点信息收集流程,跟踪项目进展,相机过程管控,适时做出适应性工作计划和工作方式调整,并建立分时段报告的管控制度。若有必要,还可以借鉴当前国家一些重大工程建设中常采用的风险控制做法,如建立"红黄灯"预警制度,以跟踪和处理有组织科研活动过程中的一些关键性节点工作。

其三,要为要素资源的聚合构建一整套有利于相关各方协同合作、相互借力的规则体系。合作的实质是通过交换式协商将在空间上分离的要素资源整合起来,合作的样式则体现为异质性主体的联合行动。对此,需要大学在发起有组织科研活动之前,就着手在合作目标、合作形式、合作收益、财政透明等方面建立一套清晰且合理的合作规则,以使各成员在组织活动中具有理性的契约和责任感,以及基于这种心理表现出的对组织活动尽心尽力的行为。[43]比如,为促进科研攻关中的产学研合作,大学可通过建立的一整套包括知识产权共享制度、收益分配制度等在内的合作规则,打通教、学、研、用、产之间的堵点,把整个行动所涉及的人才、经费、设施设备、社会关系、信息等要素资源串联起来,以激发各方面的要素资源向着科研攻关目标的方向流动和聚集。

## 2. 针对科研分散难题背后的院系设置问题,构建以"学院+"为主的院校组织机制

从根本上来讲,有组织科研要在大学这个组织环境中得到有效施行,

还需要大学首先对其院系机构及其制度、流程做一个通盘式的再设计，即建立以"学院＋"为主的院校组织机制，以使大学既能形成那种校内各院系比学赶超、竞相发展、各具特色的生动局面，也具有那种能围绕某一或某些重大问题的解决而使校内各院系及人员高效协同、补位合作、跨界集成的有组织科研能力。

所谓"学院＋"，其中的"学院"是指以本科教学为主的管理单元，而"＋"则是指学院基本职能衍生或扩展出来的职能及其承载组织，如跨院系课程设置、研究院、研究所、研究中心等。由于这些职能及其承载组织在行政隶属上不完全或只有一部分属于学院，所以就用"学院＋"来表示，如学院＋人才培养、学院＋科学研究等。就有组织科研来讲，本文主张，除一些从事个人自由探索性质的科研项目的教师之外，其他所有教师在全校范围内打通使用，科研设施设备等资源由学校统筹，即由大学校长总协调、学术事务平台负责审议和认定、管理平台负责提供配套支持，从而达到要素资源最大程度的共享。这一做法，不仅推进科研资源的在全校范围内的开放共享，也在一定程度上实现了有组织科研所需要的要素资源一体化配置。在本文看来，以"学院＋"为主的院校组织机制，很适合大学有组织科研活动的发起和开展。具体缘由至少有二。

其一，"学院＋"不仅能较好地平衡学院与研究机构之间的利益关系，还能很好地顾及学院这一基本教学单元的独立性，从而能得到各学院的配合和支持。无论是教师还是学生都以学院的管理为主，师生的人事关系、学籍和日常管理归属学院管理，课程设置及教学除全校公选课之外也归属学院管理，教师在教学方面的绩效全部计入所在学院，这样就便于学校对师生进行归口管理。至于在科研及社会服务工作上的绩效，按照研究人员的归属以及所做贡献的大小按一定比例计入所在学院。这种安排，既不会影响学院的基本教学和管理工作，也由于教师科研会同时纳入所在学院绩效而能得到学院的支持。对于有组织科研，学校还可以将其收入提取额的一部分以类似转移支付的方式反哺给学院。这样做，能使学院愿意积极采取措施支持其教师跨院、跨校从事有组织科研活动，从而有利于各学院或机构的协同合作、各学科的交叉融合。

其二,"学院 + "超越了院系和学科的界限,很适合在校园内推行短期和长期的有组织科研项目。一方面,教师除了要在所在学院承担必要的教学任务之外,还可以根据自己的研究需要,利用数据平台提供的信息,以学术召集人的身份或课题组负责人的身份自行与所在学院内外的教师组成科研团队;另一方面,学校可根据布局重大科研攻关项目的需要,以任务为中心组建研究院、研究中心或研究所等跨学科科研组织,开展联合科研攻关。这些科研组织内部都没有学科之分,完全以任务为中心,学校经评审后根据其研究需要为其提供或配备必要的场所、科研设施、人员和经费支持。科研任务完成后,如果没有后续研究项目,研究组织就要自行解散,同时学校收回相关的场所、科研设施和人员。这样做,可以防止学校研究组织的无序膨胀,也会规避一些"僵尸科研组织"在校园内存在。此外,"学院 + "还有利于科教融合,构建"学院 + 研究组织"的协同育人平台。如学院与研究组织可通过共享物理空间、科研平台、优秀师资以及其他学术资源,可以营造以科研反哺教学、以教学驱动科研的人才培养环境。

## 参考文献

[1] 习近平.努力成为世界主要科学中心和创新高地[J].求是,2021(06):1.

[2] 刘佳瞳.高校有组织科研怎么做? 教育部提出四方面任务[EB/OL].(2022 - 07 - 19)[2022 - 11 - 12].https://m.gmw.cn/baijia/2022-07/19/35894493.html.

[3] Flexner A. Universities:American, English, German [M]. New York:Oxford University Press,1930.

[4] Mallon W., Bunton S. Characteristics of research centers and institutes at U.S. Medical Schools and Universities [M]. Washington, DC:Association of American Medical Colleges,2005.

[5] Clarkb R. Delineating the character of the entrepreneurial university[J]. Higher Education Policy, 2004,37(04):355 - 370.

[6] Slaughter S.,Rhoades G. Academic capitalism and the new economy[M]. Baltimore:Johns Hopkins University Press,2004.

[7] Geiger R. L. Organized research units — their role in the development of university research[J]. Journal of Higher Education, 1990, 61(01):1 - 19.

[8] Sác M. University-based research centers: Characteristics, organization, and

administrative implications[J]. Journal of Research Administration，2008，56(01)：32－40.

[9] 习近平.在教育文化卫生体育领域专家代表座谈会上的讲话[N].人民日报，2020－09－23(02).

[10] 范如国.平台技术赋能、公共博弈与复杂适应性治理[J].中国社会科学，2021(12)：145.

[11] 盛昭瀚，于景元.复杂系统管理：一个具有中国特色的管理学新领域[J].管理世界，2021(06)：36－50.

[12] 燕继荣.制度、政策与效能：国家治理探[J].政治学研究，2020(02)：11.

[13] Panousi V.，Papanikolaou D.Investment，Idiosyncratic Risk，and Ownership[J].Journal of Finance，2012，38(03)：1113－1148.

[14] 李海，范树成.国外学者视野下的中国治理优势[J].毛泽东思想研究，2018(05)：108.

[15] 应强."中共治国理政至少有两大优势"——专访法国知名汉学家高大伟[N].参考消息，2016－07－15(06).

[16] 李海，范树成.国外学者视野下的中国治理优势[J].毛泽东思想研究，2018(05)：108－109.

[17] 罗志敏.大学-校友关系建构与治理研究[M].北京：中国社会科学出版社，2021：31.

[18] [美] 罗伯特·M.洛森茨维格，芭芭拉·特林顿.研究型大学及其赞助者[M].张弛，译.河北大学出版社，2008：72－74.

[19] Claran C. Life after Bankruptcy[EB/OL].(2008－11－26)[2023－01－20].http://www.signandsight.com/features/1798.html.

[20] 麦可思.在全美公立大学中位居第三的它是如何规划未来的[J].麦可思研究，2015(05)：37.

[21] 韩萌."后危机时代"世界一流公立大学财政结构转型及启示[J].教育研究，2016(05)：127.

[22] 张鹏.1.76 万亿! 我国研发经费投入强度再创历史新高[N].人民日报，2018－10－10(10).

[23] 魏玉坤.2020 年我国研发经费投入突破 2.4 万亿元[EB/OL].(2021－09－22)[2023－01－02].http://www.gov.cn/xinwen/2021-09/22/content_5638740.htm.

[24] 国务院.国务院关于印发统筹推进世界一流大学和一流学科建设总体方案的通知[EB/OL].[2015－11－05].http://www.gov.cn/zhengce/content/2015-11/05/content_10269.htm.

[25] Broom D.中国大学才是全球高等教育的新星[EB/OL].(2020－10－15)[2022－12－23].https://www.sohu.com/a/424744473_396568.

[26] 盛朝迅，易宇，韩爱华.新发展格局下如何提升基础研究能力[J].开放导报，2021(03)：60.

[27] 张辉蓉，盛雅琦，宋乃庆.中国高等教育发展 70 年：回眸与前瞻[J].浙江师范大学学报(社会科学版)，2019(05)：6.

[28] 柯进.高校应担起"卡脖子"技术攻关的时代重任[N].中国教育报，2019－03－14.

[29] 蒋云龙.高校科研应服务国家重大需求[N].人民日报，2021－03－26(11).

[30] 宗晓华，付呈祥.我国研究型大学科研绩效及其影响因素——基于教育部直属高校相关数据的实证分析[J].高校教育管理，2019(05)：26－35.

[31] 董鲁皖龙，焦以璇.加强有组织科研高校何为[N].中国教育报，2022－11－17(01).

[32] 吕诺，周婷玉.教育部部长：我国大学科技创新亟待解决四大问题[EB/OL].[2006－07－13].www.gov.cn.

[33] 许治，等.重大科研项目合作困境——基于有组织无序视角的解释[J].科学学研究，

2016(10)：1515 - 1516.

[34] 李侠.中国科研中的合作困境问题[J].科技导报,2012(13)：81.

[35] 余江,管开轩,李哲,等.聚焦关键核心技术攻关强化国家科技创新体系化能力[J].中国科学院院刊,2020(08)：1020.

[36] 褚照锋,陈廷柱.多学科类型学院的运行困境与发展对策——基于 W 学院发展历程的考察[J].高校教育管理,2020(01)：69.

[37] ［美］朱丽·汤普森·克莱恩(Julie Thompson Klein).跨越边界：知识·学科·学科互涉[M].姜智芹,译.南京：南京大学出版社,2005：311.

[38] 茹宁,李薪茹.突破院系单位制：大学"外延型"跨学科组织发展策略探究[J].中国高教研究,2018(11)：72.

[39] 杨连生,文少保.问题制：当今大学跨学科研究组织发展的制度创新[J].中国高教研究,2009(10)：22 - 25.

[40] 刘凡丰,等.高校促进跨学科研究的组织设计策略[J].清华大学教育研究,2017(05)：77 - 78.

[41] 余江,等.聚焦关键核心技术攻关强化国家科技创新体系化能力[J].中国科学院院刊,2020(08)：1020.

[42] 李鹏虎.论我国研究型大学中"巴尔干化"式的组织割据[J].国家教育行政学院学报,2019(05)：54 - 62.

[43] 马伊里.有组织的无序：合作困境的复杂生成机理[J].社会科学,2007(11)：75 - 82.

**作者简介**

罗志敏　杭州师范大学中国创新创业教育研究院教授,博士生导师,研究方向为创新创业教育、院校内外部关系及其治理

黄扬杰(通讯作者)　杭州师范大学中国创新创业教育研究院执行院长,教授,博士生导师,研究方向为创新创业教育

**电子邮箱**

luozhimin2005@126.com

hyj77777@126.com

# Chapter 5

# 高校有组织科研语境下学术期刊的作用与作为：以《华东师大教育评论（英文）》刊为例

游　蠡　宋　玮　陈霜叶

**摘　要：** 有组织科研是中国高校科研组织形式的一次重要变革，这一变革植根于整个人类科学系统正经历的一场根本性变革，同时也是面对新一轮全球科技竞争国家如何解决"卡脖子"问题的一种主动作为。本质上来看，它是一种新型科研举国体制，包含由外而内的"牵引"和由内而外的"响应"双向治理运行机制。学术期刊是高校有组织科研的重要抓手，该作用机制源于学术期刊具备的学科建构功能，并在现实运行中进一步表现为平台集聚、人才培养、内容规划、交流传播、评价参与这五方面的作用潜力与路径策略。

**关键词：** 有组织科研；学术期刊；功能；策略；人文社会科学

## 一、引论

2022 年 8 月，教育部印发《关于加强高校有组织科研推动高水平自立自强的若干意见》（以下简称《意见》），就推动高校充分发挥新型举国体制优势，加强有组织科研，全面加强创新体系建设，着力提升自主创新能力，更高质量、更大贡献服务国家战略需求作出部署。自此，"有组织科研"作为一个新的概念，首次进入国家教育政策文本，引发了学术界广泛讨论。目前，国内有关"有组织科研"的研究，或着眼宏观层面，以高等院校或特定学科为主体，论述有组织科研对于院校和学科发展的战略意义，及其在具体实施过程中的目标导向、行动路径，[1][2][3] 或借取他山之石，通过考察域外高校，如澳大利亚、瑞士等国"大科学"时代的高校科研治理运行体系,希望为中国有组织科研提供有益镜鉴,[4][5]尚缺乏从一些更微观的视角来透视、考察有组织科研的现实发生机制及运行策略,譬如从学术期刊的角度。事实上,学术期刊在撬动、服务高校有组织科研方面具有广阔的潜力,并已展现出一定的积极的机制作用效果。

　　本文接下来将以笔者所在的一份人文社科学术期刊《华东师大教育评论(英文)》(以下简称"英文刊")为例,运用文献研究与案例研究的方法,在综述中国高校科研组织形式向有组织科研倾斜的政策背景及其内涵实质的基础上,引入学术期刊的"学科建构功能"这一概念,结合英文刊发展情况与办刊经验,分别从"作用论"和"作为论"两个角度,回应学术期刊何以和如何促进高校有组织科研这两个研究问题,并基于前述学科建构功能概念,侧重人文社会科学领域,依次从平台集聚、人才培养、规划评价、交流传播和评价参与五个维度,深入探讨人文社科学术期刊在促进高校有组织科研方面的作用潜力与路径策略。

## 二、中国高校科研组织形式之变: 有组织科研的强化

　　当今世界,科技发展突飞猛进,与人类文明、社会福祉的关系也愈发紧密,通过科学研究所实现的知识创新已成为破解各种全球性问题的重要手段。与此同时,整个科学系统正经历前所未有的深刻变化。事实上,第二次世界大战以降,人类的科学活动已逐步从高度崇尚自由探索的"小科学"时代走向更加聚焦国家需要,以多学科交叉、投资力度大、所需实验设备复杂且昂贵为主要特征的"大科学"形态。[6]进入新的世纪,随着新一轮科技革命和产业革命的加速演进,当代科研活动更是进一步呈现出深度交叉性、应用指向性和资源依赖性等鲜明特征。后常规科学、后学院科学、知识生产的"三螺旋""模式 2"等新概念的不断涌现,背后所折射的恰是整个科学系统正在经历着的这样一种前所未有的变化。有研究者将相关趋势归纳为如下三方面:"科学研究更注重目标导向""科学研究组织性日益增强"以及"科学研究开放合作面临新的挑战"。[7]有组织科研正是在

科学治理及运行层面对此番趋势的一种回应。

不仅如此，在当今这个时代，随着国际形势的剧烈变化，科技领域更成为国际战略博弈的主战场，科技创新从未像现在这样深刻地影响着一个国家、一个民族的前途与命运。2020年11月，习近平总书记在浦东开发开放30周年庆祝大会上指出："科学技术从来没有像今天这样深刻影响着国家前途命运，从来没有像今天这样深刻影响着人民幸福安康。我国经济社会发展比过去任何时候都更加需要科学技术解决方案，更加需要增强创新这个第一动力。"[8] 在创新驱动发展战略的引领下，中国的科技创新实力虽已实现大幅跃升，但从创新链、产业链整体布局来看，国家科技事业在基础研究、应用研究、成果转化等方面仍有卡点、堵点和痛点，在现实产业和国防安全领域尚存在核心技术"卡脖子"问题，而有组织科研试图解决的正是这样一些问题，并力求通过在原始创新和攻克"卡脖子"问题的基础理论和关键技术方面下功夫，进一步提升行业产业的国际竞争力，持续服务国家、区域创新发展。[9]

当然，不论是对人类科学事业百年未有之大变局诸般趋势的主动回应，还是对我们国家在全球科技竞争中面临的诸种"卡脖子"问题的积极作为，都需要具体的行动主体予以实施。从概念上看，有组织科研包含了两个层面的运作机制：一个是由外而内的、国家战略需求对科技事业的牵引机制，另一个则是由内而外的、不同的科研实施力量对国家需求的响应机制；因此，有组织科研作为一种一体化机制与过程，是由战略牵引形塑的科研治理机制和由需求响应定义的科研运行机制两者的结合。面对这样一种一体化的科研"治理—运行"体制，有研究者指出，其制度合法性本质上是一种外部合法性，更确切地说，是"资源交换的合法性"，即一方面是政府倾斜式分配与巨大的资源投入，另一方面则是不同科研主体开展响应式、服务化的创新和研发，同时将绩效评价权交到政府部门手中，也由此使得政府"往往要求科研成果具有一定实用性，能让政府从中获取切实的利益回报，进而形成资源交换的平衡和持续"。[10] 本文主要关注在由内而外的实际运行层面，不同的战略科技力量，尤其是高校，如何以自身有组织的科研活动来响应国家战略需求、服务经济社会发展需要。

以研究型大学为代表的高等院校在当今世界扮演的角色比以往任何时候都要重要，中西概莫能外。当下中国作为科学研究的主力军、创新驱动的策源地、人才培养的主阵地，高校拥有完整的学科体系、庞大的科研队伍和众多的创新平台，已成为国家科研事业发展的重要力量、国家战略科技力量三驾马车之一。科技部最新数据显示，2020 年，中国高校基础研究经费 724.8 亿元，占全国基础研究经费的 49.4%；发表 SCI 论文 42.8 万篇，占当年发表总数比重的 85.4%；作为卖方在技术市场签订技术合同 9.1 万项，占全国技术合同成交量的 16.5%。[11]事实上，自改革开放以来，中国高校承担了国家 60% 以上的基础研究和重大科研任务，建设了 60% 以上国家重点实验室，获得了 60% 以上的国家科技三大奖励，发表科技论文数量和获得自然科学资金资助项目均占全国 80% 以上，高校哲学社会科学队伍和研究成果也均占全国总数 80% 以上，在载人航天、量子通信、超级计算机等领域更是产出了一批具有国际影响力的标志性成果，为创新型国家建设作出重要贡献。[12]但同样需要看到的是，我国高校在重要理论研究和前沿科技探索等方面的原创性、在解决战略性技术"卡脖子"问题上、在回应经济社会发展重大需求上尚存明显不足，"高校科技创新仍存在有组织体系化布局不足，对国家重大战略需求支撑不够等突出问题"，所以才有《意见》中提出的，高校要"加快变革高校科研范式和组织模式，强化有组织科研，更好服务国家安全和经济社会发展面临的现实问题和紧迫需求，为实现高水平科技自立自强、加快建设世界重要人才中心和创新高地提供有力支撑"。[13]

所以，高校有组织科研本质上是一种新型科研举国体制，即由政府（组织）统一组织和集中投入、由高校科研工作者瞄准国家重大战略需求实施具有导向性、指向性的科研创新实践。在具体实施过程中，更加注重研究选题、研究过程、研究工具手段和不同研究主体协同创新的有组织性，更加重视国家战略目标导向、学科交叉融合、大科学计划的组织实施，从而呈现出系统性、导向型、交叉性等主要特征。[14]在实施路径、策略方面，《意见》明确提出九方面的具体任务和举措，从文本内容看，主要是针对上文所述的由外而内的高校科研外部治理机制，实施主体是政府及教育主管部门。九方面任务举措，究其根本，围绕着"动员高校哪些方面的力量开展有组织科研""组织高校开展哪些方面、何种类型的科研活动""如何保障高校实施有组织科研"三方面问题展开（见表1）。

表1  高校有组织科研治理重点任务与举措

| 核心问题 | 重点任务 | | 具体举措 |
|---|---|---|---|
| 动员高校哪些方面的力量开展有组织科研 | （1）强化国家战略科技力量建设 | | 深入推进"双一流"建设，加快高校国家重点实验室重组、国家技术创新中心新建布局和国家工程中心高质量建设，支持高校牵头或参与国家实验室和区域实验室建设 |
| | （8）推进高水平国际合作 | | 布局建设一批一流国际联合实验室等平台；鼓励支持高校培育、发起国际大科学计划和大科学工程；深入实施"一带一路"科技创新行动计划 |
| 组织高校开展哪些方面、哪些类型的科研活动 | 战略目标导向 | （2）加快目标导向的基础研究重大突破 | 研究设立基础研究和交叉学科专项，启动基础学科研究中心、医药基础研究创新中心建设；持续实施"高等学校基础研究珠峰计划" |
| | | （3）加快国家战略急需的关键核心技术重大突破 | 实施"有组织攻关重大项目培育计划"，布局建设集成攻关大平台；实施"千校万企"协同创新伙伴计划；深入实施高等学校人工智能、区块链、碳中和科技创新行动 |
| | 服务产业区域 | （4）提升科技成果转移转化能力服务产业转型升级 | 启动实施"百校千项"高价值专利转化行动，加强国家知识产权试点示范高校建设；启动实施"百校千城"未来产业培育行动；进一步发挥好国家大学科技园国家级创新平台作用，试点未来产业科技园建设 |

续　表

| 核心问题 | 重点任务 | | 具体举措 |
|---|---|---|---|
| 组织高校开展哪些方面、哪些类型的科研活动 | 服务产业区域 | （5）提升区域高校协同创新能力服务区域高质量发展 | 进一步落实教育部与相关省市合作协议；围绕区域协调发展战略，发挥关键省份和节点城市作用，加强教育部创新平台和高水平科研机构建设 |
| 如何保障高校实施有组织科研 | 人才队伍建设 | （6）推进高水平人才队伍建设打造国家战略人才力量 | 依托重大科研平台组织实施重大科技任务和重大工程，培养造就一批战略科学家；积极吸纳博士后参与重大任务攻关，推进专职科研队伍建设；实施科技领军人才团队项目；实施高校优秀青年团队建设计划 |
| | | （7）推进科教融合、产教协同培育高质量创新人才 | 认定一批国家科教协同创新平台；深入实施基础学科拔尖学生培养计划和国家急需高层次人才培养专项；在"双一流"建设学科与博士点布局中，强化与国家科技战略部署衔接 |
| | 评价机制改革 | （9）推进科研评价机制改革营造良好创新生态 | 完善"双一流"建设动态监测系统，引导高校主动对接国家战略布局，提升支撑国家重大科技任务的能力；大力弘扬科学家精神，加强学风作风建设 |

具体落实到高校层面，《意见》强调"要强化责任落实，要在学校整体规划和科技创新等专项规划中，以国家战略需求为导向，以学校学科优势为基础，研究提出有组织科研的主攻方向，明确主要任务和战略目标"。[15]事实上，基于高校内部运行治理的视角，高校同样可以对应以上三方面问题，针对自身如何落实有组织科研进行合理的路径设计。有研究者指出，高校实施有组织科研应坚定瞄准战略和需求目标导向，通过聚焦学科水平提升、平台内涵建设、创新人才蓄积、成果转移转化、体制机制改革，集成构建有组织科研体系与路径，以高水平、高效度的科研创新成果服务国家战略需求和行业区域高质量发展。[16]

### 三、高校学术期刊何以促进有组织科研：基于学科建构功能的作用论

现代学术发展与学术期刊之间的关系越来越密不可分。大众对于学术期刊的认识往往停留在学术论文的载体这一层面，事实上，学术期刊的出现和发展在某种程度上更标志着科学作为现代知识生产的核心范式在生产方式方面的一项重大变革。美国科学哲学家库恩（Thomas Kuhn）在他的《科学革命的结构》一书中清晰地呈现了这一变化的历史进程："当个别科学家能够接受一个范式时，他在他的主要工作中不再需要力图重新建立他的领域，不需要从第一原理出发并为引进每一个概念进行辩护（时）……科学家们的研究通常也将不再体现在写给任何可能对该领域感兴趣的人所读的书中，像富兰克林《关于电……的实验》或达尔文的《物种起源》那样。相反，他们通常用简短的论文的方式呈现，只写给专业同事读，这些人被认为具有共有范式的知识，唯有他们能够写出论文，也才能读懂为他们写的论文。"[17]虽时至今日，人们仍不时哀叹专业科学家与其自身领域之外的其他同事，乃至社会大众间的鸿沟越来越深，科学更像一场"圈子游戏"，但在库恩看来，这样一种鸿沟事实上却是科学进步的重要表现，因为它可能意味着科学进入了范式稳定期。这也是为什么在科学社会学的视角下，一个学科的成熟一方面表现为内在知识体系及研究方法、手段的成熟，另一方面更是外在制度层面的成熟；其中，外在制度成熟的表现方面，一个非常重要的标志便是学科内部有一批稳定出版的学术期刊。

为什么说学术期刊的出现构成学科成熟的重要外在制度表征？一期期公开发表的学术论文，或者更直接地说，一篇接一篇付印出版的文本何以代表一个学科？德国思想家阿伦特（Hannah Arendt）在《人的境况》一书中，曾用一个后世广为流传的"桌子比喻"来讨论极权主义和公共领域的关系问题。在她看来，"桌子"就是一种公共领域，它让一群人围坐在一

起，在联系着每一个人的同时，又将他们彼此分隔开来；一旦将"桌子"抽掉，公共领域也将随之消失。[18]由是观之，学术期刊不正是这样一张界定作为现代知识生产基本制度的学科的"桌子"吗？在周而复始地强化学术研究成果可见性的行为中，期刊不断塑造、刻画着学科的知识边界与学术群体的组织边界。因此，已有学者将学术期刊具备的这一功能界定为学术期刊的"学科建构"功能。通过对学术期刊进行发生学意义上的历史考察，研究者提出期刊学科建构功能的发挥源于期刊"科学记录"的本质属性，并具体表现为以下四方面的基本功能：注册登记、评估鉴定、传播交流与记录存档。[19]正是通过这些基本功能的综合作用，期刊参与了学科的构建，与学科发展休戚相关，"强学科总是有相应等称的质量与数量的学术期刊群"。[20]

　　事实上，学术期刊具备的这样一种学科建构功能也正是使得期刊自身能够成为高校有组织科研重要抓手的根源所在。2022年，由《中国高校社会科学》编辑部举办的高校哲学社会科学"有组织科研"理论研讨会在京举办，会上有学者指出："有组织科研"不仅在自然科学研究领域发挥重大作用，也将深刻影响中国特色哲学社会科学研究的目标、思路、体制、路径等，学术期刊应在深入推进高校有组织科研的历史进程中，"更好地发挥平台和组织优势，做好高校专家库建设，聚焦学界重大选题，更好地将高校广大专家团结凝聚起来。"[21]如前文所论，高校有组织科研在路径设计上始终面临着三个核心问题，即组织谁来做科研、组织起来做什么样的科研以及实现这样一种有组织科研需要具备什么样的资源或条件。学术期刊恰恰能够通过发挥自身具备的学科建构功能来回应这三方面问题，进而服务于高校有组织科研的开展与实现（见图1）。

　　首先，在"组织谁来做科研"这一问题上，学术期刊由于其天然的成果记录功能，即表明作者对特定研究成果具有首发权和所有权，也就天然地成为凝聚科研工作者群体的平台——这是实现有组织科研的先决条件。其次，在"组织起来做什么样的科研"这一问题上，一方面，学术期刊由于其所具备的成果评价功能，即借助同行评议、组稿策划等手段来实现对学术文章的筛选与研究质量的保障，从而形成对特定研究内容、研究范式方法的导向效应；另一方面，期刊的传播交流功能，尤其对于人文社科类的学术期刊而言，本身便构成学术研究成果服务社会、服务实践机制的重要组成部分。这两方面机制是通过高校学术期刊撬动有组织科研的关键所在。最后，在实现有组织科研需要具备什么样的资源或条件方面，学术期刊作为现代学术评价机制体制的重要组成部分，一方面，其相关表现本身就是学术评价体制的重要内容；另一方面，期刊自身也在不断参与学术评价体制的生产与再制。因此，学术期刊的作为与高校科研评价体制的改革休戚相关。也正是在这个意义上，学术期刊完全可以通过自身的某些累积性创新在一定程度上"倒逼"科研评价体制改革，从而营造出利于创新、利于合作的制度氛围与制度环境。这是学术期刊服务有组织科研的重要内容。

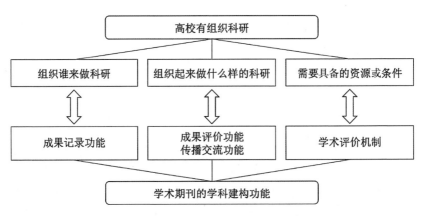

**图1　学术期刊基于学科建构功能的有组织科研作用论**

当然，这样一种学术期刊何以服务、何以促进高校有组织科研的"作用论"论调绝不仅是理论逻辑的推演，正为越来越多学术期刊的发展历程、办刊经验所验证，并进一步表现为本文接下来着重讨论的学术期刊在促进高校有组织科研过程中的"作为论"话语。以笔者所在的学术期刊《华东师大教育评论（英文）》为例，作为内地第一份由国家正式批准、完全由国内高校主办的教育类英文国际学术期刊，英文刊创刊于 2018 年，除少量传统纸质出版发行外，主要采取顺应国际学术出版发展趋势的钻石级开放获取（Open Access）出版模式，[22] 以扩大期刊的国际传播影响力。事实上，作为一份新生的教育学英文学术期刊，选择开放获取的出版模式只是期刊试图扩大自身国际影响力的诸多策略中的一种。及时联系国际出版商寻求合作、不断提升期刊编委团队的国际化水平、积极尝试各类社交媒体以增强期刊国际能见度等皆是基于不断扩大期刊国际影响力该考虑所作的选择，因为期刊团队清醒地认识到只有形成国际影响力才是一份英文新刊站稳脚跟并进一步谋求发展的关键所在。也是在这一过程中，英文刊进一步认识到"国际"框定的是影响力的覆盖、辐射范围，而这样一种影响力的实现最终还得落脚在"学术"二字上。要实现期刊之于学术的影响力，关键仍在于期刊能否充分发挥自身的学科建构功能：凝聚一流学人、引导先进研究、传播顶尖成果。英文刊五年多的办刊实践经历正是逐步认识到上述工作的极端重要性，并围绕这样一些核心工作坚持探索、不断推进的过程，本文接下来将继续以英文刊办刊实践为例，进一步考察学术期刊促进高校有组织科研的路径与策略。

## 四、高校学术期刊如何促进有组织科研：基于抓手机制发挥的作为论

近年来，中国高校学术期刊事业蓬勃发展，尤其自 2017 年开展高等教育"双一流"建设以来，高校科技类学术期刊更是进入一个井喷式发展阶段。通过建设一批高水平学术期刊进而推动一流学科发展已成为许多高校"双一流"建设工作的重要任务之一，[23] 英文刊也正是在这样一种背景下应运而生。创刊五年多来，围绕不断提升国际学术影响力这一核心目标，英文刊创造性地开展了一系列办刊实践工作。2022 年全年，英文刊在线下载、浏览量高达 20 万次，持续保持高位运行；投稿平台年来稿量近300 篇，在 2021 年基础上翻一番，且下载、引用均实现全球分布，美国、亚

洲和欧洲成为期刊读者最主要的分布地区。发展表现方面，英文刊先后被"谷歌学术"（Google Scholar）、"国际开放存取期刊核心目录"（DOAJ）、"美国教育研究资料库"（ERIC）、国际顶尖引文索引数据库"斯高帕斯"（Scopus）、"挪威国家科学期刊、丛书和出版商注册目录"（NRSJSP）、"芬兰学术评价数据库"（Jufo Portal）等国际重要研究数据库收录；2023 年 3 月，期刊在国内还入选了中国社会科学评价院人文社会科学期刊 AMI 外文核心刊。

尤值一提的是，创刊第四年（2022 年），英文刊收获了首个国际质量表现性指标——Scopus CiteScore（期刊引用分），开分为 2.4 分，在 Scopus 收录的 1 406 本教育学国际期刊中，排名第 475 位，处于前三分之一分位段，被列为 Q2 期刊。对比同期，该分数表现已高于不少由世界一流大学教育学院主办的教育类学术刊物，如美国哥伦比亚大学教师教育学院的《教师学院纪要》（*Teacher College Record*）和英国伦敦大学学院教育学院主办的《伦敦教育评论》（*London Review of Education*），为推进华东师范大学教育学"A＋学科"双一流建设，加强中国教育学话语体系构建、提升中国教育研究的国际话语权做出了自己的贡献。

对于英文刊而言，虽然在时间线上，"有组织科研"作为政策话语的提出是在刊物取得上述发展之后，但在笔者看来，期刊能够取得这些发展，很大程度上正是充分发挥了前述学术期刊具备的学科建构功能的缘故。事实上，发展势头向上的刊物在举办过程中从事的往往就是一种有组织科研，只不过可能尚处于一种无意识的状态。正是通过对学术研究、学术发表的有力组织，期刊方能凝聚一批优秀的学术人才，形成具备自身特色的作者群体，方能生长出打上期刊烙印的内容选题取向及学术研究风格，方能在不断创新传播方式、拓宽传播渠道的过程中，逐步提升自身的学术影响力与社会影响力。最终，通过服务所在学科及院校的科研事业发展，期刊实现自身与相关学科、所属院校的同频共振式发展。因此，结合所在英文刊的办刊经验，笔者认为学术期刊在促进高校有组织科研的进程中，可从以下五方面发挥好抓手作用。

第一，发挥期刊平台集聚功能，凝聚一流研究力量，打造特色化研究队伍。作为高校创新体系的重要组成部分，科研创新平台构成了高校实施有组织科研的力量支点。对于自然科学而言，主要研究创新平台包括重点实验室、技术创新中心、工程中心、国际联合实验室等，而对于在组织模式方面有着"单枪匹马、单打独斗"传统的人文社会科学而言，在有组织科研这样一种"大科学"思路下，也迫切需要走出单纯的个体英雄主义叙事，面向国家需要和社会需求，积极构建项目化高精尖研究团队。学术期刊因天然具备成果记录的功能而具有平台属性，正好在凝聚力量、打造队伍方面能够有所作为。基于这一认识，英文刊在过去五年的办刊过程中，注重发挥期刊平台优势，有意识地凝聚了一支具有明显跨学科、国际化特征的作者研究队伍。

跨学科方面，英文刊从教育学自身所具备的浓厚跨学科属性出发，聚焦过诸如环境保护、医学教育、工程教育、教育随机干预实验等具有跨学科色彩的研究选题，遍邀来自哲学、心理学、社会学、经济学，甚至是医学、工程学、生态学的研究者为期刊贡献稿件；国际化方面，英文刊本身作为一份国际刊物，始终以不断提升自身国际化水平为己任。目前，不论是日常来稿还是最终收录论文，作者与审稿人的机构背景来自海外的比例均维持在50%左右。事实上，通过凝聚这样一支具有跨学科、国际化特色的作者研究队伍，期刊就是在为学校教育学学科建设服务，更是对高校有组织科研政策话语在强调科研实施力量方面应具备跨学科性、国际化等特点的现实回应。

第二，发挥期刊人才涵养功能，培养高质量学术人才，为科研事业发展输送新鲜血液。人才是科研创新发展的核心要素，是撬动各种创新条件、创新资源的关键杠杆，只有激活人才资源，其他条件方能转化为创新优势。高校有组织科研在政策层面谈如何保障有组织科研的实现，头一条就是人才队伍建设，即要依托平台项目打造人才阶梯，要通过科教协同形成育人链条，而对于这些工作，学术期刊完全有能力参与其间并发挥作用。英文刊在办刊过程中，格外重视学术期刊涵养人才之功能的发挥。

在组织专题、专栏过程中，有意识地利用学缘关系或研究合作关系，构建客座编辑和作者队伍的"传帮带"纽带，形成资深学者领衔把关、年轻学者创新实干的运作格局；积极发挥期刊育人功能，过去五年，英文刊先后打造出"ROE 研究方法工作坊""ROE 讲好中国教育故事系列讲座""ROE 研究前沿系列讲座"（ROE 为英文刊的英文缩写简称）等一系列品牌学术活动，不定期邀请国内外相关领域一流学者与研究人员为年轻学人开设讲座、举办培训工作坊等，服务科研新生力量的能力建设与生涯发展，帮助他们早日进入科研发展快车道。

第三，发挥期刊规划评价功能，聚焦国家战略目标和社会现实需求，引领经世致用的研究风气。如前所论，学术期刊具备议题设置与成果评价功能，即借助组稿策划、同行评议等手段，实现对学术文章的遴选与研究质量的保障，并由此形成对特定研究内容、研究范式方法、研究风格气象的导向效应。在科学技术领域，高校有组织科研政策话语强调要以战略需求为导向，以学科优势为基础，在研究内容方面瞄准的就是重大基础研究问题与关键技术"卡脖子"问题；延伸到人文社科领域，高校针对人文社科开展有组织科研，在目标导向上的重点便是如何更好地服务国家意识形态工作、更好地解决社会运行治理中的问题、难题。为此，英文刊不忘办刊初心，在努力扩大中国教育学术研究国际影响力的同时，始终以"讲好中国教育的故事、传播好中国教育的声音"为己任，重视政策性、基层性研究的过程组织与成果传播。

创刊至今，英文刊陆续策划、推出了"中国德育""中国补习教育""中国在线教育"等具有鲜明中国教育发展时代特色的专刊、特辑，受到海外学界和国际社会广泛关注与认可。除此之外，创刊伊始，期刊便开辟"中国教育政策述评"专栏，与学校智库研究机构国家教育宏观政策研究院合作，大力推介现代教育治理的中国经验、中国方案与中国智慧。成果先后被 OECD、UNESCO 等重要国际智库、政府部门接纳，刊物学术影响力及社会影响力也随之不断扩大：期刊 2020 年第 1 期"超越教育研究中的西方视角"特刊中的 4 篇文章被 2021 年《UNESCO 未来教育报告》直接引用，为重要的国际教育议题讨论提供了超越西方框架的重要思想资源；2022年，《中国教育现代化新举措》政策述评文章被联合国教科文组织《UNESCO教育可持续发展目标转型报告》引用，是关于中国教育唯一一篇的学术期刊文献。

第四，发挥期刊交流传播功能，面向政策、基层与社会公众推广、传播研究成果，打通转移转化"最后一公里"。高校实施有组织科研，成果转移转化、服务产业区域是关键环节。自然科学成果转移转化，主要是通过加快高价值专利培育，借助校企协同攻关和区域深度融入，加速成果转移转化；在人文社科成果转移转化方面，则应是着眼党和国家工作大局，通过筹谋规划和改革创新，努力实现相关研究成果的政策转化与基层落地。学术期刊在这一过程中，除通过上一点才论及的议题设置或成果评价机制，将政策端与基层方的真实需求传递给研究者外，还有一个重要的职能，就是通过宣传、推广，让研究者们苦心孤诣研究出来的成果更好地被政策制定者与基层一线看见、听懂。

为此，英文刊积极创新传播方式、拓宽传播途径，在推动研究成果转移转化、服务政策基层需求上狠下功夫。在研究成果传播方面，英文刊联合国际学术出版专业服务机构，配合期刊出版，不定期推出动画视频、访谈音频、信息精粹图等内容资源，结合多年下来打造的国内外社交媒体传播矩阵，多模态、全方位传播学术研究新成果，努力拉近学术研究与政策、基层的距离；同时，利用期刊自身影响力，鼓励研究者开展科普活动，促进科研与科普的沟通、融合。过去一段时间，英文刊联合华东师范大学教育经济实验室、全国高等院校医学教育研究联盟等研究机构，邀请一流学者、学术新锐，聚焦高考志愿填报、健康与人力资本关系等热点议题，面向社会公众开展在线科普讲座，为解决社会问题、营造良好舆论氛围贡献力量。

第五，发挥期刊评价参与功能，通过累积性的小、微创新，努力撬动学术评价大体制、大环境的优化与改善。高校实施有组织科研，配套体制机制的创新其重要性不言而喻。除资源配置机制、服务保障机制外，学术评价机制毫无疑问是重点中的重点。这一论断的提出，不仅是基于理论逻辑的推演，更是源自实践现状的诉求。国家在政策话语层面，始终强调要深化学术评价体制改革，坚持"破五唯"与"立新标"相结合，重视分类评价、实效评价和创新评价。事实上，这可能恰恰反映目前我们的科研评价体制机制尚存在诸多问题，甚至有学者指出："不适切的评价，是我国高校在推动原始创新、解决'卡脖子'问题、回应重大社会需求等方面仍显不足的重要原因。"[24]

如前所论，学术期刊作为现代学术评价机制体制的重要组成部分，一方面，其相关表现本身就是学术评价体制的重要内容；另一方面，期刊自身也在不断参与学术评价体制的生产与再制。因此，学术期刊自身的作为与高校科研评价体制的改革休戚相关。也正是在这个意义上，学术期刊完全可以通过基于自身的累积性创新在一定程度上"倒逼"科研评价体制改革，至少对评价生态的改良做出些许贡献。联系高校有组织科研，最现实的问题就是如何促进研究者之间的合作。就现实评价环境而言，实事求是地说，很多制度是不鼓励甚至有碍于合作的。为此，从2022年第四卷开始，英文刊要求所有合著论文在投稿时，必须同时提交"作者贡献声明"，言明所有作者在论文研究和写作过程中所做的具体贡献。这一举措看似微小，实则是希望适应大科学时代合作研究日益普遍的现实形势：在进一步强化学术规范，规避不当署名、署名纠纷等潜在学术不端问题的同时，通过倡导作者贡献声明，尝试营造鼓励良性合作的制度氛围，为高校有组织科研落到实处提供适于创新、利于合作的制度土壤。

**参考文献**

[1] 潘玉腾.高校实施有组织科研的问题解构与路径建构[J].中国高等教育,2022(23): 12-14.

[2] 陈爱志.地方应用型高校加强有组织科研的路径探析[J].中国高等教育,2022(24): 44-46.

[3] 张政文.以有组织科研推动高校哲学社会科学自立自强[J].中国高校社会科学,2023 (01):87-104.

[4] 张新培.瑞士高校有组织科研的复杂面向及其机制响应——基于苏黎世联邦理工学院的案例分析[J].国家教育行政学院学报,2022(12):40-48.

[5] 张强.何以有组织:澳大利亚高校科研的外部治理机制[J].中国高教研究,2023(01):

57 - 63.

［6］ Price，D. J. Little Science Big Science［M］. New York：Columbia University Press，1963.

［7］杜鹏,沈华,张凤.对科学研究的新认识[J].中国科学院院刊,2021,36(12)：1413 - 1418.

［8］习近平.在浦东开发开放 30 周年庆祝大会上的讲话[EB/OL].2020 - 11 - 13[2023 - 04 - 13].http://www.qstheory.cn/yaowen/2020-11/13/c_1126733495.htm.

［9］董鲁皖龙,焦以璇.加强有组织科研高校何为[N].中国教育报,2022 - 11 - 17.

［10］苏明.高校有组织科研合法性的形成与协调[J].高等工程教育研究,2023(02)：110 - 115.

［11］杜育红,郭艳斌,杨小敏.我国高校科研的组织演变与时代创新[J].国家教育行政学院学报,2022(12)：33 - 39.

［12］陈宝生.中国教育：波澜壮阔四十年[N].人民日报,2018 - 12 - 17(11).

［13］中华人民共和国教育部.教育部印发《关于加强高校有组织科研　推动高水平自立自强的若干意见》[EB/OL].2022 - 08 - 29[2023 - 04 - 13].http://www.moe.gov.cn/jyb_xwfb/gzdt_gzdt/s5987/202208/t20220829_656091.html.

［14］[16］潘玉腾.高校实施有组织科研的问题解构与路径建构[J].中国高等教育,2022(Z3)：12 - 14.

［15］中华人民共和国教育部.教育部印发《关于加强高校有组织科研　推动高水平自立自强的若干意见》[EB/OL].2022 - 08 - 29[2023 - 04 - 13].http://www.moe.gov.cn/jyb_xwfb/gzdt_gzdt/s5987/202208/t20220829_656091.html.

［17］托马斯·库恩.科学革命的结构[M].北京：北京大学出版社,2003：18 - 19.

［18］汉娜·阿伦特.人的境况[M].上海：上海人民出版社,2009：34.

［19］注：世界上第一本科学研究方面的专门性期刊被认为是由英国皇家学会于 1655 年创办的《哲学会刊》。该期刊同时也是世界上最早的同行评议期刊,并出版至今。回顾该刊物的历史,作为期刊的创始人,皇家学会早期秘书之一亨利·奥登伯格便指出学术期刊的本质是"科学的记录",而记录本身存在四项标准,后来也由此发展成为学术期刊的四项基本功能：其一是注册登记功能,即表明特定作者的研究成果具有优先权(首发权)和所有权;其二是评估鉴定,即通过同行评议、退稿来保证文章质量;其三是传播功能,向其他学界同仁传递作者的观点;其四是存档功能,即永久记录作者的研究成果。这四项基本功能,延续至今,几乎未经增减,明确了学术期刊参与学科建构的基本任务、机制与功能。

［20］杨九诠.论学术期刊的学科建构功能[J].澳门理工学报,2022(02)：117 - 124.

［21］李彦姝.高校哲学社会科学"有组织科研"理论研讨会综述[J].中国高校社会科学,2022(05)：155 - 156.

［22］国际上,学术期刊出版的开放获取模式是一个复数名词,包括金色 OA、绿色 OA、青铜 OA、白金 OA 以及钻石 OA 等;钻石级开放获取指的是开放获取费用由学术期刊自己买单,作者和读者均不需要为此付费;选择这一类开放获取模式的学术期刊通常隶属于大学机构或基金,将"科研成果的自由传播"作为自身使命担当。

［23］张业安.学术期刊之于学科建设的三境界：服务·传播·引领[J].体育与科学,2019,40(06)：31 - 36.

［24］杜育红,郭艳斌,杨小敏.我国高校科研的组织演变与时代创新[J].国家教育行政学院学报,2022(12)：33 - 39.

**作者简介**

游　蠡　《华东师大教育评论（英文）》编辑部主任，教育学博士

宋　玮　《华东师大教育评论（英文）》副编审，英语语言文学博士

陈霜叶（通讯作者）　《华东师大教育评论（英文）》主编，华东师范大学教育学部副主任，教授，博士生导师

**电子邮箱**

lesley_youli@163.com；

swstu@sina.com；

shuangye126@vip.126.com

# Chapter 6

# 通过有组织科研开展青少年社会与情感能力研究 *

黄忠敬

**摘　要：** 教育发生了"情感"转向,这种转向意味着青少年社会与情感能力培养已经成为国际社会教育政策的优先发展领域,也成为我国教育改革的热点前沿问题。作为一项全球性的大规模研究,华东师范大学与 OECD 合作开展了青少年社会与情感能力的有组织科研,具体体现在:(1)关注重大的研究问题;(2)运用严谨的科学方法;(3)组建跨学科的研究团队;(4)开展持续的跟踪研究;(5)探索创新性的研究发现。

**关键词：** 青少年;社会与情感能力;情感转向;有组织科研

2018 年,经济合作与发展组织(Organisation for Economic Co-operation and Development,简称 OECD)开展了青少年社会与情感能力全球大规模测评项目,华东师范大学作为唯一中方代表,与苏州市教育局合作,积极推进该项目在中国的实施,并于 2021 年 9 月 8 日向全球发布了青少年社会与情感能力测评的中国报告。在这次测评活动中,华东师范大学组建了一个跨学科、跨专业、跨部门的科研团队,涉及教育学、心理学、信息技术、统计学、政策学与管理学等多门学科,开展有组织的协同联合攻关研究。以下从研究背景、研究过程和如何体现有组织科研的特点等方面展开说明。

---

\* 本文是国家社会科学基金教育学重点项目"我国青少年社会与情感能力培养研究"(项目编号：ABA220028)的阶段性成果。

## 一、研究背景：教育的"情感"转向

教育已经发生了"情感"转向。在 2022 年 12 月中国教育三十人论坛举行年会的主旨报告中，本人提出了这个观点，后来这个主旨报告形成文字稿被《光明日报》(2023 年 01 月 17 日 13 版)登载。[1]这个转向表现在三个方面：第一个转向是从认知到情感的转向。第二个转向是从心理到教育的转向，教育学和心理学的交叉是最密切的，从心理学的学术研究转向教育的实践应用。第三个就是社会与情感能力从国家走向国际，这种发展趋势也是非常明显的。

为什么说转向？主要体现在三个标志性的事件：第一个事件是 1994 年美国成立了一个非常具有引领性的组织，即学术、社会与情感学习联盟（Collaborative for Academic，Social and Emotional Learning，简称 CASEL）。它不仅仅是在美国开展社会与情感能力的研究，而且影响了全球。国内用的社会与情感能力培养相关的理论模型绝大部分都是来源于这个组织。

第二个事件是 1995 年心理学家戈尔曼（Daniel Goleman）出版了《情商》（*Emotional Intelligence*）这本书。[2]出版之后在国际上引起了很大的反响，当年登上了《时代》周刊的封面。戈尔曼是心理学家，但是他的研究成果被教育界接纳和呼吁，转化成教育实践。从心理学的学术研究到教育学实践经历了漫长的时间，戈尔曼就是其中一位标志性人物，他认为情商比智商更重要。这个观点很震撼，但是本人认为两者应当同样重要。

第三个事件是 OECD 继 PISA 后又做了一项特别重要的国际测评——青少年社会与情感能力研究，并于 2021 年发布了全球测评报告。我们也于同期发布了中国的社会与情感研究报告。随着人工智能的发展变化，21 世纪的人应该具备什么样的素养成为讨论的问题，大家越来越认识到 21 世纪更重要的素养是软技能，OECD 统一把它称为"社会与情感能力"。我们和 OECD 一起做了三年的研究，在苏州进行了首轮测评。这也是一个标志性的事件,意味着社会与情感能力的研究其实在国际的范围内已经开展起来了。

　　为什么说从认知到情感是第一次的转向? 情感作为一个事实是老的话题,但是作为科学研究对象,它又是新的话题。19 世纪下半叶,英国博物学家达尔文写了一本著作《人类和动物的表情》,他首次研究人和动物表情的共通性,开启了社会与情感研究的先河。从生理学的角度来研究情绪,研究情感,对后来心理学的研究其实也产生了非常大的影响。因此,达尔文应该是情感研究开先河性的人物。

　　20 世纪之后,随着生理学和心理学的发展,智商成为非常核心的领域,智力测验运动成为整个 20 世纪心理学非常重要的研究领域。美国心理学家阿什(M. Ash)研究了 1954 年到 1983 年美国教育心理学教材里面主要关注的知识点,发现教材关注的重点还是智力、记忆、遗忘这些学科类的知识,尤其是在 60 年代到 70 年代之间达到了高峰。在这个过程中,很少有知识或者理论在研究情感发展、心理健康、人格理论,这就说明了实际上整个 20 世纪都是智商的世纪。

　　心理学家对智力概念的关注,也一直推动智力概念的不断深化。理论的发展是从概念的发展开始的,概念不断的演化推动了理论的发展,而理论在这个过程中也进一步发展。在 20 世纪的时候,心理学家对智力有一些反思,同时也在不断拓展智力的概念。因为智力概念的拓展,才有后来从心理学领域走向教育学领域。拓展表现在两个方面:一是从智力的认知维度转向智力的情感维度;二是心理学的知识生产不断发展,开始挑战认为智力是天生的不可改变的传统观点,越来越提倡智力是遗传与环境相互影响的结果,是品格与能力的综合表现。核心素养为什么强调场景,为什么强调情境,为什么强调学生在真实情况下解决问题的能力,实际上也是整个智力概念在不断深化和拓展的结果。这两点其实已经为"情商"的提出奠定了理论和概念基础。

　　20 世纪 60 年代卡特尔提出流体智力和晶体智力,流体智力是具有创新性的智力,晶体智力是基于经验培养起来的智力。这就解决了后天和先天之间的争议性问题，对教育也很有启发。人的能力是可以后天培养的，教育的发展才会起作用。因此，80年代多元智能理论的出现和产生，非常受到欢迎。美国心理学家加德纳的多元智能理论，实际上也为情感智力或者情商的发展奠定了一定的基础。美国心理学家斯腾伯格在1985年也提出智力的三元理论，认为人的智力由组合性智力、经验性智力和适应性智力（情境性智力）构成，这就为情感智力的发展铺平了道路。

情感智力真正的概念产生在20世纪90年代。情感智力关注的是理解自己的情绪，识别自己的情绪，控制自己的情绪，在这个过程中学会与别人交往等。过去觉得情绪和理性是对立的，现在的科学领域越来越强调情绪和理性的相互促进的作用，即情知相长的概念。情感对决策、学习和认知都有很好的作用，它们之间不是对立的关系。

从认知的智力转向情感智力，这是第一个转向。研究发现，社会与情感能力是影响人终身的幸福和健康的关键能力，是21世纪关键的核心素养。[3]哈佛大学一项长达79年的对700多人的研究表明，好的社交能力与高质量的社会关系最为关键。这就启发我们思考：我们的学校教育是否照顾到孩子这方面能力的发展？围绕社会与情感能力的发展，OECD也进行了非常好的梳理。在社会与情感领域影响最大的是美国的佩里学前教育项目，该项目选择智商一般的孩子进行情商的训练，最后跟踪研究发现，干预项目对智商没有多大的影响，但是对情商还是有很大的影响。经过干预的孩子后来发展得比较好，有稳定的工作、有幸福的家庭。佩里实验是社会与情感研究领域非常经典的一个实验，证明了情商培养的重要性。OECD在正式开展大规模测评之前许多年，一直在研究社会与情感能力到底对孩子的发展意味着什么？对人的发展意味着什么？最后研究发现其实社会与情感能力对人的收入、健康、学习成绩，包括对人的寿命，尤其是对防止反社会行为都有非常好的作用。

第二次转向是从心理到教育。心理学的范式是个人的，是注重实验室研究的。教育学的范式是更加注重群体的，注重社会实验和自然实验，更加注重成长性、发展性、预防性的特点，两者是有差异的。心理学的范式特别强调智力的概念，包括桑代克、卡特尔、加德纳、梅耶都是强调智力的概念，而且主要是强调先天性和生理性的维度。后来提出来的情感智力，其实又进一步推动了智力的概念往深或往宽拓展，这是心理学的范畴。但是心理学的范式主要侧重于选拔人才，因此智力测验就成为 20 世纪心理学家一直在研究的科学问题。这方面有很多智力测验的量表，可以看出智力测验慢慢地开始关注情感维度，越来越关注到社会与情感的维度，这是与以前窄化的策略是有不同的。1995 年，戈尔曼出版的《情商》就意味着他在心理学和教育学之间搭建起了桥梁，使得科学的研究转化成为学校的实践。这确实是一个很大的事件，他的情商心理学的研究在教育界引起了巨大的反响，成为当年的一个口号——培养情商。从心理到教育的转型之后，在教育领域开始了轰轰烈烈的实践，CASEL 组织大力推进社会与情感能力在教育实践的发展。

从心理到教育转向的关键人物是戈尔曼，关键性的概念是从"智力"到"能力"的发展。这个观点是本人在梳理社会与情感概念发展史的过程中发现的线索。以前强调的是"智力"，更强调的是先天性，强调的是"知不知"的问题。后天的"能力"更加强调的是"会不会"的问题。因此，这就能够理解有人把核心素养理解为核心胜任力，把核心素养理解为行动力，解决问题的能力，这就是"能力"的概念、"素养"的概念。

2022 年本人在《教育研究》第 10 期上发了一篇文章，题目就是《从"智力"到"能力"——社会与情感概念史考察》，这个发展引起了社会与情感能力从理论到实践的转向，从学术到政策的转向。那么它是怎么转的？是从智力测验转向教育实践，从关注个体转向关注群体，从治疗的模式转向预防的模式，这样的转型实际上是对"问题学生"界定的改变。以前认为的"问题学生"是在学业上表现不佳，智力上发展迟缓的学生。现在对"问题学生"的界定有了情感的关照后，"问题学生"不仅仅表现在学业失败，更重要的是学生有情绪问题、情感问题、交往问题、人格失调问题、反社会行为问题。对"问题学生"的界定发生了很大的转变。[4]

我们的教育界为什么对情商的教育有这么大的接受度？因为教育领

域是有基础传统的。道德教育的传统强调仁爱、和平、和谐、公平、做人。品格教育非常强调责任、勇敢、诚实待人品格，这些与情商也有连接和对接的机制。随着人格心理学的发展，人格教育越来越受到关注，个体的自我实现、自我表达、个性独立等方面也受到很大关注。从这个角度来看，情商教育其实是有很好的传统教育根基的。[4]

第三次转向是从国家到国际的转向。我们一直在跟踪国际的研究前沿，发现发达国家把社会与情感能力作为一项优先发展的政策在大力地推进。美国是比较明显的，在 2011 年的时候就颁布社会与情感能力教育相关的法律法案，到 2020 年美国超过 20 个州采用了 SEL K‑12 能力标准，50 个州采纳了 SEL 学前能力标准。包括英国、澳大利亚、德国、日本等国家都在国家层面上大力推动，同时不同的国家推进的方式也不同。有些国家是以政府力量来推动，有些是以专业组织力量来推动，有的是以社会力量来推动。最后就上升到国际层面，联合国教科文组织、OECD 等国际组织大力推进社会与情感能力的测评与培养，逐渐成为一种全球的社会与情感能力的运动了。教育越来越超越功利主义、工具主义的价值倾向，超越人力资本理论强调的教育的经济发展功能，而越来越强调教育在促进人的社会与情感能力发展和幸福感的作用。

## 二、社会与情感能力的有组织科研

社会与情感能力研究是一项大型的跨学科、跨领域和跨部门的协同研究，体现了有组织科研的典型特征。

### 1. 重大的研究问题

我们的课题研究体现出的第一个有组织科研的特征就是关注重大的研究问题。在社会与情感领域，从智商到情商的转向如何转？转什么？如何实践？都是涉及科学研究的重大问题。

这个问题国际上也在研究，第一个要回答的问题是中国 10 岁和 15

岁的青少年,他们的社会与情感发展水平到底怎么样? 第二个问题是哪些因素影响了孩子能力的发展? 包括学校、家庭、社区这三个重要的因素。第三个问题是社会与情感的发展如何影响孩子未来的成长?

如何评价社会与情感能力这样的软实力是一个重大的问题,而且这是全球都在探讨的问题。这个重大的问题又分为几个小的方面,不同年龄、不同社会经济地位的孩子是如何发展的? 哪些因素影响孩子的社会与情感能力的发展? 以及如何预测孩子未来的成功? 将一个重大的问题分解为若干个具体问题,我们从这些具体问题来展开我们的研究。

## 2. 严谨的科学方法

如何来科学地研究重大问题是有组织科研另一个很突出的特点。科学研究讲究科学性、学术性,我们采取了一种非常严密的研究方法。在和OECD 合作研究中国青少年的社会与情感能力的时候,发现他们的研究非常严谨,尤其是整个的研究设计非常规范,数据非常权威,调查的结果全世界都认可。

首先测评工具的信度、效度都很好,采取了三角互证法——学生、家长和老师评价,还有不同的测评方式,包括情境锚定题、行为观察法、直接评估和背景问卷等。有四套严谨的测评问卷,有学生、家长、教师和校长的工具,学生有 10 岁和 15 岁两套工具,测评的数据量是非常大的。在测评的过程中,这四套题目是一起进行收集的,可以达到互相验证的效果。

测评的理论基础是心理学的"大五"人格模型,它把人格特征分为五个方面:尽责性、情绪稳定性、宜人性、开放性和外向性。根据这五个方面确定了五个维度,涉及十五种子能力。OECD 在测试的时候,其实就是在测试这十五种能力。

这五个维度的能力都非常重要。任务能力包括坚持、责任和自控,情绪调节包括抗压力、乐观和情绪控制,协作能力包括同理心、合作、信任,开放能力包括包容度、好奇心和创新力,交往能力包括乐群、果敢和活力。从概念到概念化的操作,理论模型的构建,它是一套很完整的有理论基础的研究，所以它实际上不是纯粹的一项调查，也不仅仅是一次测评，它是一个非常科学的研究。比方说有情境锚定题，给定一个情境，它让学生判断另一个孩子是不是善于交往，是不是外向。有的题是直接提问，比方说"我是不是经常容易沮丧"或者说"我经常感到难过"，"我想成为一个领导者"等等。背景问卷是关于家庭情况，是为了分析孩子的社会与情感能力发展与家庭的社会经济地位的关系。但是家庭社会经济地位不能直接问，它就通过家里的藏书、家里卫生间的数量、电子设备的数量等因素来反映家庭的社会经济背景。学校的因素也做了问卷调查，比方说"我在学校是个局外人"，"我在学校很容易结交到朋友"，"我在学校感觉到很糟糕"，"我很讨厌学校"等题项，这些是测孩子在学校里面的学校归属感，最后统计发现，这道题还是很显著地反映了学校归属感对孩子社会与情感发展的显著影响。

### 3. 跨学科的研究团队

有组织科研的第三个特点是跨学科的研究团队。华东师范大学各级领导非常支持我们的工作，通过校级立项的方式给予经费支持，尽管我们的项目是校级的项目，但是当时投入的经费还是非常充足的，学校支持成立了社会与情感能力研究中心，挂靠在教育学部。

我们有一个很大的队伍来支撑研究，机构里面有测评团队、翻译团队、实践团队、工具研发团队，有物理空间，也有网络空间，有网络调查的平台。因此，有组织科研要有建制，有平台，有中心，有跨学科的团队。因为教育学这一个学科解决不了这个综合问题，所以还需要心理学、统计学、测量学、管理学、计算机科学等不同学科的合作。通过不同的学科、不同的机构，大家一起开展合作研究。

### 4. 持续的跟踪研究

有组织科研还有特别显著的特点，有组织科研一定是长期的跟踪研究。我们的研究体现了可持续性的特点，第一轮的测评是在苏州举行，2018 年华东师范大学正式加入这个全球大规模研究，2021 年正式发布了第一轮的全球测评报告，[5] 产生了很大的影响。第二轮测评是从 2022 年正式开始到 2024 年结束。华东师范大学和济南市教育局合作，在整个济南市十几个区开展测评，得到济南市教育局的大力支持。

项目的首轮测评，当时是 9 个国家的 10 个城市参与，中国的苏州参与了首轮测评。测评经历了三个阶段，第一个阶段是 2017 年工具的研发阶段，2018 年的实地试测，2019 年是正式测评，2021 年发布报告。当时发布的主题就是"超越学科学习：青少年社会与情感能力的中国报告·苏州"。当时发布会线上线下有 8 万人在线观看，很多的主要媒体进行了多方报道，所以现在大家才比较关注我们研究的领域。

在工具研发过程中，它既要符合国际的发展规范，具有可比较性，同时也要具有中国的特色，因此我们对测评工具进行了本土化的改造。我们在测评过程中其实也碰到文化独特性的问题，在进行本土化改造的时候，我们跟 OECD 不断地讨论，来体现我们自己的文化特征，他们也允许各个国家增添几道具有本土特色的题项。这样的结果是工具既有逻辑、可比较性，又有独特性、文化性。

2022 年开始的第二轮全球测评已经有 16 个城市或国家参加了，我们可喜地看到第二轮的国家增多了，这就说明这项研究是在持续地扩大。中国在济南又开始新一轮的测评工作，这就可以做持续性的研究。有组织科研是持续的、跟踪的研究。第二轮的时候我们也经过多次的沟通，开了多次讨论会。我们一方面和 OECD 对接，一方面和山东的济南教育局对接来推进项目。项目试测是从 2022 年开始的，从学校和学生两个层面进行了分层抽样，同时进行了学校协调员培训、测试主任的相关培训。

2022 年 5 月在济南开展了实地试测，试测主要旨在检验工具的信度和效度。济南做得非常扎实，工作推进得非常好，参与率非常高。七八月份的时候，多次召开了相关的讨论会、研讨会、总结会，对前期的工作进行反馈和总结。2023 年 5 月开展了正式测评，共计有 172 所小学和中学的

10 岁组和 15 岁的 8 400 多名学生和 1 300 多名教师和 172 名校长参与了测评，2024 年将发布第二轮的全球测评报告。

### 5. 创新性的研究发现

有组织科研应该有创新性的研究发现。如果研究没有创新性的发现，仅仅做了重复性的验证，那么这就不叫有组织科研。有组织科研应该是面临重大问题，解决重大问题并且有创新性的研究发现。

我们开展这样大型的研究，就有一些创新性的发现。前面提及了研究的几个问题，我们用测评数据分析来回答。社会与情感能力是否存在年龄差异、性别差异和社会经济地位差异，社会与情感能力对学生的学业成绩有何影响，对学生未来幸福感的预测作用如何，学校、家庭等因素对青少年社会与情感能力发展的作用是什么。回答这些问题的过程不是靠理论上的推演，而是基于数据的分析，通过证据得出一些新的发现。

大家可能想当然地认为，孩子受教育时间越长，社会与情感能力会越高。研究发现，10 岁组的孩子实际上是大于 15 岁组孩子的社会与情感能力的发展，也就是说小学阶段学生的社会与情感的发展状态比中学阶段的学生要好，至少是说明自我报告的结果要好。这就说明社会与情感能力在教育过程中有可能会下降。比方说好奇心、创造力等，所以教育不都是正向的，教育也有负向性。这就与传统的经验有所不同。

我们把性别作为一个重要的点来研究，发现男孩子有男孩子的优势，女孩子有女孩子的优势，男孩子在情绪调节能力、社交能力和活力等方面表现比女孩子好。女孩子在责任感、共情能力、合作能力等方面有优势。这说明在社会与情感能力教育过程中，还要考虑到性别差异。

社会与情感能力和学生的学业成绩之间是什么关系？经过分析发现是有相关性的，在不同的方面其相关性也不一样，比方说意志力对于学数学很关键，创造力和艺术学科的相关性比较高。

因为教育的影响因素太复杂，变量是很难控制的，所以我们现在做的更多的分析是相关分析而不是因果推断，但是确实发现社会与情感的发展对学生的学业成绩是有帮助的。社会与情感能力能够预测孩子的幸福感和生活满意度。我们的孩子在全球的 PISA 三门学科的测评中是全球第一的,但是我们孩子的学习时间也是全球第一的,孩子的学习负担也是非常重的,孩子的幸福感和满意度是相对比较低的。在这种情况下,如何通过社会与情感能力的培养来提升学生的幸福感和满意度,也是我国教育高质量发展亟待解决的重大问题。

我们也分析了社会与情感能力的发展水平和学校的关系,发现有三个因素特别具有相关性。第一个是学校归属感有非常显著的影响,第二个是师生关系,第三是课外活动。"双减"就是希望少一点学科类的学习,多一点促进孩子健康身体发展的活动,尤其是有利于社会与情感能力发展的体验活动,这些活动对社交、合作、情绪控制能力等都有非常好的作用。

家庭也是一个很重要的因素,现在家庭因素可能比学校因素更重要。亲子关系、家庭教养方式、父母的社会经济地位,包括孩子的上网时间等因素,都对孩子的社会与情感发展具有较大影响。社会与情感能力和孩子的上网时间之间是呈负相关的,所以网络游戏对孩子的影响可能不仅影响学习,还会影响孩子的社交、情绪状态和心理健康等。这些基于证据的研究给教育实践带来很多的启示。以前我们更多地依靠于经验,现在需要基于创新性科学研究,要尊重孩子发展的规律,这样更有针对性和实效性。

总之,通过社会与情感能力研究项目,呈现了有组织科研具有如下五个特点:第一,关注重大的问题;第二,有严谨的科学方法;第三,是跨学科的研究团队;第四,应该是持续的跟踪研究,解决重大问题一定不是一锤子的,一定是长期的、持续的、基于数据的;第五,创新性的研究发现,科研需要逐渐创新的,无论是理论的创新、概念的创新、方法的创新、研究结论的创新。

当然,有组织科研还有很多值得进一步探讨的问题。比如,个人探索、自由探索和有组织科研之间的关系是什么,有组织科研和有科研的组织之间的关系是什么，如何开展有组织科研的评价改革，如何开展有组织科研的组织机制创新，等等。

### 参考文献

［1］黄忠敬.教育的"情感转向"与"全人"培养［J］.光明日报，2023－01－17(13).

［2］戈尔曼.情商：为什么情商比智商更重要［M］.杨春晓，译.北京：中信出版社，2018：3. Goleman，D. Emotional Intelligence：Why It Can Matter More Than IQ［M］. 10th Anniversary edition，2005.

［3］黄忠敬.社会与情感能力：影响成功与幸福的关键因素［J］.全球教育展望，2020(06)，102－112.

［4］黄忠敬.从"智力"到"能力"——社会与情感概念史考察［N］.教育研究，2022(10)，83－94.

［5］袁振国，等.中国青少年社会与情感能力发展报告［N］.华东师范大学学报(教育科学版)，2021(09)，1－32.

### 作者简介

黄忠敬　华东师范大学教育学部教授，主要研究方向为教育政策、教育学原理、基础教育改革等

### 电子邮箱

zjhuang@dedu.ecnu.edu.cn

# Chapter 7

# 高校文科实验室在推进有组织科研实践中的价值、困境与优化路径<sup>*</sup>

刘　志　张　凯　胡　怡　季昊羽

**摘　要：** 我国文科实验室建设已进入一个新的发展阶段,通过有组织科研的实践来服务国家重大战略的新需求是文科实验室在新时代发展潮流中的必然选择,也是推动我国哲学社会科学发展的重要力量。高校文科实验室建设与有组织科研的落实具有内在逻辑的一致性,是推进有组织科研的关键抓手和重要突破点,但也存在有组织地应对国家战略需求及问题解决的逻辑转变有待加强,有组织地进行跨学科资源整合及数据库建设力度不够,有组织地推进人才团队建设、制度支撑以及治理体系尚需优化等现实困境。本文以我国文科实验室整体建设特点的分析为基础,以华东师范大学智能教育实验室的运作模式为案例,提出文科实验室在推进有组织科研实践中以服务国家重大战略需求作为科研的主攻方向,推进跨学校—跨学科—跨专业的协同创新机制,探索创新多学科交叉人才培养及研究团队建设,落实交叉学科"学术特区"等四方面的优化路径。

**关键词：** 文科实验室;有组织科研;价值;困境;优化路径

　　新时代技术和产业革命带来的国家重点战略和区域社会经济发展的新需求对高校发展哲学社会科学提出了更高的要求,加速了新技术融入哲学社会科学研究的趋势,为我国哲学社会科学与自然科学实现学科交叉融合和研究范式的转变,为哲学社会科学类实验室的创新发展提供了新机遇。由此,教育部为推动高校哲学社会科学高质量发展,在 2020 年

---

　　\* 本文是国家社会科学基金教育学一般项目"青少年社会与情感能力培养模式的国别差异与本土构建研究"(项目编号：BEA230071)的阶段性成果。

底启动哲学社会科学实验室（以下简称"文科实验室"）建设工程。2022 年
5 月，中共中央宣传部、教育部联合印发《面向 2035 高校哲学社会科学高
质量发展行动计划》，明确提到推进云计算、大数据、人工智能、生物基因工
程等新技术有机融入高校哲学社会科学，构建技术与知识结合、文理学科融
通的育人新格局。2022 年 8 月，教育部印发《关于加强高校有组织科研推动
高水平自立自强的若干意见》，指出要"加快变革高校科研范式和组织模式，
强化有组织科研"。该意见明确了加强高校有组织科研的重点举措，其中就
包括"强化国家战略科技力量建设，深入推进'双一流'建设，加快高校国家
重点实验室重组……，支持高校牵头或参与国家实验室和区域实验室建设"
的具体要求。这一系列政策文件的发布，为文科实验室通过有组织科研的
模式实现创新发展提供了路径指导。由此可见，文科实验室是哲学社会科
学领域落实"新文科"建设、推进文科领域有组织科研的有力抓手。

　　从实践层面看，如何认识文科实验室建设与有组织科研的关系，文科
实验室在推动有组织科研实践中的价值还有待进一步厘清。而各高校文
科实验室的建设又都遇到一些普遍存在的现实困境，根据有组织科研的
要求，如何破解这些困难，如何进行路径的优化都成为亟待解决的问题。

## 一、高校文科实验室是推进有组织科研实践的重要抓手

　　文科实验室的建设是为适应国家重大战略需求，解决社会复杂性问
题提供战略支撑的重要研究力量。有组织科研是瞄准国家重大需求、具
有指向性科研创新实践的新模式，具有系统性、导向性、交叉性特征。[1]这
与文科实验室的建设要求和发展特点具有一致性。文科实验室的建设应
体现有组织科研的特征，成为改革高校文科科研组织模式、推进文科领域
有组织科研实践的重要抓手，发挥引领作用。

### 1. 文科实验室建设与发展特征

自教育启动文科实验室建设工程，并在 2021 年底公布首批文科实验

室名单以来,文科实验室的建设得到广泛重视,各省份如广东、山东、安徽、四川等地陆续启动省一级文科重点实验室的试点建设工作,已呈现从国家层面到地区层面的全方位布局。

首批教育部文科实验室包括 30 家单位(见图 1),其中试点单位 9 家,培育单位 21 家,重点聚焦社会治理、生物考古、国家舆情、语言发展、智能教育、低碳治理、金融安全等社会经济发展领域,从侧面反映出哲学社会科学研究正逐渐走出与社会实际需求相脱节的困境,文科实验室更加面向国家和区域发展过程中的重大理论和现实问题。[2]首批文科实验室遴选所在学校哲学社会科学实力强、真正做到学科交叉、具有雄厚科研实力和创新能力、已经取得重要研究创新成果的文科实验室。入选实验室以 5 年为建设周期,以服务国家和区域发展战略为标的,瞄准学术前沿,通过创新研究范式方法、利用先进技术手段,开展哲学社会科学领域的现代化研究。从教育部发布至今近两年,文科实验室的建设正在稳步进行,推动了所在高校相关学科的创新建设与发展。在具体建设目标和任务上,表现出以下四个特征。

第一,面向国家重大战略需求,承担国家重点科研任务。从已公布数据来看,目前大多数文科实验室都面向国家社会经济领域迫切需要解决的重大问题,进行实体化建设,组建专业的研究团队,形成有针对性有特色的人才培养体系,完善规章制度,建立学术委员,把握整体的研究方向。同时,依托"双一流"学科支撑,融合多个学科,探索有效的学科交叉研究与培养模式。

从公布的哲学社会科学实验室名单及相关网页、公众号介绍,研究领域大致可以分为语言类研究、国家/社会治理研究、考古/文化遗产研究、数据与决策管理研究、学科与 AI 融合及其他特色研究,较为全面地促进哲学社会科学各领域的发展,同时为构建中国特色哲学社会科学的重要支撑。同时,文科实验室也已经承担多项国家重点研发计划、科技创新2030—新一代人工智能重大项目、国家自然科学基金重点/重大项目等。其中包括国家重点研发计划知识产权司法保护与跨部门协同服务关键技

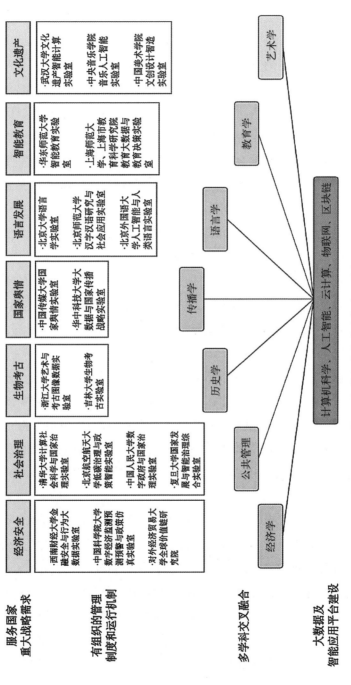

图 1　文科实验室建设与发展特征图

术研究、国家自然科学基金重大项大数据驱动的政策多维度解析、科技创新 2030—新一代人工智能重大项目"邮轮疫情"对中国邮轮产业发展的影响及对策研究、国家自然科学基金重点项目基于大数据融合的新一代商务智能系统构建研究等。华东师范大学智能教育实验室获批了上海市 IV 高峰高原学科建设资助。

　　第二,多学科交叉融合及研究范式的转型。根据哲学社会科学实验室的建设要求,要真正做到学科交叉,至少涵盖 2 个(含)以上一级学科。从公布的信息来看,哲学社会科学实验室的建设多与计算机学科进行了深度融合,与当前人工智能的飞速发展密切相关。相关领域的探索也为哲学社会科学的发展提供了新思路。典型的代表机构包括:北京大学语言学实验室依托计算语言学教育部重点实验室建设,汇集了计算机、中文、外语等学科,充分利用计算机科学和语言学等多学科交叉融合的优势,面向国际学术前沿、国民经济建设主战场与国家重大战略需求,建立以中文为核心的自然语言理解的理论与方法体系。北京外国语大学人工智能与人类语言实验室是语言学、脑科学、计算机等学科的交叉融合,通过跨领域跨地域跨语种的研究共同体,引领语言类基础学科的理论创新、制度创新、实践创新,带动尖端技术赋能语言研究的突破性进展,旨在构建面向每个人、适合每个人、更加开放灵活的教育体系。华东师范大学智能教育实验室是教育、心理与计算机的交叉融合,探索智能教育的基础理论研究,应用理论与场景示范应用。

　　此外,学科交叉必然要求研究方法上实现交叉融合,在与计算机技术结合后,人文社科能够突破传统研究方法的局限性,创新研究范式和研究方法。中国人民大学数字政府与国家治理实验室基于社会信息大数据统计和大型社会调查方法构建现代化社会经济数据搜集机制,充分发掘多层次的多源数据,为研究提供丰富的数据基础。浙江大学艺术与考古图像数据实验室将数字化技术融入传统的测量和绘图环节,自主研发的全球领先 3D 高保真数字测量与重建技术,使得考古调查和记录工作"升维"。

　　第三，大数据及智能应用平台建设。根据哲学社会科学实验室的建设要求，需要具备满足研究需求、长期积累、来源合法、渠道稳定的海量数据资源，数据管理安全可控。从公布的信息来看，各单位都在进行具备研究特色的数据平台建设，初步满足研究需求，初具规模。代表性的实验室有：浙江大学艺术与考古图像数据实验室，从 2020 年筹建石器微痕数据库，累计观察考古标本 2 500 余件，拍摄微痕照片 22 000 多张，积累了近 500 GB 的考古微痕数据。从已公布的数据来看，哲学社会科学实验室在研究平台和应用平台建设上也有了明显进展。华东师范大学智能教育研究研发了孤独症儿童早期诊断平台。在应用平台建设上，华东师范大学智能教育实验室研发的基于学习进阶的发展性写作智能辅导系统入选 2022—2023 环球趋势科技创新典型案例。

　　第四，有组织的管理制度和运行机制。根据哲学社会科学实验室的建设要求，需要进一步完善内部管理制度和运行机制，具体要求明确的发展规划，政策的支持，投入力度的加大，充足的保障条件以及做好管理监督。有组织的制度和机制是推动重大科研成果产出的重要保证。合肥工业大学数据科学与智慧社会治理实验室采用"鱼骨"型的运行机制，实验室管理委员会领导实验室，同时学术委员会和协作单位作为学术治理和咨询顾问机构。在优化运行机制的基础上，合肥工业大学数据科学与智慧社会治理实验室在学术委员会管理、基金项目管理、工作人员管理等方面也设计了完备细致的管理制度。

## 2. 文科实验室建设与推进有组织科研的逻辑一致性

　　高校文科实验室建设与有组织科研的落实具有内在逻辑的一致性，是推进有组织科研的关键抓手和重要突破点。具体表现在三方面：文科实验室建设和国家推进的有组织科研均以服务国家重大战略为目标定位；以复杂问题解决促进学科交叉与学科体系升级；促进科研组织和研究范式的系统性变革。

　　第一，回应国家战略需求，有组织地承担重大科研任务。伴随科技进步和产业发展，经济增长方式和人力资源结构进入转型升级阶段，各个学科领域发展的综合性、多样性日益突出。在中国特色社会主义现代化国家建设进入战略机遇和风险挑战并存并行的关键时期，积极应对民族复兴伟业前进道路上的困难与问题，高校哲学社会科学战线发挥着重要的战略支撑作用。有组织科研注重发挥政策的导向作用，在项目组织过程中具有主动谋划研究任务和主动服务应用需求等优势，有助于推进高校哲学社会科学建制化，服务党和国家的重大战略需求、成体系推动哲学社会科学繁荣发展、自立自强。[3]在项目组织上，有组织科研强调从被动的"接单"向主动谋划、主动服务转变。把服务国家重大战略需求作为科研的主攻方向，建立重大任务组织机制，组织提出一批前瞻性、战略性、引领性重大科研任务，主动谋划、主动对接、主动服务国家重大需求和行业产业发展需要，研究真问题、解决真问题。[4]

文科实验室借助科研教学为一体的管理决策实验平台，通过开设与实验相结合的课程、虚拟仿真教学项目，实现情景再现，帮助学生更加直观认识中国国情。教育部公布的首批30家哲学社会科学实验室，重点聚焦社会治理、生物考古、国家舆情、语言发展、智能教育、低碳治理、金融安全等社会经济发展领域，反映出哲学社会科学研究正逐渐走出与社会实际需求相脱节的困境，文科实验室更加面向国家和区域发展过程中的重大理论和现实问题。在新阶段，实验室不仅致力于关键技术、生产工具系统等方面的研究工作，同时也在尝试将研究成果转化成可服务政府决策和行业发展的建议和方案，制定与发布相关领域的关键性标准，发挥智库功能。[5]

第二，设立交叉学科专项，有组织地解决复杂问题。"设立交叉学科专项"是教育部《关于加强高校有组织科研推动高水平自立自强的若干意见》中明确提出的有关"加快目标导向的基础研究重大突破"的举措。[5]有组织科研作为引领高校科技创新工作新变革的抓手，需要着力破解科研方向与国家需求衔接不紧密以及跨学科、跨学院组建科研团队难的问题。[6]新时代哲学社会科学变革注重"学科融通"，一方面是应对复杂现实问题的需要，另一方面也为文科学科发展提供了新思路，通过学科融合，改变传统文科学科科研教学模式，同时这也有望成为新兴学科的增长点。新时期的文科建设建立在与大数据、云计算、人工智能、区块链、虚拟技术密切联系的基础上，聚焦与国家高质量发展相关的领域方向。基于多学科支撑的文科实验室，有利于在保持传统优势学科发展基础上，促进学科交叉融合，加快培育新的学科增长点，探索文科学科体系的整合与升级。[7]首批试点的哲学社会科学实验室研究领域覆盖语言类研究、国家/社会治理研究、考古/文化遗产研究、数据与决策管理研究、学科与 AI 融合及其他特色研究等。各实验室以学科交叉作为基本要求，均涵盖 2 个以上一级学科。特别是与计算机学科、人工智能的最新发展成果紧密结合，为哲学社会科学的高质量发展提供了新思路。

第三，探索科研组织创新模式，实现有组织的机制创新。有组织科研旨在打破过去单打独斗的"作坊式"科研组织模式，变"无序"为"有序"、变"分散"为"聚合"、变"无组织"为"有组织"，[8]它更加强调政策导向、更加强调组织管理模式优化、更加强调国家战略力量储备，是哲学社会科学科研范式与组织建设的重大变革。在平台建设上，有组织科研强调从"自由生长"向定向培育转变。围绕国家重大战略需求和重大任务，加强高校重大科研平台的培育布局，提高体系化、建制化建设水平。在团队建设上，有组织科研注重依托重大科研平台组织实施重大科技任务或工程，在实战中发现和造就战略科学家、科技领军人才及创新团队。在支撑引导上，有组织科研力求从资源引导向综合施策转变。[9]

文科实验室的出现体现了传统哲学社会科学的发展和变迁，为有组织科研的实施提供了实体平台。从近年来各类文科实验室建设情况来看，多元建设主体形成力量组合，共同参与到文科实验室的建设中。高校具有基于多学科开展基础研究的优势，借鉴理工农医的学科研究方法，强化扎根实践的学科特色，采取实验研究、模型推理、情境模拟等方法为社会生活中的各类决策和判断提供更客观更充分的参考信息，推动哲学社会科学研究方法创新与范式创新。同时，文科实验室通过对物理空间的整合，一定程度实现了人员、设备和资金等要素的集聚，成为带动学科发展的驱动力与文科学术领域高峰建设重要生长点，为推动高校哲学社会科学科研组织模式改革提供契机。[10]

## 二、文科实验室在推进有组织科研实践中的现实困境

### 1. 有组织地应对国家战略需求及问题解决的逻辑转变有待加强

有组织科研面向的是重大战略问题解决以及学科知识生长与组织方式的转型，这对文科实验室建设过程中推进人才培养、学科交叉、科研范式转型等建设目标具有内在的逻辑一致性。但面对哲学社会科学发展的新形势、新问题、新格局，当前实验室的内涵建设在教学、学科交叉、成果贡献上仍有很多不足。主要表现在两个方面。

其一，服务国家战略需求，牵引新发展阶段哲学社会科学高质量发展的动能有待持续加强。文科实验室是哲学社会科学有组织科研的新探索，服务国家重大战略需求也是文科实验室的使命所在，"服务国家战略"是文科实验室建设的初心。在建实验室立足战略需求，瞄准重大理论问题和重大实践问题，进行重大原创性研究的意识和与这个责任相匹配的能力还有待进一步凸显。

其二，推动实验室从学科发展逻辑向问题解决逻辑转变，仍然有待持续加强。教育部社科司《关于启动教育部哲学社会科学重点实验室试点建设工作的通知》中明确提出，推动文理交叉融合是实验室建设的主要内容之一，要求真交叉真融合，推进用自然科学的方法来解决人文社会科学研究领域中的前沿问题。试点实验室在研究领域的学科覆盖面上，均实现了至少两个一级学科交叉的基本要求。但是实质性的融合发展仍然有待深化，特别是从文理交融，由理及文的交叉融合仍然有待加强，如何吸引、借鉴自然科学的手段方法赋能哲学社会科学发展，仍然有待破解。

### 2. 有组织地进行跨学科资源整合及数据库建设力度不够

其一，跨学科资源整合力度不足。文科实验室建设过程中存在院系、学科之间的壁垒问题，缺乏成熟的资源共享平台，以优势学科或专项项目为依托的实验室一般情况下只服务于特定的研究对象，缺乏通用性、共享性和开放性。同时受经费、场地、人员等限制因素，实验室投入水平整体偏低、专用于实验研究的独立场地不足、实验室设备更新不及时、使用频率低等问题明显。

其二，跨学科数据库建设与使用不充分。数据采集、持续更新、深度开发使用、数据安全和自复制的机制仍然有待持续完善。根据哲学社会科学实验室的建设要求，需要具备满足研究需求、长期积累、来源合法、渠道稳定的海量数据资源，数据管理安全可控。但当前很多实验室在海量数据面前，如何管理、如何有效使用仍缺乏相应的标准和体系化的方案，造成大量数据资源以及相应人力、物力、财力的浪费。通过数据分析科学洞察事物发展趋势、形成精准判断并作出正确决策是实验室建设基本设计。但文科实验室如何依托大数据让自己变得更加"聪明"、更有效能，又如何在推进教育数字化转型过程中实现传统模式向现代化样态的范式转变，如何夯实数据基座、充实海量数据、让数据正确地说话、说正确的话仍然有待加强。

### 3. 有组织地推进人才团队建设、制度支撑以及治理体系完善尚需优化

其一，人才团队建设和人才引进力度不足。文科实验室作为跨学科研究的重要载体，除了校内人才资源的汇聚，通过人才引进解决研究难题是关键举措。但是，受限于地方和高校人才引进政策，各实验室普遍存在跨学科研究高端人才缺乏但难以引进的现实。

其二，制度政策支撑不足。文科实验室建设定位在跨学科融合研究，推进研究范式转型，不是简单地追求硬件设备的更新与完善，更重要的是有相应的制度政策支撑，大部分实验室的运行体制机制仍在探索完善过

程中。现阶段,国家层面标准化和体系化的制度规章尚未出台,高校文科实验室相关制度多直接套用理工类实验室文件,且实验室环境安全管理制度、人员考核和绩效评价制度等存在缺位情况。

其三,完善的内部治理与外部协同的关系仍然有待持续优化。哲学社会科学实验室作为推进有组织科研的新探索,如何突破传统的文科科研范式,成为学校内部交叉融合高效、外部优势资源协同合作有力的多学科交叉的实验平台,突破个人自主研究,传统研究机构小型、分散、封闭的顽疾,倡导并形成良性的协同文化,仍然有待持续破解。

## 三、文科实验室推进有组织科研的典型案例: 以华东师范大学智能教育实验室为例

华东师范大学在 2020 年 4 月的全校教育工作大会上确立了把智能教育作为学校未来发展的首要战略,决定通过成立智能教育研究院(实验室)提升原有数字化教育工程技术研究中心科研能级,聚合研究力量,以有组织科研的模式创新研究机制,为服务国家战略,引领智能教育未来,贡献专业力量。

### 1. 目标导向: 服务国家战略,引领智能教育发展

华东师范大学智能教育研究院以习近平新时代中国特色社会主义思想为指导,围绕教育强国、数字中国、智慧城市等国家战略,全面贯彻落实党的教育方针,聚焦智能教育。其整体建设的思路是: 以智能增强教育应用产出为导向,以智能教育的基础理论、关键技术、场景应用为支撑,打造智能教育创新平台,孵化智能教育产品,制定相关标准以及为智能教育相关政策提供建议。实验室将服务于国家社会、经济、文化和教育的发展,通过研究智能教育的基本科学问题、关键核心技术和重要应用示范,建立智能教育创新平台和人才培养高地,加快推进人工智能与教育的深度融合与创新发展。实验室利用云计算、大数据、人工智能、物联网、区块链等新兴技术,发挥教育学、心理学、脑科学、计算机科学、软件科学以及数学、

文理科、艺术设计学科的综合优势，推进信息技术与教育融合创新，坚持高起点、低风险、国际化、工程化原则，以人机交互学习理论为突破口，以智能学习、智能教学、智能管理、智能评价为主攻方向，以推进学科交叉和跨学科研究为组织形式，坚持科教融合，探索智能化社会背景下教育发展的基础理论和关键技术问题，研究发挥网络教育和人工智能优势，创新教育和学习方式，加快发展面向每个人、适合每个人、更加开放灵活的教育体系，建设学习型社会。

### 2. 学科交叉: 基于优势学科力量, 在各研究方向和任务中实现交叉融合

智能教育研究院注重开展跨学科探索性研究。研究院推动教育学与计算机科学、认知科学、心理学、数学、哲学、社会学等相关基础学科的交叉融合，加强引领智能教育方法、模型的基础理论研究，重视智能教育法律伦理的基础理论问题研究，支持原创性强、非共识的探索性研究，鼓励科学家自由探索，勇于攻克智能教育前沿科学难题，提出更多原创理论，作出更多原创发现。具体研究方向与学科交叉实践如表 1 所示。

表 1　具体研究方向与学科交叉实践表

| 研究方向 | 目　标 | 跨学科研究探索路径 |
|---|---|---|
| 三维自适应学习系统 | 研发"知识—认知—情感"三维图谱画像技术与自适应学习系统 | 人工智能技术、行为、表情和生理等多种模态的学习数据采集与分析技术的使用 |
| 高质量课堂智能诊断与改进 | 通过构建"多模态—证据化—引领性"的高质量课堂教学标准，采集课堂多维度数据，采用人工智能技术，实现课堂"三全"（全程化、全面化、全员化）诊断 | 聚焦跨学科、国际化与高智能，凝聚教育学、信息科学、认知科学、人工智能和脑科学等学科的研究力量，利用与 OECD、斯坦福大学等合作机制，以多模态课堂的数据采集、建模、分析为路径，建立了大型海量的课堂多模态数据库，实现课堂智能诊断 |

续　表

| 研究方向 | 目　　标 | 跨学科研究探索路径 |
|---|---|---|
| 核心素养导向的智能评价 | 建立核心素养学习进阶为实质内容的纵向测量尺度,可以诊断学生素养在特定时间点的发展水平,追踪学生跨时间的素养变化情况,探索具有实质内容的增值评价 | 以核心素养为抓手,以人工智能技术为支撑,研究核心素养导向的智能化教育评价,重点构建全面的核心素养评估指标体系,研究无感测量、试题自动生成和自动评分等关键智能技术,研究基于多模态数据的、心理学测量模型与知识追踪深度融合的计算心理计量模型 |
| 特殊儿童智能诊断与干预 | 以面向特殊人群的智能诊断与干预系统关键技术为重点研究方向,重点聚焦特殊儿童的早期诊断早期干预,有效地融合人工智能与特殊教育,构建诊断—评估—干预一体化的新型智能化解决方案 | 融合大数据机器学习、视觉感知智能与虚实交互智能等技术,发展基于视觉知识智能的智能辅助诊断,构建基于数据学习智能的诊断评估指标体系,创设基于人机虚实协同智能的自适应个性化干预模式,构建基于移动分布式的智能远端诊断与干预平台 |
| 智能教育社会实验 | 发现智能教育工具潜在威胁。构建一套适合智能教育社会实验体系,基于体系搭建可为智能教育社会实验服务的平台,聚焦"学—教—管—评"系列化教学流程,设计开展一组智能教育社会实验 | 以社会实验设计与开展为核心,选取关键实验场景,基于扎根理论、社会计算等社会实验理论方法,研究使用智能教育工具的潜在风险,与其相关的激发、规避因子与因子间相互作用 |

以上聚焦的方式在研究内容与方法上促进了多个学科的深度融合,包括教育学、计算机科学与技术、软件工程、心理学、数学以及脑与认知科学等。这些项目工作也大大提高了聚焦统筹资源联合攻关的能力。人员、科研、人才培养和社会服务方面的合作更加紧密。以自适应学习系统的研究为例,该方向需要结合多学科交叉领域,它整合了教育学部、心理学院、信息学部等华东师范大学优势学科力量,组建一支多学科交叉团队,保证自适应系统开发各个环节的科学性。在研究的过程中凸显了不

同学科的特色与优势,大范围整合了各种优质资源来加速自适应技术工程的高效快速迭代实践,加强了不同学科科研工作者之间的联系与沟通,推动跨学科的交叉合作与相关领域的研究发展。

### 3. 组织建设: 强化成果转化和高水平人才队伍建设

有组织科研不是对具体的科研过程予以组织,而是以国家战略为导向、以突破重要领域核心技术为目标,是优化资源配置、集中力量办大事的科研规划,特别强调跨越从科学到产业的鸿沟,以更好地服务国家战略需求。[11]在华东师范大学智能教育实验室的建设过程中,加强智能教育研究成果转化、加强高水平智能教育人才队伍建设,是实验室加快研究范式转型、推动组织变革的重要举措。

在加强智能教育研究成果转化上,实验室一是构建线上线下融合教育的新模式,指导和推广基于网络和人工智能的教学变革。把基础研究、技术转化和产品研发紧密结合起来,以创新的思路来抓创新,积极探索把研发作为产业来做、把技术作为商品来做的有效路径,推进研究和产品不断更新迭代。二是建设智能教育实验学校联盟,持续推进学校整体变革。落实国家战略,把政府要求、事业单位合作作为强大动力,把人才培养和科学研究结合作为鲜明特色,把产教融合作为重要抓手,把学校联盟协同创新作为有效路径,在创新中发展,在发展中创新。三是研发智能教育产品技术标准,推动行业高质量发展。与在线教育、智能教育等创新型公司合作,研发智能教育产品的中国标准,形成智能教育产品的质量标准与测评平台。

在加强高水平智能教育人才队伍建设上,实验室一是引育并重夯实高水平复合型人才队伍基础。在推进“教育＋人工智能”跨学科研究过程中,智能教育实验室将重点打造一支智能教育跨学科教学的高水平师资队伍、跨学科背景具备国际视野的科研队伍、高效执行的工程队伍、保障有力的支撑队伍。二是深化科教融合智能教育人才培养。以智能教育博士班为引导,实验室与计算机科学与技术学院合并,并成立了专门的智能教育博士班,建立双导师培养模式,培养智能教育急需高端人才,根据需要和可能向硕士生、本科生延伸。通过"人才的转化"与"科技成果的转化"的双循环,促进科研模式的系统性整体变革。

## 四、文科实验室在推进有组织科研实践中的优化路径

### 1. 以服务国家重大战略需求作为科研的主攻方向,立足于教育、科技和人才"三位一体"的统筹部署

文科实验室建设已经走过了起步阶段,受疫情影响,实验室之间在各自探索的基础上,相互之间的交流、分享和借鉴还较为缺乏。在前期探索基础上,进一步加强规范,进一步确立功能定位,明确使命责任是文科实验室下一步工作的首要任务。实验室研究问题的战略指向、研究范式的数据驱动、团队合作、人员的动力活力,成果的标志性等要件,需要通过统一的管理办法进一步提升要求。

### 2. 推进跨学校、跨学科、跨专业的协同创新机制

哲学社会科学实验室作为有组织科研的部署,其高质量发展与传统的评价机制还有不相适应之处。从深层次的层面来看,若想解决当前实验室建设存在的阶段性问题,还有待评价机制的根本改革,包括代表性成果评价、跨单位合作成果的评价、团队攻关成果的评价、实验室辅助人员的评价等均需要新的改革。此外,还需要加大稳定支持力度,明确中长期发展预期,推动建设单位从争牌子向示范引领哲学社会科学高质量发展做贡献转变。在中央倡导调查研究的总体要求下,文科实验室建设恰逢其时,大有作为。调动多方投入,加大稳定支持力度,同时进一步明确实验室中长期发展规划,通过"长短结合",走内涵建设和高质量发展的路子,为哲学社会科学高质量发展注入新动力。

### 3. 探索创新多学科交叉人才培养及研究团队建设

以人才转化推进科技成果的转化需要进一步探索多学科交叉研究队伍建设，这就需要创新课程体系，构建多学科融合的科研团队。为确保文科实验室的持续发展，在政策上应鼓励多学科交叉人才培养机制与建设体制，在资助上倾向多学科交叉融合创新研究。同时各哲学社会科学实验室在建设过程中需要坚持需求导向，提升原始创新能力、完善数据使用规范，加大数据使用力度、完善多学科交叉人才培养与建设体制，深入开展交叉研究、健全运行管理体制机制，落实并加强资助体系。

### 4. 探索落实交叉学科"学术特区"

文科实验室在建设过程中急需突破高校现有的传统的人事制度和学术评价考核制度，结合交叉学科发展特点，实行交叉学科"学术特区"政策。也就是，以解决教师和学生学术成果认定和职称评定通道等难题为出发点，强化人才引进和人事制度改革、加大专项经费支持和场地整合力度，围绕文科实验室高水平建设，实施科研创新、工程支撑、教学创新等行动计划，形成人、财、物、时、空均能服务文科实验室推进有组织科研实践的"学术特区"政策。

总之，推动文科实验室的有组织科研是一项系统工程，需要统筹各方力量协同推进。可以预见的是，国家推动文科实验室的有序、有组织的建设，将深刻影响我国特色哲学社会科学研究的目标、思路、方法、路径等。[12]而作为推动我国有组织科研实践的重要模式，文科实验室应当聚焦国家战略需求，汲取历史经验，借鉴国内外有组织科研的宝贵经验和有益个案，推动构建我国自主知识体系。

**参考文献**

[1] 潘玉腾.高校实施有组织科研的问题解构与路径建构[J].中国高等教育,2022(Z3)：12-14.

[2] 胡菲菲,张思思."新文科"背景下高校文科实验室建设特点与趋向[J].实验技术与管理,2023,40(01)：221-226.

［3］［8］张政文.以有组织科研推动高校哲学社会科学自立自强［J］.中国高校社会科学,2023（01）：87－104＋159.

［4］［6］［9］雷朝滋.加强高校有组织科研以高水平科技创新服务中国式现代化建设［EB/OL］.［2023－04－14］.http://www.jyb.cn/rmtzcg/xwy/wzxw/202304/t20230414_2111027954.html.

［5］［7］解志韬.高校文科实验室的功能定位、逻辑机理与建设路径：基于"新文科"发展的交叉科学视角［J］.南京社会科学,2022(5)：126－132,151.

［10］庞珣.创新性学术社群：社会科学实验室的使命与精神［J］.大学与学科,2022,3(04)：40－50.

［11］陈进.创新型国家建设背景下高校有组织科研新形态探究——以南京大学苏州校区为例［J］.江苏科技信息,2022,39(35)：41－44.

［12］李彦姝.高校哲学社会科学"有组织科研"理论研讨会综述［J］.中国高校社会科学,2022（05）：155－156.

## 作者简介

刘　志　教育学博士,华东师范大学上海智能教育研究院院长助理

张　凯　华东师范大学计算机科学与技术学院/上海智能教育研究院副院长

胡　怡　华东师范大学教育学部硕士研究生

季昊羽　华东师范大学计算机科学与技术学院/上海智能教育研究院

## 电子邮箱

ecnuliuzhi@163.com

# Chapter 8

## 职业院校有组织科研: 发展演变、时代背景与运行机制 <sup>*</sup>

陆宇正　姜蓓佳

**摘　要:** 大科学时代与"科教融汇"背景下,职业院校有组织科研何以可为、何以作为、何以运行,这三大问题值得深入思考。考察职业院校科研的影响因素与演变历程发现,职业院校科研主要受社会外部与组织内部两大因素影响,经过技能形成体系的迭代,其科研重点主要转向外部需求适应。进入技术赋能的"去技能化"阶段,社会服务范围进一步扩大,职业院校通过技术整合得以发挥有组织科研的强大力量,以此实现技术创新的复利效应。步入新时代,职业院校形成"紧密型关系—复杂化特征—共生式表现"的有组织科研运行机制,凸显出具有类型特色的进阶方位。面向未来,职业院校必须加快转变有组织科研步伐,将自身打造成集多功能于一体的新型教学、育人以及科研组织。

**关键词:** 职业教育;有组织科研;技能形成;技术整合论;生态系统观;科教融汇

2022 年 8 月,教育部《关于加强高校有组织科研推动高水平自立自强的若干意见》,就推动高校充分发挥新型举国体制优势,加强有组织科研,全面加强创新体系建设,着力提升自主创新能力,更高质量、更大贡献服务国家战略需求作出部署。党的二十大报告强调"发挥体制优势,加强科技水平,提升自主创新能力"。有组织科研最初由国外研究型大学开展,本质直指高校内进行的具有明显学科交叉性基础研究的行为。[1]我国将有组织科研解读为高校科研团队"瞄准国家战略需求进行定向性、系统

---

　＊　本文系国家社会科学基金教育学重点课题"职业本科教育的推进路径及实施策略研究"(项目编号:AJA220022;主持人:曾天山)的阶段性成果。

性、有组织性的科学研究模式"，[2]期望高校突破学科导向的松散型科研组织模式，转而通过集聚多方资源、多方力量、深度协作，实现科研项目的协同攻关。[3]

与普通高校相比，职业院校科研向来较为薄弱，但作为创新领域的潜在贡献者，高职院校在国家创新体系中的角色逐年得到重视。2021年10月，中共中央办公厅、国务院办公厅《关于推动现代职业教育高质量发展的意见》要求，紧密对接产业升级和技术变革趋势，加强职业教育领域的科学研究。[4]2022年5月，新版《中华人民共和国职业教育法》明确指出"国家鼓励和支持开展职业教育科学技术研究""国家鼓励职业院校开展科学研究、技术服务、科技成果转化等活动""校长全面负责本学校教学、科学研究等工作"。[5]党的二十大报告还提出"推进职普融通、产教融合、科教融汇，优化职业教育类型定位"，将"科教融汇"视为新时代职业教育开辟发展新领域的新赛道。上述政策话语体系不仅对职业院校科研应发挥的作用提出明确要求，也指明了职业院校科研的新方向。

大科学时代的知识生产模式持续转型，知识、技能、技术的经济价值与科研的社会应用属性被着重强调。职业院校承担着技术技能人才培养、应用科研与社会服务等职能，[6]在科研活动中呈现多主体、跨学科、技术应用和职业导向等特征。拉图尔（Bruno Latour）在《行动中的科学》一书指出，主体异质性有助于内外部因素结构互动、跨界交流合作的形成。[7]职业院校因具备这种"异质性行动者"身份，彰显了其在有组织科研中应用型科研的独特优势。"紧密对接国家需求""重视技术技能创新服务水平""创设科研共同体"同样也应是新时代职业院校开展有组织科研的定位与追求，有助于发挥"科教融汇"优势，打破职教界与科技界之间的壁垒。[8]

职业院校的有组织科研有哪些服务面向？受哪些因素的影响？又该如何开展？本研究从技能形成体系的演进着手，探寻职业院校科研的影响因素与演变历程，梳理当下职业院校开展有组织科研的时代背景，以期为职业院校的有组织科研刻画发展机遇与进阶方位。

## 一、职业院校科研的影响因素与演变历程

当今知识生产模式日益呈现鲜明的社会属性，教育机构不断加强在知识生产与技能形成上的交叉融合与跨界合作，以服务国家战略需求的科技创新、技术成果转化需要。职业院校作为新型创新主体，对产业转型升级起到无可替代的重要作用，为此从影响与变迁两个视角厘清职业院校的科研基础与现实条件。

### 1. 职业院校科研的影响因素

职业院校作为高等教育与职业教育融合形成的教育组织，除了拥有一般高校均具备的人才培养、教学、科研等基本职能，还是培养技术技能人才的专门化场所。[9]技能形成（skill formation）指个体通过理论学习、实际操作、事件经历等获取工作技艺、提升劳动技能以及掌握领域内技术的过程，具有累积性、劳动性、长期性、互动性、情境性、应用性等特征。[10]不同阶段技能形成的更迭使职业院校的技术技能培养重点发生转变，也顺势影响了职业院校的科研定位与实际走向。

要素若体现着科研内容与方向，生态系统则是一种影响职业院校科研水平的结构性力量。研究发现，虽然高校内部科研活动易受外界特有社会控制的影响，但在其形成内部"规范同构结构"（normative isomorphic structure）后，便可适当进行科研上的自我调整、反馈与演进。[11]作为高校的实体形态之一，职业院校的科研，便是在技能形成更迭的外部因素以及组织内部的共同作用下，以技术创新、技术应用等为科研成果载体，在研究主体与研究环境的深度交叉性、应用指向性特征的凸显中历经变迁。

### 2. 职业院校科研的演变历程

职业院校科研的演变历程可分为职业院校科研的诞生和职业院校科

研的迭变两个阶段。

阶段一: 职业院校科研的诞生。

工业革命之前, 生产技能作为一种私有资产, 被资本家、行会阶层或师傅垄断, 掌握技术技能是少数人的专利。但也正是在生产力与生产资料被封锁的时期, 欧洲于中世纪出现了带有职业属性的教育机构, 如意大利"萨拉"学院(Salern)与"博洛尼亚"学校(Bologna)等,[12] 它们不纯粹"追求神圣的真理和知识", 被许多学者视为当时的职业培训机构。[13] 这也正是鲁迪(Willis Rudy)所说的, "中世纪高等教育机构涉及的许多办学内容都不加掩饰地具有职业属性"。[14] 虽然, 这个阶段的职业院校已经展现出"增强生产工艺改造能力"的思维,[15] 但由于博雅教育的推崇, 大多数高校仍然是高深知识的生产者和传授者, 进行工艺改造科研内容的教育机构普遍被社会冷落。

工业革命引发生产方式变革, 技术技能在启蒙运动助推和资本家的推动中完成了祛魅, 技能形成不仅被各个先行工业化国家重视, 有关技能形成、工艺改造的科研也登上历史舞台。这一阶段, 联邦德国颁布《高等学校总纲法》(Hochschulrahmengesetz), 确立了德国应用技术大学以应用研究为主的科研目标, 这对当时许多国家的职业院校科研改革产生深远影响。应用研究的出现使职业院校开始走出传统意义上仅作为"技术技能育人工厂"的刻板印象, 不仅让职业院校开始与社会其他主体搭建起紧密联系的桥梁, 还让以技术创新为主要内容的科研不再被认为是基础研究的"附庸", 而更多彰显出自身的独特价值。

与此同时, 斯托克斯(Donald E. Stokes)提出科研分类法(scientific research classification)(见图 1), 打破了科研活动仅关注高深知识生产的单一格局, 彰显了职业院校开展科研的必要性和独特性。这表明, 职业院校从技能传授者转变为技能再造者甚至是新技术技能的缔造者的科研内容与定位得以承认。[16]

阶段二: 职业院校科研的迭变。

随着实用主义思想在 20 世纪的大范围蔓延, 国际组织将教育按照

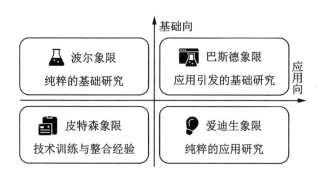

**图1　基于技术与科学的科研分类**

分级思想将本科层次职业教育纳入第5级副学士学历与第6级学士学历框架，[17]引导各国开展更高层次的职业教育，大批新型本科层次职业院校被建立，并铸成高等职业教育发展新力量。1996年，德国应用技术大学和部分综合大学开始试验"双元制"课程，积极探索本科层次职业教育，并成立巴登符腾堡双元制大学（Baden-Wuerttemberg Cooperative State University）；英国则顺应社会发展开展首个"经济学徒制计划"，要求大学科研必须关注企业用人需求，最大程度与区域产业需求结合。许多地区甚至形成本科层次职业院校与社会经济发展一致性的长期检验制度。[18]这种高层次职业院校的产生被赋予了解决区域产业动能不足问题的使命，其科研也被要求与社会发展相适应。职业院校设立的科研院所也逐渐分化出服务社会的功能，基于不同专业开始设置更具创新模式的"专业群"建设单位，并试图打通行业壁垒的束缚。此时，职业院校开始成为组织性、综合性、复杂性技术技能的发源地。

　　步入21世纪，经济全球化进程加速，各国企业交流合作加深，生产力升级过程"需要大量能从事应用技术研发的科技人员"，[19]因而技术技能作为生产力，[20]越来越成为生产提速的重要因素甚至演变为生产力的另一种表现形式。在此背景下，职业院校被赋予了支撑技术研发的新使命。与此同时，产业端主体开始决定何种技术最有价值。这一时期，相较于多进行基础性科研的普通高校被定义为"智力之城"，职业院校被视为"面向高端产业和产业高端的新型'智力之城'与'技术之城'"。[21]西伦(Kathleen Thelen)将技能形成划分为工业化早期的"低技能均衡"(low-skill equilibrium)[22]与在传统技能形成基础上转型的"技能替代"(skill displacing)[23]两个阶段。"低技能均衡"时期，技术技能的作用范围基本局限于本行业中，[24]这使得职业院校科研形成了明晰的"场域思维"，科研行为被技能娴熟度、行业属性、成果作用场域框定，因而科研重点为"工艺改造"(process transformation)。"技能替代"的出现，不仅意味着职业院校原本圈定的技术技能传习模式遭受挑战，技术技能的传统附着场域也被突破。学校与行业、技术技能人才与新型机器、技能形成与科研成果转化之间的间隙愈加缩小，科研的应用属性被进一步强调，更加被要求介入实际生产和通过产教融合、校企合作实现科研技术成果转化，[25]因而行业企业也被扩充至职业院校科研的主体行动队列。此外，科研内容被要求更加符合社会情境适应性、解决问题综合性、科研活动组织性、组织科研融合性等。一言以蔽之，职业院校的科研重点转向侧重于外部需求的适应。

## 二、当下职业院校有组织科研的时代背景

国际上职业院校科研风起云涌，反观我国，由于发展历史较短以及长期将人才培养作为重中之重的历史原因，职业院校的科研长期处于蛰伏状态。但是，当前正经历制造业转型升级的关键时期，我国也更加重视应用研究，这些时代机遇赋予职业院校与普通高校一起开展有组织科研、展现自身作为的重要窗口期。如前文所述，职业院校科研在技能形成的更迭与科研组织内部形态的共同作用下，于不同阶段展现出迥异的科研内容，亟须有针对性地面向学生培养、技术革新、工艺改造等方面厘清科研定位。因此，本研究对当下时代背景予以分析，明确新时代职业院校的有组织科研该如何展开。

### 1. "去技能化"作为技能形成的新阶段

全球生产过程在数字技术的赋能作用下日益呈现"去技能化"倾向，"机器换人"现象在社会各个领域逐渐渗透甚至变得普及，对职业教育的各项工作造成深刻影响。"去技能化"（deskilling）这一概念是在经济学家布雷弗曼（Harry Braverman）提出的"劳动的退化"（degradation of work）基础上建立的，是在"低技能均衡"与"技能替代"两个阶段后对持续变化的技能形成体系作出的最新判定。[26]施摩泽（Sigrid Schmalzer）、芬伯格（Andrew Feenberg）分别从"技能静止性"和"技能更替进步性"的角度阐述了"去技能化"对生产实践与教育的影响，前者展现出了对"去技能化"影响的消极态度，后者则认为是一种新的技术进步。

施摩泽认为，在传统产业生产中，劳动者拥有的技术技能是丰富的实践经验，"去技能化"是指将生产工艺、工人技能和传统的技术知识转化为机器化和科学化的生产方式的过程，随着技术更替，劳动者普遍面临的去技能化不仅会让一些手工艺品制作的技术传统及其文化失传，还会让掌握了这些工艺的人们因对新技术的陌生而丧失对自己工作的掌控感和自豪感。[27]1991—1999年，芬伯格相继出版"技术批判三部曲"——《技术批判理论》（*Transforming Technology: A Critical Theory Revisited*，1991）、《可选择的现代性——哲学和社会科学中的技术转向》（*Alternative Modernity: The Technical Turn in Philosophy and Social Theory*，1995）和《质疑技术：技术、哲学、政治》（*Questioning Technology: Technology, Philosophy, Politics*，1999）。在这些论著中，芬伯格表达了对"去技能化"消极态度的反对。芬伯格认为，既往技能形成表现出的优势在于提升技术技能适应人类社会的能力，而"去技能化"趋势实质上同样是在技术革新背景下追求创新技能的演化，本质上是一种劳动主体经历"再技能化"（reskilling）的过程，它是未来技术创新系统（technological innovation system）的源泉，是一种由技术演进、技能再造、创造应用价值融合而生的生态化系统。

不论学者们以及业界对"去技能化"的影响所持态度是积极的还是消

极的，不可否认的是，其会促使社会生产追求技术技能的更新与迭代，也势必对职业院校的科研内容、人才培养内容等方面的职能产生重大影响，进而影响职业院校有组织科研的对象与方向。因此，要从"危""机"两方面去理解"去技能化"对职业院校科研的影响，并致力于寻找和构建其能够发挥的积极效应。

### 2. 通过技术整合发挥"去技能化"的积极效应

"去技能化"实质上是技术革新后的表现形式，为教育因应尤其是科研定位方面调整了环境基调。芬伯格在其著作中引入"技术性的现代性"（technical modernity）概念，探讨技术如何塑造现代社会。他认为，技术不仅是现代社会的产物，也是现代社会的构成因素。技术创新作为企业创造价值的动力源，已超脱于人力资本理论中提到的"劳动""管理""素质"等因素的存量总和，作为一种具有生产性、流动性、灵活性特征的稀缺资源，技术成为开启科技革命与产业变革的关键要素。但是随着现代技术的发展，尤其是以信息物理融合系统为基础的第四次工业革命的到来，人们发现，技术实际上被嵌入在社会关系的更大框架之中，而其对社会生产效率的提升只占据其中的一部分。更重要的是，技术革新打破了现存社会等级制度的基础，模糊了脑力劳动与体力劳动之间的分工。因而，要使技术价值与劳动者个体价值不产生冲突，就要促成形成技术的进步性转化，通过主动设计技术过程，重新赋予技术情境相关性和自主发展的空间，来弥补人与自然的现存裂缝，从而通过人与技术的协同互助来实现人与自然在更高层次上的综合。[28]

"去技能化"与职业院校有组织科研之间存在紧密联系。技术整合论认为，要"通过组织过程把好的资源、工具和解决问题的方法进行应用"。[29]该理论侧重于关注技术端创新，要求构建完整创新过程就必须引入市场、组织、知识的集成概念。为此，可以借助该理论涉及的整体和谐性（overall harmony）、外部适应性（external adaptability）、内部调节性（internal regulation）、生态文化性（ecological culture）等关键概念，融入职业教育创新领域,从而确立与完善职业院校有组织科研。首先,整体和谐性、外部适应性要求职业院校在进行技术创新时摆脱研究框架役使,充分利用技术潜能,积极对技术技能进行改革式、重建式、设计式的开发,从更广泛的社会情境中寻找技术创新的存在价值,发展出一种"兼具繁荣与美德、自然与人文、技术事实与道德价值"的科技文明。[30]其次,内部调节性被视为技术变革时代下的科研在纳入新元素、造就复合模块、处理突发事件时依然要力求形成内部稳定、具备自我控制与调节机制的特性。[31]最后,生态文化性被视为技术赋能生产时的一种软性价值体现,认为技术价值与劳动者个体价值存在协同互助的关系,因此不应将技术创新视为"洪水猛兽"。

除了"去技能化"的技能形成新阶段,技能形成还伴随着经济全球化与数字化,劳动者技能迁移与技术创新的全球流动等趋势。[32]基于技术整合论构建职业院校有组织科研,技术创新开始成为复杂元素整合到一个相对稳定行动模型中的过程。此时,职业院校有组织科研的创新过程更多体现为一种集成化的科研方式,通过"团队作战"与"资源整合"以便减少组织行为边界带来的障碍和损失。最终,在技术与市场存在风险的时代背景下,职业院校有组织科研将与外部社会各要素串联,与人才培养活动并联,整合教育端的内外部需求表现出强大的技术革新促进作用。

### 3. 新时代职业院校有组织科研打造出新模式

随着数字技术赋能产业生产进程的加快,技术创新与经济社会、产业转型、岗位实践、科技与人才、职业教育等均存在联动关系。职业院校在技术创新、技能传授、校企合作等功能上具有发力势能,肩负立德树人、教学、服务、科研、国内外交流合作等一系列职能,并受多维导向、多元主体、多方因素的影响。"去技能化"对产业生产创新程度与劳动者职业素质提出更高要求,技术创新要求科研成果并非可叠加的,而是会根据原始科研成果的积累催生出新成果,实现"创新叠创新"的复利效应。"去技能化"

也抹去了职业院校按项目为科研活动起止点的"静态性"，仅偏重基础技术研究的"片面性"与应用研究缺失下成果无法迭代的"静止性"，更加强调技术创新的自生性。为此，需要解构职业院校有组织科研中基本构建模块的各类元素（如个体、技术技能、各类资源、信息等），使其互相作用并形成互动联系，实现跨组织、跨部门、跨专业、跨边界的技能形成与技术再造活动。职业院校有组织科研在"去技能化"的技术迭代背景下，需要建组织、有强度、能创新，需要建立起对接融洽、行为有序、作用明显的有组织科研创新模式（见图 2）。如图 2 所示，从左往右看，职业院校有组织科研满足生产需求嵌入要求；从右往左看，职业院校有组织科研实现人力资本与技术资本支撑作用，催生出有组织、有交互、有强度的新模式。

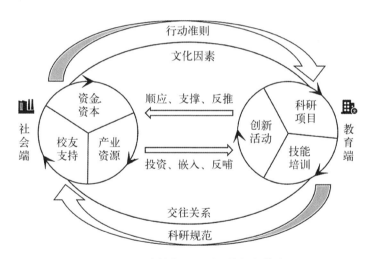

**图 2　职业院校有组织科研的创新模式**

## 三、职业院校开展有组织科研的运行机制

职业院校有组织科研是在技术整合论与生态系统观的综合视角下生成的新模式。任何一种人类社会有规律的模式中，都存在影响模式的"各

因素的结构、功能及其相互关系"，以及"这些因素产生影响、发挥功能的作用过程和作用原理及其运行方式"，[33]这便指的是"运行机制"。把握有组织科研的运行机制有助于明确职业院校在大科学时代中扮演的角色，从而激励其明确自身发展的进阶方位。剖析职业院校开展有组织科研的运行机制，可以从因素及其关系、结构及其特征、功能及其表现三个层面加以系统论述。

### 1. 以"多维融通"形成科研因素的紧密运行关系

职业院校科研要服务于国家战略需求与产业转型升级，通过扩展技能形成、技术创新、知识生产、人才培养来助力应用导向的技术创新可持续性。而职业院校的有组织科研则体现在不仅需与产业生产紧密联系，也要与国家发展战略绑定，在凝练科学问题、研发过程和成果转化扩散时突出组织性的强大功能。这就要求从整体性视角出发，厘清职业院校有组织科研包含的各类科研因素，以此把握其运行机制中各主体之间的作用过程、作用原理及其活动方式，从而展现出职业院校有组织科研中科研因素之间的运行关系（见图3）。

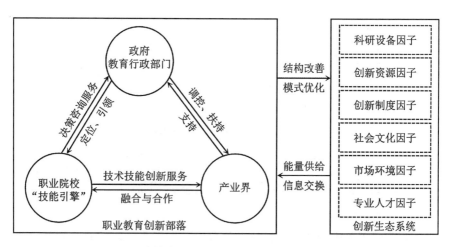

**图3　职业院校有组织科研生态系统中因素的运行关系**

具体说来，职业院校有组织科研须融入决策组织、社会环境、文化因素等新元素，促使科研生态系统形成稳定和谐的"三角结构"。三螺旋理论强调了产业、科研组织与政府的共同利益追求，而已有研究显示，加入政府、行政部门等决策者形成的"三螺旋"结构能显著推动高校知识生产与技术创新的可持续性。[34] 职业院校有组织科研也必须重视决策者的引领作用与产业生产的融合度，以此供应适应度高、支撑性佳的人力资本与技术技能创新服务。职业院校的有组织科研要联结企业行业、政府等相关主体来形成要素齐备、内外联动的紧密型运行关系，而这些主体之间的分工为：第一，职业院校聚集了科研专业人才，通过高新技术应用研究、技能教育与培训研究、生产新工艺开发研究等，提高产业技术水平和科技含量，提升我国重大、重点产业的国际竞争力；第二，政府与教育行政部门作为系统中的决策部门，聚焦政策、法律、法规等一系列"政府/政治资本"，通过对关键技术、高端技能的关注，引导职业院校科研活动有序开展；第三，产业界高度重视技术技能创新升级，需要具有高度应用性的技术技能资本以扩张产业规模，因此需借助针对技术技能的研究来引领上下游企业转型；第四，社会环境与文化场域囊括大量重要资源，其渗透情况会对有组织科研的组织形式、运行模式、创新效率等产生不同程度影响，必须得到重点关注。此时，职业院校有组织科研与社会需求形成紧密与深入的嵌合联系，技术技能成为多元利益相关者交流协作中的"一般等价物"，不仅促使多方融合关系更为紧密，而且其自身也在社会发展、产业转型、企业生产等活动中发挥动能效应。职业院校不再是科研成果内部消化、服务功能不足、支持团队薄弱的"孤勇者"，而是化身为与其他社会主体（如行企、科技社团、技术研创中心等）共促经济社会高质量发展的共同体合作伙伴。

## 2. 以"技能引擎"呈现科研结构的复杂运行特征

在紧密型运行关系的支撑下，职业院校有组织科研形成一张内外联动的联系网络，而在运行特征上，"技能引擎"（skill engine）成为职业院校有组织科研结构的具象化表现。不同于"技能替代"阶段职业院校一味输出自身科研力量，"技能引擎"是"去技能化"背景下职业院校通过输出高素质技术技能人才与技术技能创新服务来影响产业转型升级的新定位，是职业院校从"教学型、育人型"向"综合型、全面型"转型的新形象。2008年，鲍威尔（Justin J. W. Powell）和索尔加（Heike Solga）在论述职业教育与高等教育系统时首次提出这一概念。[35]"技能引擎"是一种以服务生产实践为导向的教育教学与科研结构，强调技术技能的基础性、创新性、再生性与可持续性，它要求职业院校更加关注技术创新、人才技能提升以及科研成果推广应用。由于具有"引擎"形态，因此它倾向于服务支撑实际生产与岗位任务的项目，"造血式"地形成创新元素以推动企业进步，并遵循着科研与人才培养相协调、互促进的发展逻辑。

基于"技能引擎"的具象定位，职业院校有组织科研呈现出复杂化的运行特征：一是系统性，能为不同产业类型、专业大类生产活动提供技术技能支持，且贯穿产品生产从设计、生产、运维、销售等环节的全生命周期；二是组织性，与职业院校中的专业建设、人才培养、交流合作部门建立科研成果流通网络，使学校各部门都能获取技术技能的最新需求，以此作为各类科研成果产出的动力源，并以创新观、科学观、服务观作为维系科研人员关系的隐性纽带；三是定向性，支持科研人员通过企业实习、调研、借调、培训等方式入驻合作企业，推行灵活多样的有组织科研行动，宗旨在于定向服务企业生产实践；四是复合性，重视科研共同体的交叉学科、长期实践与灵活应用的技术背景，鼓励不同需求的多元社会群体参与到职业院校的科研活动中。

### 3. 以"稳定有序"彰显科研功能的共生运行表现

技术升级促使生产过程进一步"去技能化"，政府、职业院校、行业企业、科研机构等主体开始投身到技术研发、成果转化、工艺流程创新、产品市场化应用之中。[36]此时，职业院校开始通过链接其他主体，开展面向生产全流程的科研行动，以此彰显自身独特功能，并逐步实现成果转化与应用,这一系列举措彰显了更为稳定、和谐、有效的运行表现。职业院校从组织科研的起始点重新定位于形成共生式的科研行动,促使有组织科研不再是普通高校(尤其是科研型大学)的专利,而被赋予全新定位并扩充其模式。[37]

职业院校有组织科研的单一化边界被赋予多样化的时代价值,有组织科研主体之间、生态系统内部以及服务对象层面整体呈现一种共生式的运行表现,主要体现在：第一,形成有组织科研共同体,推进项目式科研活动。职业院校有组织科研的利益相关者表现出高度的凝聚力,参与科研的个体不仅局限于学校人员,还聚集大量行业专家、企业高技能人才、普通高校教授、第三方组织专门人才等群体,他们基于"项目制"形式共同参与和进行灵活性高、自由度大的科研活动,但科研整体安排体现服务生产实践的全域性。第二,配置交叉领域、交叉专业的共生型科研资源。职业院校面对的实践应用问题更为复杂,所需的科研支撑要求也更高,超学科比跨学科概念更加深入,因此配备的科研资源来源更广泛、种类更多元,代表不同领域技术技能之间的互动与整合。第三,生成具备实践性、包容性、发展性的科研文化。为实现技术创新与成果转化的有效利用,需形成一定科研文化以框定科研活动方向与模式不动摇,主要要求职业院校有组织科研服务于生产实践与学生技能提升,通过科研解决的问题必须与现实需求紧密联系,并且要着眼于推动破解关键的产业技术、核心工艺与共性难点,重视有组织科研的经济与社会效益。[38]第四,制定保障性有组织科研治理契约。当前职业院校的科研边缘于主流学术话语体系,缺乏针对科研成果评价与问责机制,在有组织科研加持下,职业院校以科研共同体构建为契机,建立保障性有组织科研治理契约,促进科研成果利用落到实处,推动职业院校提升研究水平与成果利用率。

## 四、结论与展望

党的二十大报告创造性地提出了"科教融汇"概念,这是实施科教兴国战略、人才强国战略和创新驱动发展战略的重要基础，也是职业教育努力开辟新领域、新赛道，不断塑造新动能、新优势的突破口。随着大科学时代科研方式创新探索与知识生产模式转型，职业教育领域科研活动从"机械模仿式""单打独斗式""院校传统式"的禁锢开始走向"类型特色式""协同集群式""应用导向式"的科研架构。何种科研最具社会服务价值？人们开始更加关注科研的经济价值和社会应用属性，并不断强调社会问责与对话反思。[39]思考此类问题，使技术技能与社会生产的关联更加密切，技术创新逐渐成为生产实践得以跨越式发展的核心续航力。在技能形成体系演变进程中，职业院校的科研界限与功能不断改变，从而为新时代职业院校有组织科研的确立与发展提供了升级阶梯。

通过前文梳理，职业院校科研体现出其对不同技能形成体系的适应：在"低技能均衡"阶段，职业院校科研形成以行业为基本运用场域的特征，有组织科研整体呈现"内部消化"状态；"技能替代"的出现推进了职业院校进一步建设自身科研，形成面向社会需求、融入生产技术的科研生态系统，相应科研成果得到大范围开放与共享，有组织科研进入"分布扩散"状态；在"去技能化"阶段，各类新技术赋能职业院校的专业建设与人才培养工作，确立技能形成与技术创新的独特地位，使职业院校有组织科研嵌入社会与产业生产实践，并具象化出"技能引擎"这一新定位，职业院校产生"紧密型关系—复杂化特征—共生式表现"的有组织科研运行机制。在当前技能形成与技术高度创新的年代，职业院校必须加快转变有组织科研步伐，将自身打造成集"知识生产—技能形成—技术创新—人才培养—成果转化—社会服务"为一体的新型教学、育人以及科研组织。

**参考文献**

[1] Geiger R. L. Organized research units — Their role in the development of university research[J]. Journal of Higher Education，1990（01）：1 - 19.

[2][6] 陈劲.以新型举国体制优势强化国家战略科技力量[J].人民论坛，2022（23）：24 - 28.

[3] 张强.何以有组织：澳大利亚高校科研的外部治理机制[J].中国高教研究，2023（01）：57 - 63.

[4] 中国政府网.中共中央办公厅　国务院办公厅印发《关于推动现代职业教育高质量发展

的意见》[EB/OL].(2021－10－12)[2023－03－07].http：//www.gov.cn/zhengce/2021－10/12/content_5642120.htm.

[5] 新华社.中华人民共和国职业教育法[EB/OL].(2022－04－21)[2023－03－07].http://www.gov.cn/xinwen/2022-04/21/content_5686375.htm.

[7] 焦媛媛,李建华.主体异质性对产学研合作程度的影响及对策[J].社会科学战线,2017(03)：256－259.

[8] 郭铁成.中国制造2025：智能时代的国家战略[J].人民论坛·学术前沿,2015(19)：54－67.

[9] 徐国庆,王笙年.职业本科教育的性质及课程教学模式[J].教育研究,2022,43(07)：104－113.

[10] 王星.零工技能：劳动者"选择的自由"的关键[J].探索与争鸣,2020(07)：29－31.

[11] Michael D. M. University policies and their influence on the organized research unit and technology transfer[D]. The University of Michigan, 2000：153－154.

[12] [美] 约翰·S.布鲁贝克.高等教育哲学[M].杭州：浙江教育出版社,2002：120－124.

[13] 李强.大学理念再思考[J].北京大学教育评论,2005(02)：37－45.

[14] Rudy W. Universities of Europe 1100－1914：A history[M]. New Jersey：Fairleigh Dickinson University Press, 1984：32.

[15] Francks P., Morris-Suzuki T. The technological transformation of Japan：From the seventeenth to the twenty-first century[J]. The Economic History Review, 1996, 49(02)：419－420.

[16] [美] V.布什.科学——没有止境的前沿[M].范岱年,解道华,译.北京：商务印书馆,2004：63.

[17] UNESCO Institute for Statistics. International standard classification of education ISCED2011[M]. Paris：UNESCO Institute for Statistics, 2013：48－54.

[18] 杨磊,朱德全.职业本科教育的"中国模式"探索：基于德国、英国、日本实践经验的启示[J].中国电化教育,2022(08)：51－60.

[19] 徐国庆.中等职业教育的基础性转向：类型教育的视角[J].教育研究,2021,42(04)：118－127.

[20] 张社字,史宝金.增强职业教育适应性应避免的五大误区[J].职教论坛,2021,37(08)：6－13.

[21] 陆宇正,曾天山.协同共生：职业本科教育办学治理的逻辑生成与运行机制[J].国家教育行政学院学报,2022(11)：48－55.

[22] [美] 凯瑟琳·西伦.制度是如何演化的——德国、英国、美国和日本的技能政治经济学[M].上海：上海人民出版社,2010：4.

[23] Thelen K. How institutions evolve：The political economy of skills in Germany, Britain, the United States, and Japan[M]. Cambridge：Cambridge University Press, 2004.

[24] Edwards P., Sengupta S., Tsai C. J. Managing low-skill workers：A study of small UK food manufacturing firms isced 2011[J]. Human Resource Management Journal, 2010, 19(01)：40－58.

[25] 沈娟,王坤.我国职业教育"产教融合"政策执行进展、问题及对策研究[J].中国职业技术教育,2021(18)：55－64.

[26] [美] 哈里·布雷弗曼.劳动与垄断资本：二十世纪中劳动的退化[M].方生,朱基俊,吴

忆萱,等译.北京:商务印书馆,1978:23－28.

[27] Sigrid S. Red revolution, green revolution: Scientific farming in socialist China [M]. Chicago: The University of Chicago Press, 2016: 35.

[28][30] 陈柳,赵志群.职业教育人才培养的生态化转向——基于芬伯格技术整体论的视角 [J].清华大学教育研究,2022,43(04):132－139.

[29] 张平,蓝海林,黄文彦.技术整合中知识库的构建研究[J].科学学与科学技术管理,2004 (01):31－34.

[31] [加]安德鲁·芬伯格.技术批判理论[M].韩连庆,曹观法,译.北京:北京大学出版社, 2005:233－235＋125.

[32][38] 曾天山.职业本科教育发展之道[M].北京:北京理工大学出版社,2022:19－24, 316－320.

[33] 刘文清.构建利益驱动的校企合作运行机制研究[J].教育与职业,2012(05):10－12.

[34] Etzkowitz H. Entrepreneurial science in the academy: A case of the transformation of norms[J]. Social Problems, 1989, 36(01): 14－29.

[35] Powell J., Solga H. Internationalization of vocational and higher education systems: A comparative-institutional approach [R]. Berlin: Wissenschaftszentrum Berlin für Sozialforschung, 2008.

[36] 王星.技能形成、技能形成体制及其经济社会学的研究展望[J].学术月刊,2021,53 (07):132－143.

[37][39] 王雅静.高职教育应用型科研评价:理论与方法[J].江苏高教,2022(09): 109－115.

## 作者简介

陆宇正　天津大学教育学院博士研究生,研究方向为职业本科教育

姜蓓佳　华东师范大学职业教育与成人教育研究所博士后,管理学博士,研究方向为职业教育管理

## 电子邮箱

Luyuzheng1994@163.com

## Chapter 9

# 地方高校有组织科研大有可为*

王　迪　王秀秀　王　娟

**摘　要：** 地方高校为满足国家和区域科学研究、应用技术研发、人才培养做出了突出贡献，是我国科研工作的重要组成部分。面对产业界跨界融合等知识生产需求，有组织科研是地方高校推动科技创新体制建制化改革、服务国家和区域战略需求的必然要求。本文通过分析不同类型地方高校有组织科研的价值取向、特色发展及模式创新，说明地方高校有组织科研大有可为，并进一步提出优化科研评价体系、改革大学治理、强化特色发展、持续精准加强科研投入、完善法治化建设、重视营造大学文化等相关建议，以推进地方高校有组织科研向更高质量发展。

**关键词：** 地方高校；有组织科研；知识生产；科研评价

## 一、地方高校：有组织科研不可或缺的主体

新世纪前后，我国初步完成了中央和省级政府两级办学、分工负责，以地方管理为主的高等院校管理体制改革。中央所属高校（以下简称"部属高校"）办学历史普遍较长、师资力量雄厚、教学条件较好、学科特色鲜明、文化历史底蕴丰厚，是推进教育、人才和科技强国建设进程的引领和决定性力量。为数众多的省属高校（以下简称"地方高校"）注重应用型人

---

\* 本文系中国工程院战略研究与咨询重大项目"大变局下工程教育治理体系研究"（项目编号：2022－109－05）的阶段性成果。感谢中国工程院朱高峰院士、联合国教科文组织国际工程教育中心王孙禺秘书长、清华大学教育科学研究院乔伟峰副研究员、北京航空航天大学高等教育研究所雷庆教授、深圳职业技术学校许建领校长对本文的贡献。

才培养、服务地方经济特色发展，是推进强国建设进程的重要基石。

## 1. 有组织科研为地方高校发展提供了良好机遇

2022 年 8 月，教育部印发《关于加强高校有组织科研　推动高水平自立自强的若干意见》（以下简称《意见》），就"推动高校充分发挥新型举国体制优势，加强有组织科研，全面加强创新体系建设，着力提升自主创新能力，更高质量、更大贡献服务国家战略需求"作出部署。我国有两千多所不同层次和类型的高校，有组织科研是大变局和新形势下的"大势所趋"，是产业界知识生产需求倒逼高校做出答卷和变革的现实要求。《意见》部署并没有明确界定高校的范围和层次，发展基础较薄弱的部分地方高校认为有组织科研并不是自己的"事情"，产业界和政府管理学界也较多关注于综合性高校，在实践层面和具体落实上，认为"重大原创性、颠覆性、交叉学科创新项目"与地方高校关系不大，因此在后续资源配置上，又走上了"鼓励先进、漠视后进"的老路，更弱化了地方高校有组织科研发展，加剧了马太效应。但事实上并非如此，地方高校在推进有组织科研上将大有可为。2022 年 9 月，项目组①组织的一次群访座谈会上，中国工程院首任常务副院长朱高峰院士和教育部原副部长吴启迪教授结合国家教育宏观发展实际，认为"没有量大面广的地方高校普遍的面上提升和内涵发展，教育强国将不可能实现"。从科研角度看，无论是有组织科研还是自由探索科研，地方高校均要迎接国家未来科研发展的挑战，必须作出实际贡献（甚至重大贡献），才能成为教育强国队伍中坚强一环。

对地方高校来说，有组织科研为推动科技创新体制建制化改革提供了历史性机遇，为地方高校服务于科技强国和人才强国建设的历史进程提供了重要的突破口，地方高校在打造国家战略科技力量的过程中大有

---

① 项目组指：2022 年 4 月，中国工程院战略研究与咨询重大项目"大变局下工程教育治理体系研究"启动，该项目由天津大学金冬寒院士、上海交通大学林忠钦院士等牵头，46 位院士、国内外 300 多名专家参与。

可为,也必将顺势有为。本文试图基于现实观察、调研和高校科研工作实际,分析地方高校"地方性"的共同特点、特色发展的能力和潜力,在国家推动有组织科研的倡议下,探索如何抓住机会实现变革并逐步提升其服务地方经济社会能力。

## 2. 多层次、多类型地方高校是有组织科研的有生力量

随着社会经济发展,新技术革命的蓬勃兴起,来自产业界的知识产出需求越来越体现出综合性、复杂性、跨界和融合特性,综合实力强劲的中央部属研究型高校和特色发展鲜明的地方高校互相补充,共同服务于国家迫切需要的重大原始创新、基础理论和关键技术突破,共同服务于行业区域需要的创新引领发展、行业产业核心竞争力提升。与中央部属高校相比,地方高校在高校数量、专任教师、科研产出(合同数)等方面占据优势,是国家科研工作的重要组成部分。

从高校数量规模上看,截至 2023 年 3 月,全国 2 760 所普通高校(普通本科、职业本科、高职专科学校)中,中央部委直属高校 118 所,地方所属高校 2 642 所,占比超过 95.7%,地方高校主要以服务区域经济社会发展为目标,拥有数量众多的科研储备资源,为满足国家和区域科学研究、应用技术研发、人才培养做出了突出贡献。从高校科研人力资源上看,全国高校专任教师 193 万多人,其中地方所属高校专任教师超过 175 万人,占比超过 90%。从科研经费投入上看,根据 2020 年中国教育统计年鉴数据,中央部属高校的科研经费为 144.66 亿元,地方所属高校的科研经费为 112.65 亿元。[1]国家大学科技园区是我国科技体制改革创新的试验基地、科技人员创新创业的核心载体,截至 2022 年,国家大学科技园区 141 所,依托地方高校的国家大学科技园区共 59 所,占比 41.8%。从科研产出上看,2022 年,国家科技评估中心通过对 1 433 家高等院校的科技成果转化进展和成效研究分析,中央所属高校以转让、许可、作价投资和技术开发、咨询、服务方式转化科技成果的合同项数为 8.52 万项,占所有高校合同项数的 38.4%,合同金额为 498.8 亿元,占所有高校合同金额

的比重为60.3%。地方所属高校转化的合同项数为13.67万项，占整体情况比重为61.6%，合同金额为327.7亿元，占整体情况的比重为39.7%[2]（如图1）。

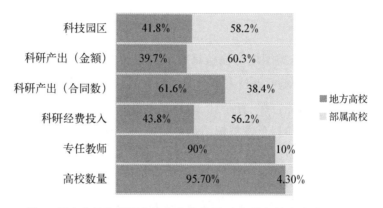

**图1　地方高校和部属高校在高校数量、专任教师等维度的占比图**

　　从区域角度看，以上海市为例。上海市普通高校约65所，其中市属地方高校占比86%。根据2021年上海高校科研进展年度报告数据，总的科技拨款金额为27.27亿元，地方高校金额为7.52亿元，占比约27.6%。高校科技论文总数为11.95万篇，地方高校有3.22万篇，占比26.9%；根据2021年上海高校专利报告数据，发明专利授权数7 404项，其中地方高校2 247项（占比30.3%）。根据2021年度上海高校技术合同认定登记数据，技术合同认定总数为8 474项，总金额为9.36亿元，地方高校技术合同为4 257项，占比50.2%；技术合同认定金额为3.63亿元，占比38.8%。可见，上海地方高校作为一支重要的科研力量，其科技研发活动为国家和长三角地区发展做出了显著的贡献。

## 二、地方高校推进有组织科研的实践探索

　　有组织科研在我国早已有之并取得了建设性成效，也将是中国未来高等教育的重要主题词。《意见》描述了高校推进有组织科研的四个方面

任务:[3]第一,瞄准重大前沿科学问题,实现重大原始创新的突破;第二,攻克若干基础理论和关键技术,将科技的命脉牢牢掌握在自己手中;第三,服务区域发展战略布局,建设人才中心和创新高地;第四,与行业产业紧密对接,深入推进产教融合、校企合作,提升行业产业核心竞争力。由此可见,从国家战略科技力量的建设到行业产业竞争力的提升,有组织科研在层次和结构上提出了需求,既有"大项目""大工程""大团队",也有"小平台""小手笔""小项目",既有"新型举国体制",也有"举校体制""举系体制"等多种方式,高校管理者和科研实践者不应受限于暂时的现实困难和发展困境,应放开视野和格局,不应错误地将地方高校的层次和结构与之进行对应。

## 1. 高校分类与有组织科研的有机统一

不管是在科学发展史上还是当前学术环境里,自由探索是一切科研创新活动的前提和基础,是学术研究"百花齐放"的必要条件。有组织科研现在和以后都不是地方高校科研工作的全部,有组织科研和自由探索式科研应互为补充。有组织科研现实改革和优化的路径是在不打破原有学院系科结构的基础上,主动迎接社会和产业界交叉融合知识生产需求的挑战,以有组织的方式开展跨专业、跨学科研究为主的活动,通常采取成立独立于传统院系结构之外的实验室、研究中心、研究所和大学研究院等科研组织来实现。在这个过程中,人的因素尤为重要,这是部属高校和地方高校区别比较明显的一个观测点。

高校分类评价为研究地方高校有组织科研提供了重要的参考系。地方高校有组织科研的前提条件是了解自己的身份定位,即是哪种类型的学校,特色发展是什么,现在处于什么位置,将来如何发展。高校分类评价把"立德树人"作为评价的根本标准,同时也结合了科研育人和服务社会等多重因素。以上海地区为例,2018年上海市委组织部、市教育卫生工作党委、市教育委员会等6部门联合印发《关于深入推进高校分类管理评价促进高等教育内涵式发展的指导意见》,构建了完备的高校分类管理评价制度体系，并对分类评价结果的运用提出了明确要求。上海将高校划分为学术研究型、应用研究型、应用技术型和应用技能型四种类型，推动高校实现从"一列纵队"向"四列纵队"发展。从科研功能上来分析，分类评价基于高校的发展实际、发展成效和特色优势，不同的分类类型，显示出其科研范畴和内涵的不同，也预示着其有组织科研的价值取向上的差异（见表1）。

表1　上海市高校分类及有组织科研价值取向

| 高校类型 | 有组织科研的价值取向 |
|---|---|
| 学术研究型 | 引导高校探究自然科学、哲学社会科学等学科交叉领域的重大问题，实现基础研究和原创性成果突破，提升高校整体科研实力和原始创新能力，并带动支撑相关学科快速发展 |
| 应用研究型 | 引导高校凝练学科发展方向，探索解决自然科学、哲学社会科学等学科领域的实践问题，实现关键共性技术、前沿引领技术、现代工程技术的重大突破，解决应用研究领域中的"卡脖子"问题 |
| 应用技术型 | 引导高校努力打造学科特色优势，注重特色领域的科技攻关，注重对接服务国家、区域经济社会发展的技术需求 |
| 应用技能型 | 引导高校以技术改革、技术服务和实践创新为研究方向，瞄准先进制造业、新兴产业和现代服务业等领域核心问题，注重产教融合 |

　　上海学术研究型高校占总数的21.0%，大部分为部属高校，主要以培养学术研究人才为目标，在有组织科研中主要的价值取向侧重于探索解决自然科学、哲学社会科学等学科交叉领域的重大问题，主攻基础研究，在引领原创成果重大突破中，不断提升整体科研实力和原始创新能力，带动支撑相关学科快速发展。

　　上海其他类型的高校均为地方高校，占比79.0%。其中：（1）上海应用研究型高校有10所，主要以培养应用研究与开发的人才为重点，在有组织科研中主要的价值取向侧重于不断凝练学科发展方向，探索解决自然科学、哲学社会科学等学科领域的实践问题，实现关键共性技术、前沿引领技术、现代工程技术的重大突破。如上海理工大学主攻先进制造产业和国防工业中的共性和关键技术，建立产学研合作长效机制，分阶段推进"太赫兹项目"，还发起成立了"国家增材制造创新中心上海航空创新中心""上海增材制造航空创新研究院"等有组织科研单位，为中国大飞机制造、上海科创中心建设作出了卓越贡献。（2）上海应用技术型高校有 17所，以培养专门知识和技术应用型人才为主，引导高校努力打造学科特色优势，注重对接服务国家、区域经济社会发展的技术需求，带动提升学校整体竞争力。以上海工程技术大学"高强激光智能加工装备关键技术产学研开发中心"为例，汇集了从事设计、制造、研究、开发和运行管理等方面的专业技术人才，形成优势学科交叉融合的有组织科研体系，共同致力于基于激光领域的材料表面高能束加工、材料成型与控制、电子封装等应用研究工作。（3）上海应用技能型高校有 22 所，以培养专科层次的操作性专业技能人才为目标，以技术改革、技术服务和技术创新为研究方向，瞄准先进制造业、战略性新兴产业和现代服务业等领域的现场问题和技术细节，紧盯产业企业发展急需的技术技能人才的培养问题，紧盯区域产业发展中的技术问题，为行业企业技术进步、区域经济社会发展做出贡献。如上海电子信息职业技术学院探索"大国航天工业特种装调和检测技术"的有组织科研团队等。

结合国家和地方战略需求和人才培养目标等关键因素，教育部出台的《普通高等学校本科教育教学审核评估实施方案（2021—2025 年）》将高校分为以学术型人才培养为主的高校、以应用型人才培养为主的高校，这对分析有组织科研的价值取向同样具有借鉴意义。前者侧重基础理论研究，引导探索自然科学、哲学社会科学等学科领域的前瞻性和创新性研究成果突破，提升基础性学科发展。后者侧重于解决社会发展中的实践问题、应用问题，实现关键技术、现代工程技术、颠覆性技术创新和应用。高校分类评价和有组织科研的价值取向与上海高校分类评价有异曲同工之处。

基于高校分类评价的稳定性，来自高校外部的有组织科研需求和主攻领域具有一定的稳定性，但其价值取向的层次和类型并非一成不变的。地方高校的特色发展打破了这种"阶层之间的固化"，特色化发展能够较易识别即将出现的前沿和尖端研究领域，并使之能力内在化，形成内生动力，成为特色领域的持续领导者，地方高校依然可以成为国家重大战略的核心力量。

### 2. 地方高校有组织科研的特色化探索

为全面深化教育综合改革，鼓励不同类型的地方高校办出水平和特色，地方高校应在尊重科研规律基础上，有效对接地方发展需求推进有组织科研，提升高校自身的学术水平并强化对行业企业的服务，让科研适应新发展格局，符合技术创新规律，密切服务区域经济社会发展、地方知识创新和科技成果转化，推动创新链与产业链深度融合，构建地方、高校、企业协同创新体系，不断实现应用研究的特色化。[4]

以上海地区为例。围绕上海"五个中心""四大品牌"①和长江三角洲区域一体化发展国家战略，上海高校始终坚持和强化特色发展，优化学校资源，集中精力进行重大需求攻关。如上海海事大学坚持强化海事特色，采取非对称赶超战略发挥自身优势，有组织科研为"海洋强国""交通强国""航运强国"助力护航；上海工程技术大学依托现代产业办学，"合作教育"是其长期坚持的办学特色，学校较早即成立"高等研究院"，在科研组织上服务于高端人才团队和学术带头人（principal investigator），"一事一办""特事特办"，成立了以侯惠民院士牵头的"药物智能制剂与智能制造研究中心"、以朱高峰院士牵头的"工程教育发展研究中心"等交叉融合科研机构，在生物医药、工程教育等方面"有组织"科研和攻关，一定程度上打破了院系和学科固化，使得交叉融合的科研需求得以顺利实施，在立德树人的同时服务了国家和地区战略发展；上海城建职业学院目前保持在

---

① 上海"五个中心"是指"国际经济中心、金融中心、贸易中心、航运中心、科技创新中心"，"四大品牌"是指"上海服务、上海制造、上海购物、上海文化"。

应用技能型高校的第一梯队,学院坚持"德技并修、育训结合",在培养高素质技术技能人才的同时,不同学院不同专业的教师和学生走进企业和车间现场,形成"会商制"的"现场工程师"科研团队,解决了近千项带有交叉融合知识领域的企业技术难题,推动了地方经济的高质量发展。

### 3. 地方高校有组织科研模式的创新

在相当长的一段时间内,我国大学科学研究能力集中于少数重点大学与优势学科领域之内,科学研究得到的研究成果仅止步于理论呈现阶段,并未进行进一步的实验成果转化与广泛应用,"科研与生产两张皮"一度成为难解的问题,对我国科技与经济发展并未起到突出的建设性作用。[5]同步发展的地方高校,其职能首先在于培养人才。随着社会经济进步与科技发展,地方高校科教共进、产学研发展的科学研究水平须进一步提升,而有组织科研为其发展提供了新的机遇。从实践层面来看,地方高校有组织科研主要可以归结为以下三种模式。

第一,高校需求驱动的实体组织模式。不管是自然科学领域还是人文社科领域,地方高校启动跨学科研究的需求在增加,以问题为导向、成立跨学科研究实体组织不断成熟与完善。知识生产和学科发展已步入多学科交叉融合的时代,单一学科的研究范式与思维模式难以实现前沿科技创新和解决复杂的重大科学问题。跨学科研究是典型的有组织科研模式,强调通过不同学科间密切的交叉与融合,产出重大、前沿科学突破。这种模式与地方高校的科层管理体制较为密切,带有明显的"领导重视"的痕迹,通常由校级和二级学院领导直接抓总牵头、督促管理和负责。先进的地方高校已进一步成立管理有组织科研的"实体",如高等研究院,统筹高端人才、高端团队、交叉复合研究型平台的管理和服务。

第二,个体需求驱动的虚体合作模式。科研人员出于个人研究主题或研究内容的需要,通过人际关系或其他平台,主动向其他学科科研人员寻求合作,以共同完成一项研究,在合作过程中共享学科知识、资源或研究方法,弥补自身研究条件或知识领域局限,实现互利互惠。个体需求驱动的跨学科科研合作属于传统自由探索形式的延伸，其以科研人员个人研究需求与兴趣为导向。笔者的一项调查显示，个体需求驱动的跨学科科研合作在不少地方高校都有案例，是教育强国过程中令人振奋、非常积极的力量，值得高校管理者重视。这种模式得益于学术带头人的家国情怀、不计个人得失、不懈的坚持和努力。

第三，工业资助的合约研究模式。科研资助机构越来越强调项目成员的学科异质性，以实现研究的整体性和综合性。[6]在科研项目联结的合作模式中，项目负责人和团队成员之间具有不同的学科背景，项目总负责人在整个项目的研究主题、成员、时间、预算、资源等方面有全面的规划，面向子课题负责人及其他成员进行研究任务分配与资源调度；其他团队成员以该项目总体目标为导向，以所在学科的知识、研究方法、技术、资源等作为支持而从事研究，成员之间也因此形成一定的联结与协作关系。

## 三、地方高校推进有组织科研的路径建议

与某些头部部属高校相比，跨学科研究院等方式的有组织科研在地方高校也呈现了点状发展，但尚未形成规模效应。地方高校有组织科研正面临复杂科学综合研究趋势和社会发展需求的双重挑战，这也驱动地方高校有组织科研通过深入研判地方经济社会发展状况和科技创新发展趋势，逐步探索建立有组织的科教融合、产教协同新模式。

### 1. 优化地方高校科研评价体系

改革开放以来，我国在借鉴欧洲大陆、英美等国家经验的基础上，结合中国经济社会发展的具体实践，逐步形成稳定的高等教育科技评价体系，对高校人才培养、社会服务和科学研究的发展起到重要的作用，但其弊端和不合时宜之处也逐渐显现。近十年来，针对项目评审、人才评价和机构评估的"三评"工作，唯职称、唯论文、唯学历、唯奖项、唯帽子的"五唯"改革，我国高校科技评价改革出台了多个文件，取得了一定的效果，但

评价体系具有系统性特点，牵一发而动全身。与部属高校相比，地方高校对科技评价的规范和导向性作用更具有依从性和体制惰性，面对体系重建过程和结果的不确定性，大学治理管理者基于预期可能落空的不安全感，通常的价值取向趋向于阻碍科技评价改革模式的创新。高校科技评价的导向性与有组织科研的要求目前存在一定的偏离，目标差距依然巨大，"改革还在半途"。[7]

整体上，科学教育范式与应用型科研需求是背离的。以地方工科为主高校为例，这类高校侧重于应用技术和产品研发的升级改造，工程师和应用研究者的主要工作在于验证科学的基础原理并用于工程实践，形成有市场价值、经济价值、环保价值和人文价值的产品。但这类工作和成果得不到高校科研评价体系的认可和重视，评价的整体重心依然在于科学基础原理的发现，以及在高水平的期刊上发布成果获得肯定，鲜有期刊会接收应用型研究的文章。

当前科研驱动力、科研组织模式、科学问题的复杂性均发生了改变，但在现行科研组织模式和科研评价体制之下，高校科研范式逐渐走入一种怪圈。"写本子""数论文""比引用量"之风日盛，地方高校也早已加入了这个群体，科学研究越来越同质化。在科研选题上，高校科研要有真发现，解决真问题，这应该不是难懂的道理。针对真问题，当前科研领域逐渐出现了"对房间里的大象视而不见，满墙角找老鼠抓"的现象。[8]社会需求在高校科研人才队伍中引不起共鸣，在传统的院系组织中得不到满足，传统知识生产体系固化难以撼动。相比部属高校，地方高校更容易跳脱"船大难掉头"的困境，在深入推进"破五唯"评价体系改革中更容易取得成效。

在笔者对全国工科教师的一项问卷调研中，对"2020 年，中共中央国务院印发《深化新时代教育评价改革总体方案》出台后，高校'破五唯'相关工作对教师发展和'有组织科研'的影响"的回答，认为"相较以前，毫无影响"的为 34.3%，认为"已开展相关工作，已形成可供借鉴和推广的经验"的为 7%，认为"已开展相关工作，有一定影响"的为 58.7%。科研评价体制改革的趋势正在松解这种捆绑效应和加固效应，为有组织科研保驾护航的协同、融合，避免科研虎头蛇尾等现象的科研评价体制应深入推进。

## 2. 推进大学治理向纵深发展

地方高校谁有能力进行有组织科研？在具体实践过程中，地方高校科层制管理体制为有组织科研模式带来异化，应深入推进大学治理体系改革，需要高校管理者服务意识转变和大学领导者领导力提升。

其一，完善科层管理。地方高校的科层管理体制曾经为治理理性、教育公平、标准规范、执行力等做出了贡献，但其弊端和僵化趋势越发明显。上海工程技术大学材料工程学院李军教授认为，高校越发严重的官僚体制，终会对教育事业造成"万马齐喑究可哀"的状况。在党委领导下的校长负责制之下的高校行政规范中，应注重激发基层的活力和自发开拓性工作进展，改变过度的官僚层级制管理，将学校发展不再局限于校长和书记两个人的"智慧"，而是各级行政权力协同支配科研项目的开展。

其二，规范党管人才。高校党管人才，需要组织部门密切关注高校科研工作，建立起科研团队与组织部门之间的定期沟通机制，避免"用的人"无能力，有能力的人"用不上"的窘境。同时，组织部门管理上应"补短板、锻长板"，建立目标导向，提升组织管理效率。此外，应致力于为有组织科研的带头人打造一个能满足预期目标要求的合适平台，并授权其带领不同学科和专业的研究团队，为其提供足够发展的空间。

其三，关注学科导向。基于学科导向的院系组织和基于问题导向的有组织科研需求之间存在矛盾。学科导向满足了科研人员自由探索的基因，科研人员之间很难进行合作，尽管科研人才基数大，但并未建成科研人才队伍，现实存在着科研人员"单打独斗"的弊端，应深化不同学科、不同专业的交叉融合，建立跨学科研究组织。

其四，加强顶层设计。地方高校应做好顶层设计，建立制度化的组织保障。如成立项目专家委员会，建立跨院系的决策协调机制，制定对应的科研业绩考核和评价办法，在聘任、晋升工作中对跨学科工作给予灵活性的评价，建立科学合理的利益分配机制，允许失败，表彰大胆的设想，通过资源分配、行政管理和学术评估等手段来引导、激励和约束,给予跨学科研究者人力资本产权相应的激励和贡献回报。学校管理层应增强自信心,用开放和服务心态进行大学治理。

### 3. 强化地方高校特色化发展

地方高校大多是地方政府从本地区经济建设的需求出发而建立的,为适应产业发展而产生和发展。地方高校学科专业设置也与地方国民经济建设结合紧密,涵盖了地方上绝大多数支柱产业,而且人才培养的层次、数量乃至就业去向都具有明显的地方色彩。尽管地方高校在很多方面与国内知名大学相比有明显的差距,但在为地方和区域经济建设服务上却有自己的鲜明特色和优势。[9]因此,办学特色是高校在长期办学过程中积淀下来的、为大家所公认的、独特的、稳定的、良好的生存和发展方式。[10]地方高校要坚持整体发展与局部突破相结合以及"有所为有所不为"的原则。[11]地方高校应坚守特色发展,逐步缩小与综合高校发展的差距。遗憾的是,对于量大面广的地方高校而言,特色发展整体上是不足的,主要原因是与产业的结合度不够紧密,政府、高校和企业缺少系统集成、系统布局、系统组织的政策机制,反过来也导致高校在竞争外部资源,吸引高质量人才方面缺少优势地位,马太效应逐步拉大。

地方高校重视特色发展,在科研项目组织上将有更多的主动权进行积极谋划、贴近科研工作重大需求,能尽快建立重大任务组织机制。在科研平台建设上,能够结合"自由探索"基因向定向培育转变,平台的培育布局更有针对性,较易取得实际成效。在团队建设上,特色发展较易稳步建设具有理论和应用研究的历史积累的特定专业人才,在科研中更易形成对国家发展有益的战略科学家、工科科技人才和创新团队。

### 4. 持续精准加强科研投入

经费是开展科学研究的必要前提。尽管各地地方政府均非常重视本地高校发展,但因历史积累、学科建设、人才聚集、配套保障等多种因素的影响,地方高校研发经费资助单一,千军万马过独木桥,来自企业的科研项目发包数较少,马太效应有逐步扩大的趋势。在经费的精准投入上,缩小部属院校和地方院校之间存在的这种背离效应,继续推进地方高水平大学项目和相关计划是源头活水。随着中国高等教育由大众化向普及化阶段发展,地方高校的招生规模仍在逐步增加中,高校科研型和科研教学并重型教师数量仍在上升,潜在的优质科研力量持续增加,但针对地方高校的经费投入并没有同步增长和结构性增长,科研条件滞后于预期。

应缩小马太效应,缩小部属院校和地方院校之间的差异,缩小地区发展差异,缩小普通高校与职业院校的差异。增加对地方高校的投入,增加对西部和边疆地区高校、新疆项目、西藏项目的支持力度。对比中央所属高校的科研项目数量和科研金额也可以发现,尽管近年来中央财政和地方财政加大了教育经费的投入,由于国家的扶强战略和地方政府财力的限制,地方工科院校获得的经费支持不足,这导致在师资队伍建设、学科建设等方面面临着一定的困难。有效促进地方工科院科研发展是更好地适应产业需求和实现自身内涵式发展的必然选择。

### 5. 完善法治化建设

从科研成果转化链条上观察,有组织科研必须重视科研产出的转化率和创新能力,必须重视学校和科研工作者的产权分割和收益。这两点同时也是我国科研工作中的老问题,特别是我国高校科研和生产环节分散在不同法人组织之间的状况,即多年来存在的"科研生产两张皮"现象,科研单位的成果"转化"到产业界的过程中,"科研环节"和"生产环节"这两个部分之间存在"死亡谷"（dead valley）。[12]因为知识产权分割不清晰和分配机制不合理,科研激励大打折扣,造成后继乏力的状况。高校加强与产业界联系的重要抓手即是教育界、产业界和社会推动的"校企合作、产教融合"工作,在法治建设上,我国技术转移和成果转化相关规章制度已经有了长足的进步,规范和激励了科研行为,如《促进科技成果转化法》

《促进科技成果转移转化行动方案》《国家技术转移体系建设方案》。从区域层面来看，以上海市为例，出台了《关于进一步深化科技体制机制改革增强科技创新中心策源能力的意见（上海科改 25 条）》等，但与期望达到的景象相比，与别国比较起来看，迫切需要大学与企业进行有组织科研的法律建设完善工作。

根据联合国世界知识产权组织（WIPO）发布的数据显示，2022 年我国通过《专利合作条约》（Patent Cooperation Treaty，简称 PCT）申请的国际专利超过 7 万件，连续第四年全球第一，但相比于欧美发达国家科技成果 40%左右的转化率（美国科研成果转化率迅速攀升至 80%），我国仅为 15%左右，从地方高校的科技成果整体转化比例来看，比例更低，不超过 2%[①]。

以美国的《拜杜法案》为例。1978 年颁布的《拜杜法案》被视为"过去半个世纪美国颁布的最鼓舞人心的立法"，改变了以前美国政府把所有的知识产权权益都牢牢地抓在自己手里的做法，对实际进行研发工作的人员进行了充分的激励。政府、高校和产业界"三元协同"创新生态链的深度参与者协同执行力度相当有限，只有共同推动创新战略孵化，才能真正突破科研和行业瓶颈，建立一条从基础研究、应用研究到成果转化再到产业化应用的标准化链条。

## 6. 重视营造大学文化

中国科研学者典型的普遍画像通常具有刻苦勤奋、知书达理、专注专业、爱憎分明、特立独行等特质，深受中国传统文化、大学文化建设的浸润和影响。中山大学原党委书记李延保教授认为，我国教育有着悠久的历史和深厚的人文底蕴，大学文化建设应守正创新，切实服务于高校人才培养、科学研究和社会服务工作，应围绕提升大学管理者的文化理念、提高大学教师的文化素养、建设好大学校园的文化氛围三个重要层面进行文

---

① 数据来源：上海第二工业大学，上海应用技术大学、上海电机学院科研处的调研。

化建设。[13]有组织科研作为一项高校系统性的学术活动和科研组织变革，构建积极向上、崇尚进步的大学文化将对其起到保驾护航的作用。

地方高校在有组织科研过程中应重视大学行政文化建设，提倡学校党政领导、机关服务人员"养成对遵守规则的自觉"，要求各级领导坚持"不说假话、不搞形式主义、决不整人"。君子"讷于言而敏于行"是中国传统知识分子普遍的特点，在目前国内高校科层管理体制之下，学校的科研工作者、教授和领域专家应与高校管理者有直接且顺畅的沟通渠道，不少地方高校每周均有校领导接待日，进行现场工作，直面问题、排忧解难，避免"门难进、脸难看、事难办"的现象。近年来，上海高校依托"高水平地方高校建设项目"，吸引和引进国内外不少人才进行有组织科研和攻关，应明确要求学校人事组织要为人才"用得上、留得住、用得好"努力，全力打造宽松和谐的科研环境。相较于建校历史较长的部属高校，地方高校历史负担较轻，为改革而进行"移动腾挪"的空间相对比较大、灵活性较强，对建设积极向上的科研环境较容易达成预期目标。改善普遍存在且不太能"上得了台面"的微观层面问题影响学校大局发展，整顿"不健康的举报风气"，扭转愿意做事的人因"风流灵巧招人怨"的局面，减少"嫉贤妒能"的存在空间、避免科研生态恶化，为"愿做事、能做事、干大事"人才提供平台，为有组织科研提供有力的心理支持和氛围保障。破除"成者王侯败者寇"的文化糟粕心态，从而建立有组织科研容错机制和体制，摆脱这种落后文化的心理障碍。

## 四、结语

中国式现代化建设过程中，强化增强战略科技力量，推进国家科技创新体系重组，为地方高校发展提供了重要的契机和多主体协同开展研究的机会。地方高校在面对当今科学研究的复杂系统、综合和交叉的知识生产需求的挑战下，必须勇于做出改变，需要用新的科研战略思维、新的科研范式和组织模式，实现学科模式向交叉融合模式的转变，形成高效推进有组织科研制度化的管理形态,抓住进一步发展的战略机遇,以真正实现科技研发体制变革。

## 参考文献

[1] 刘昌亚,李建聪,主编.中国教育统计年鉴[M].北京:中国统计出版社,2020:573.

[2] 中国科技评估与成果管理研究会,国家科技评估中心,中国科学技术信息研究所.中国科技成果转化年度报告 2021(高等院校与科研院所篇)[M].北京:科学技术文献出版社,2022:194 - 195.

[3] 雷朝滋.以"三个破解"加强高校有组织科研[J].瞭望,2022(47):3.

[4] 陈爱志.地方应用型高校加强有组织科研的路径探析[J].中国高等教育,2022(24):44 - 46.

[5] 史秋衡,季玟希.中华人民共和国成立 70 年来大学职能的演变与使命的升华[J].江苏高教,2019(06):1 - 7.

[6] 殷红春,闫小丽.美国研究型大学跨学科研究平台的构建机制——基于项目导向型组织理论[J].中国高校科技,2020(06):49 - 53.

[7] 徐芳,李晓轩.科技评价改革十年评述[J].中国科学院院刊,2022,37(05):603 - 612.

[8] 朱松纯.科研条件越来越好,为何颠覆性科学发现却越来越少?[N].中国科学报,2023 - 03 - 12.

[9] 汪建利,余承海.论地方工科院校的发展战略[J].长春工业大学学报(高教研究版),2007(01):65 - 67.

[10] 刘传铁.地方高校如何特色发展[N].光明日报,2015 - 08 - 18(13).

[11] 刘洪英,姚林.浅析当前地方工科院校的发展策略[J].教育与职业,2008(11):49 - 50.

[12] 朱高峰,王迪.让创新真正驱动经济发展[J].高等工程教育研究,2017(02):1 - 5.

[13] 李延保,龙莉,陈春声.文化素质教育与大学文化建设的探索与实践[J].中国大学教学,2010(04):5 - 7.

## 作者简介

王　迪　上海工程技术大学工程教育发展研究中心执行副主任,高级工程师,工学博士,研究方向为工程教育、教育经济与管理等

王秀秀　上海工程技术大学工程教育发展研究中心助理研究员

王　娟　上海工程技术大学高等教育研究所助理研究员

## 电子邮箱

wangdi2020@sues.edu.cn

# Chapter 10

# 高校推进有组织科研的国际经验及路径探索

单春艳　杨友露　曾慧玲　刘　凤

**摘　要：** 教育部印发《关于加强高校有组织科研　推动高水平自立自强的若干意见》，明确提出了推进高校有组织科研的"一强化、两加快、两提升、四推进"实施策略。如何有效地开展有组织科研成为学术界讨论的重要议题。在世界不同国家，高校的科学知识生产模式和技术创新规律是有共同性的。因此，借鉴和总结国外高校有组织科研的做法和经验，对于我国高校有效推进有组织科研进程大有裨益，可以为探索高校有组织科研在实践领域的多元路径提供思路。

**关键词：** 高等学校；有组织科研；国际经验；路径

当前，新一轮科技革命和产业变革加速推进，国际环境复杂多变，我国经济进入高质量发展阶段，迫切需要在科研范式上进行变革，加强跨部门、跨学科、跨学校甚至跨国性的集体攻坚。高校作为科学研究的主力军，在科技创新、学科交叉融合、人才集聚等方面具有先天优势。2022 年，教育部出台《关于加强高校有组织科研　推动高水平自立自强的若干意见》，就推动高校充分发挥新型举国体制优势，加强有组织科研作出战略部署，指出高校有组织科研是高校科技创新实现建制化、成体系服务国家和区域战略需求的重要形式。加强高校有组织科研对于推进中国式现代化进程，实现中国经济社会的持续发展意义重大。推进高校有组织科研是一项复杂工程，借鉴国际上有组织科研评估机制、科研经费管理机制、有组织的基础研究等方面较为成熟的治理经验，对于探索我国高校有组织科研发展路径无疑是非常重要的。

## 一、强化高校有组织科研的战略定位与现实选择

### 1. 服务国家和区域战略需求，打造国家战略科技力量

党的十八大以来，我国高等教育质量和发展水平大大提高，高校科研成果产出与经济社会发展需求、国家重大战略需求之间的衔接更加密切，在解决国家和地区经济社会发展重大课题中发挥了重要作用。高校科研优势的发挥对于提升地区综合实力产生重要影响。高校积极推进并强化有组织科研，瞄准国际高科技前沿和国家发展战略的重大需求，进一步发挥其在区域内人才资源、科技资源等方面的聚集与带动作用，进一步提升行业产业发展核心竞争力，积极推动产学研深度合作，通过协同创新推动重大问题的解决，将会促进不同区域内高水平科技的自立自强，加快世界重要人才中心和创新高地建设。我国区域经济社会发展的总体空间结构正在不断发生深刻性的变化，经济由高速持续增长向高质量持续发展加速转变，区域经济发展正在呈现以区域发展为主体核心，重点构建区域经济区的新发展格局，中心城市和区域城市群正在发展成为我国承载经济发展核心要素的主要经济空间结构形式。促进国家科研创新能力提升，以及平衡高等教育与地方经济双方共同利益需要加强城市之间的关系与合作，促进不同地区和城市的合理流动，建立强大的劳动力市场去搭配经济区与城市群战略发展。高校有组织科研与不同区域之间建立相应的各种制度能够更好地实现区域经济社会的协同发展。有组织的高校科研为经济区提供智力支持，形成创新集群。高校知识集群综合发展优势能够起到充分发挥"集聚溢出"综合效应，在知识技术创新、人才培养、服务产业等方面发挥能动性，成为促进经济区发展的动力源泉。此外，高校有组织科研为国家经济发展提供可持续的人力资源和智力支持，有助于形成科研集聚效应，提高规模经济效益，增加经济竞争力，使高素质人才和产业达到产学互动集中于优势区域，更好地为区域经济建设服务，更好地打造国家战略科技力量。

### 2. 为产业发展提供有力支撑，实现科技自立自强

科学技术体系和产业系统之间的联系是彼此相互支撑、互补的。科学技术体系通过生产升级获取技术优势，而产业系统则依靠技术的提高完成生产升级。科学技术体系和产业系统之间都是国家生产技术系统的重要主要部分，但是，科学技术体系与产业系统两者间缺少一个衔接媒介和衔接过程，需要把科研成果转变为支持生产升级的技能或产品，而承担着这种作用的领域也被称为高新技术领域。目前中国已经具备了很强的生产技术能力，具有了多项全球顶级的高新技术产品，并建立了世界上工业发展中最完整的产业化技术。而在世界科技产业高度整合的今天，高科技工业系统还需要深入建设，产品利用率也还亟待提高，随着未来中国工业发展水平逐步提高，如何形成强大的高科技工业系统将会是我国工业转型和经济增长的重心。高校有组织科研以产学研或政产研一体化发展的模式，可以实现高等教育对区域经济产业效能的提升，保障产业经济发展需要。而产业发展战略为科技的集聚提供了物质依托，两者之间的互动和发展将有助于促进整个经济和区域的经济、教育事业的高质量发展，提升经济和社会发展在全国范围内的核心地位和竞争能力。

### 3. 推动高校科研范式和组织模式变革，充分释放高校科技创新潜力

先进的科研组织模式能够有效整合和利用各种科研资源，激发科研主体的创新活力，提高科学技术研究的整体效益。高校科研范式和组织模式变革，在许多领域取得重大突破，使得许多生产模式转变成为可能，这很大程度上需要科研组织模式上的创新，如发展以市场导向的科技攻关、整合内外技术人才、跨行业跨部门的科研团队、采用"项目制"管理模式、集中精力突破难点等。高校有组织科研可以破除制度壁垒，组建跨部门、跨单位的科学研究队伍，达成资源共享、优势互补、高效协同，这既保证了科学自由活动的开展，又促进了整个科学研究水平的提高，实现内部协调机制流畅、资源共享便利，有助于科技创新质量效益的提升。一些相

应高校组织科研的体制可以助力科技创新群体的壮大，如高校组织科研的管理体制和研发体制改革都是推动高校科研组织与经济创新相适应的机制。从政策设计而言，政府部门根据经济发展实践优化高校科研组织布局，利用行政手段发挥当地科研的比较优势，从而能够促进优质的教育资源辐射更广区域，也进一步激发出高校更多的创新潜力。当前，我国经济仍处在转型升级的关键阶段，需要高新技术产业提高其在经济增长中的信息化水平和科学技术含量，减少高消耗资源的利用，使经济更好地实现可持续发展。我国在区域性层面上提供的高等教育资源数量是有限的，高等教育与区域经济协调发展需要从地方层面上推动高校间的联动和结构性改革，高校有组织的科研有助于打破地方性的区域管理壁垒，完善区域劳动力市场，促进地区各种专业技术人员的合理流动。科学的组织方式是一个全方位、多因素性的复杂体系，在科研中发挥着十分关键的统筹、管理功能。通过新型的科学组织方式，可以高效集成与运用各类科学资源，有效调动科学主体的研究积极性，提升科技研究的整体效益，以适应建设"大科学"的时代要求，有效地克服科学创造中人才缺失、机构运转不畅、质量不高等难题，使科学的发展引擎作用越来越强大。

## 二、国外高校推进有组织科研的制度体系与治理经验

当前，科学研究早已从早期自由探索式的、兴趣导向的、纯学理性的"小学科"，逐渐向以需求驱动、国家为主导的"大学科"拓展，科技创新俨然成为国际战略博弈的前沿阵地，必然要求强化国家主导作为重大科技创新组织者的作用。[1]国际上对有组织科研的理论与实践探索早已有迹可循。国际顶尖研究型大学在高水平有组织科研中担当主力军作用，有组织科研已经嵌入大学创新体系之中。以德国、英国、澳大利亚、新西兰、瑞士等发达国家为代表，其各自构建了鲜明的有组织科研范式，形成了相对成熟的制度体系和治理经验，对我国高校有组织科研具有典型的借鉴意义。

### 1. 构建完善的制度体系推进高校有组织科研

其一，科研方向和任务明确的高校分层分工体系。"有组织"内含一套明确的任务分工体系，聚焦在高校上则体现为专攻的科学研究方向以及为之服务的管理体制机制。目前，科技强国和主要大国都设有国家科研机构和国家实验室，与高水平研究型大学、科技领军企业共同构成国家战略科技力量，其主要机构基础研究分工明确。一是通过长期性支持基础研究领域的有组织科研。如美国基础研究型大学主要发挥学科面宽和人才培养优势，侧重基础学科和理论研究，联邦政府是美国基础性高校科研经费的主要贡献者，譬如佐治亚大学、密歇根理工大学等。二是实质性推进国家重点战略急需应用的有组织科研。美国创新型大学加强对国家战略重点急需领域的科研方向布局，以服务国家战略需求为牵引，结合学校科研优势与发展基础，主要负责研发包含生物工程与生物科学、电子与纳米技术、可持续发展等新兴前沿科技，加强有组织科研领域的师资配置，优化校内机构设置。譬如著名的加州大学系统、麻省理工学院、斯坦福大学等。三是高校、企业、科研机构协同分工推进有组织科研。德国形成了以高等院校、企业和独立科研机构共同构成的较为完善的研发体系，高校的科研工作以基础研究为主，着眼于学科发展新动向的跟踪研究；企业是科学研究的最大资助者，德国国内研发支出的 2/3 来自企业；[2]独立于政府的科研机构如赫尔姆霍茨国家研究中心联合会、马普学会等主要从事综合性、跨学科、战略性基础研究，为重点大科学工程类研究。正是这样分工明确、研究力量配置合理、高效运转的研发体系促进了德国科学技术和国民经济的快速发展。

其二，基于科研平台和学科交叉的跨学科科研组织。交叉性是基于学科交叉融合的现阶段国际研究发展趋势而言的，更是出于对大科学时代的全面开启的现实考量。科学问题和社会问题都日益纷繁复杂，单一的学科和领域、传统的科学研究模式和方法已经不适用于解决当前出现的各种复杂难题，在这个大背景中，能够更加系统化和综合化解决问题的跨学科研究日益发展壮大。[3]国际高校组织科研任务时，较多借助了跨学科、跨机构的力量联合,克服了单打独斗、资源分散的弊端。在欧美国家,跨国、跨机构、跨学科科研是常态。美国一直致力于协调多方科研机构对物联网技术展开研究实践,其中包括美国大型知名企业沃尔玛、软件巨头微软、硬件设备商英特尔以及著名大学加州大学伯克利分校等科研机构的紧密合作。2005 年,德国实施的"卓越计划"其目的在于专门支持跨学科研究的发展。2006 年秋哈佛大学法学院成立了专门从事与基因、健康和技术发展等相关法律问题的跨学科研究中心。美国教育政策研究联盟(CPRE)是由多个高水平平台构成的跨平台教育科研组织,不仅吸纳了多所高校参与,还与联邦教育部、各州教育委员会等建立合作关系,其项目内容涉及了美国和全球范围内较为广泛的不同教育研究主题。[4]

随着"大科学时代"的到来,跨学科的研究与教育在美国大学发展中占有优先地位,很多大学都将其列入大学发展战略规划中,跨学科研究组织是美国大学进行跨学科研究较有特色的制度体系,美国存在多种形式的跨学科研究组织,如"学院内嵌式"跨学科研究组织、"无学科边界式"跨学科大学等,[5]作为超越系和学院层次的研究组织形式,跨学科组织有效提高了高校资源利用率,对于资源优化整合具有重要意义。学科交叉是国际高校实现有组织科研成果转化、打破学科隔阂、优化资源配置、形成科研力量合力的高度凝练。

其三,重视形成科学而灵活的科研评估机制。从国际科研评估机制而言,科学而灵活的科研机制是监测和衡量科研成果的重要途径,更是为国家开展有组织科研反馈了科研质量和效益、科研战略、科研时间等多方位的信息。[6]国际上,堪称全球科研评估的典范的英国,尝试将研究成果的社会影响作为科学投入与产出的衡量指标,建构了"科研卓越框架2021"(Research Excellence Framework 2021,简称 REF2021)评估体系。REF2021 的提出将"科研影响力"这一指标设为独立的评估维度,[7]其评估结果直接和政府财政拨款挂钩,表明了英国对于科研成果转化以及科研社会效益的高度重视,凸显了有组织科研促进社会经济发展的强大动力作用。继英国后,瑞典、澳大利亚、美国等国也陆续开展或计划开展科研影响力评估。与REF不同，澳大利亚卓越科研（Excellence in Research for Australia，简称ERA）评估、社会互动与影响力（Engagement and Impact Assessment，简称EI）评价是以绩效为导向的又一科研评价机制范式。ERA致力于不同学科领域对科研成果学术质量的国家层面评估，EI既评估高校科研人员与科研用户的社会互动程度，还评估科研学术之外的影响力。从国际不同国家对于科研评估机制方法的高度重视，可以明晰，高校要想可行、有力地推进有组织科研必须将因地制宜、与国际接轨的科研评估机制视作管理范畴，并持续努力达到优化。

其四，发挥高校自主性的科研经费管理机制。从国际科研经费管理机制看，教育经费管理机制的改革始终是教育领域的重大现实课题。科学可行且富有效益性的高校科研教育经费投入与分配机制，是实现高质量有组织科研成果转化的现实保障。纵观全球，新西兰、澳大利亚、英国等在科研治理方面走在改革前列，形成了相对稳定与成熟的经费拨款体系。[8]值得借鉴的是科研绩效拨款机制（Performance-based Research Funding System，简称PRFS）。PRFS在新自由主义思潮与知识经济的影响之下，为满足高等教育时代发展和社会政治经济生产需要应运而生。其创新之处在于以大学科研之卓越性、影响力等表现的事后评估结果分拨科研经费，以提升经费使用效率与效益。PRFS现已在众多国家广泛采用，深刻把握PRFS前沿理论与实践经验，聚焦国外科研治理的政策设计与具体实践，或许能为我国科研拨款机制的改革提供镜鉴。德国形成了科研管理机构与科研执行机构共同发力的管理制度，其科技发展政策遵循"科学自由、科研自由，国家干预为辅，联邦分权管理"原则。

### 2. 国外高校有组织科研的治理经验

其一，以国家重大利益需求为导向。以国家战略需求为驱动，聚焦区域经济社会发展要点，发挥国家目标导向作用，这既是国际高校有组织科研的首要特征之一，也是我国高校探索有组织科研机制模型的第一步。一方面，随着政府职能的宏观化，相关利益主体日渐多元，科研不可避免地要兼顾到科学目标、现实可能、研究积累、国家利益、社会诉求等多种要素,这就要求高校的创新创研活动必须以国家战略需求和社会经济发展需求为目标;另一方面,科学研究作为一种建制化的社会活动,已经成为一种国家主权行为深嵌国家发展逻辑之中。

高校有组织科研所探索出的新知和技术对国家发展有深远影响,能够解决复杂的社会问题和维护国家的长远利益。而国际上,持续将"有组织的基础研究"作为任务布局和资源投入的重点。以"有组织的基础研究"为基本出发点,更好地发挥其"战略科技力量任务分工、牵引带动科学技术整体进步、统筹战略任务布局"的三方作用,构建起了高效协同的创新组织体系。如瑞士苏黎世联邦理工学院(简称 ETH Zürich)作为瑞士乃至全球的顶尖研究型大学,其政府尤为注重加强对 ETH Zürich 科研驱动作用,从国家目标出发,建立起服务国家战略的科研目标及资助制度。

其二,探索和创建多种形式的跨学科研究组织。在"大学科、教育战略化"的时代背景下,高校科研创新等社会服务、知识生产等路径和形式已经发生了转变,逐渐形成一种有相当规模、以国家发展战略导向有组织的新型科研模式。从有组织科研方向而言,基础研究是整个科学体系的源头。[9]科技发展的日益高端性和复杂性需要跨领域、跨层次、跨学科的交叉性知识。长期以来,我国高校在承担国家重大科研任务时一直存在学科根基亟待夯实的问题。我国大学的跨学科研究正处于探索阶段,我国院校管理体制上科层结构和知识的不断分化,使得学院之间、学科之间鸿沟一直存在,需要破除组织藩篱,创新跨学科研究的组织形态,从整体上统筹管理大学的跨学科研究活动,建立具有独立建制的跨学科研究中心或研究所成为自上而下推动跨学科发展的驱动力,各个学院应自下而上创设"矩阵式""学院内嵌式"跨学科研究组织。可以仿效美国加州大学建立有组织的研究单位(ORU),为跨学科研究提供基础设施、教学和研究上的支持,促进教师、专业研究人员以及博士后学者和科学家的多学科合作研究。[10]

其三,完善高校有组织科研的治理体系和保障机制。国外已经形成一个较为完善的、逻辑严密的高校科研内在治理体系。从微观而言，以EFR2021为典范的科研评估机制，构建起既注重量化绩效又强调同行专家评议、凸显社会影响力的多维反馈机制。以科研绩效拨款机制为代表的科研经费分配机制，进一步强化事后评估的科学性，优化高校的经费使用效益，调动高校科研积极性，为高校有组织科研提供可持续的保障机制。如澳大利亚构建了"科研拨款—科研评价—科研诚信—科研管理系统"四位一体的科研外部治理体系，对于营造良好学术生态环境，释放科研人员研究潜力，形成一个有组织的科研秩序和状态起到了重要的保障作用。日本竞争性科学研究资助体系（GASR）在其国家科技发展战略中发挥了重要作用，[11]其竞争性科研经费的配置主要通过跨部门的研发管理系统完成，其中涵盖了国家各领域部门，主要为科研决策部门、政府部门和拨款机构、研究机构包括高校提供研发方面的管理和服务，通过竞争性资金制度增加了研究资金的投入，为各级各类科研机构创设了公平的环境和平台。

其四，发挥高校有组织科研的市场协同效应。遵循市场供求和竞争规律是国外高校有组织科研的内在逻辑，市场逻辑强调交换价值，注重成本收益，对高校有组织科研有重大的影响。国外高校有组织科研的市场性实际上就是满足市场对知识密集型创新需求。市场对知识和技术创新的迫切需求影响大学科学研究的方式，在市场逻辑下，大学若想获得更多资源，要用有实用价值的创新知识和技术进行交换，这使得高效率、实用性强的科研组织模式逐渐成为主导。首先，国外高校加强与企业的协同合作，通过衍生产品将新思想转化为应用，以产业需求为牵引，通过平台搭建、人才输送、成果转化等实现供给侧与需求侧匹配、创新链与产业链对接。其次，通过分享知识、将研究成果转化为商品在学术界和企业间架起桥梁。如国际组织研究所（I2OR）是由印度政府中小微企业部注册，自2013年以来提供众多学术项目。I2OR还通过全印度技术教育委员会为实习生提供实习实践机会，由知名研究人员、科学家组成团队，开展专业会员资格、短期课程、研讨会、国家和国际奖励计划等活动，为研究人员、教育工作者和学术领袖提供合作交流的平台。最后,促进创新生态系统建设,例如孵化初创企业,设立先锋奖学金支持年轻研究人员从研究转型到创新创业,在专业支持、基础设施、与私营部门建立联系等方面提供帮助。

## 三、高校推进有组织科研的路径选择

### 1. 强化有组织科研的战略设计和制度支持,统筹高校优质资源形成合力

科学研究是建制化的社会活动,有普遍主义的运作特征。[12]社会发展依靠秩序维护,事物的变化需要制度的协调与指导才能有序驶向目标。大学自产生以来便不断受到外界的影响,其成长史亦是大学融入社会的过程,现如今高校的主要功能不只在于提供知识、培养人才,更在于解决经济社会发展难题,满足国家战略需求。纵观我国国家发展进程,制定系统集中的战略与制度是高效满足需求必不可少的一环。高校以其系统的科研创新能力向国家持续提供改革动能,因此,从高校服务国家战略的角度上看,体系化、制度化的科学研究是高效实现国家战略的必然要求,强化高校科研战略设计与制度支持,使科学研究从无组织走向有组织,从无序走向有序,不仅有利于高效集中高校资源,加速创新人才输出,而且对于提升创新体系效能,提高高校服务国家建设能力具有重要支撑作用。此外,社会环境的日益复杂迫使当下高校有组织科研的战略与制度设计受到多重主体的影响,对此应从考虑各方主体入手,厘清逻辑的同时统筹设计战略与制度,从而助推高校优质资源形成合力。

其一,保证高校科研的核心地位,使高校科研与技术创新的教育功能得以充分发挥。高校是有组织科研的主战地,是科研创新的稳定场所。有组织科研的核心目标在于加强创新体系建设,以更高质量服务国家发展,实现这一目标需要系统完善的组织体系来承接。站在高校的角度上,

应建立起高质量的高校科研体系，从组织管理、跨学科组织、经费配置、制度创新、平台搭建等方面进行完善，构建彼此融通的结构框架，为有组织科研提供可以成长的"沃土"，继而更高效地持续推动有组织科研向制度化转变。

其二，重视区域高校集群建设的制度设计，汇集高校优质资源共同推动有组织科研高质量发展。高校集群显著的资源集聚效应能够在较短时间内为高校有组织科研提供各类优质的人力、物力资源，因此，相关教育部门与省政府部门应进一步强化高校集群治理制度建设，围绕区域协调发展战略颁布相关制度优化高校布局，以高校集群带动产业集群、城市集群，充分调动区域资源共同推动有组织科研高质量发展。同时建立起高校联动制度，以及协调高校关系的调解仲裁制度等等。

其三，从有组织科研的内涵入手，完善有步骤、有规划的高校科研体系。有组织科研重点强调运行过程中的有组织性，对此应制定符合有组织科研运行规律的运行制度，特别是完善组织管理制度，以组织管理制度破除横亘在学科与学科之间、教师与学生之间以及学院与行政部门之间的制度障碍，使科研人员能够在宽松合理的科研环境中加速创新，筑牢高校有组织科研体系的根基。

## 2. 着力破解高校有组织科研面临的体制机制难题，激发有组织科研主体活力

建设高质量的社会主义现代化国家必须依靠创新，创新依靠高质量的高校科研。作为人才培养的发源地、科学研究的核心区、技术改革的主战场，高等院校因其相对完整的科研功能，正逐渐成为国家战略科技力量。高校有组织科研是有序实现科技创新，成体系服务国家高质量发展的关键手段。当前我国高校在推进有组织科研过程中普遍存在体制机制亟待优化的问题，高校的科研管理制度仍不能有效激发科研活力和科研潜能，针对这一问题，应深化对高校内部体制机制改革。基于高质量发展

的战略目标,高校应摒弃单打独斗的碎片化科研方式,坚持系统观念,跟随我国完善科技创新体系,健全新型举国体制的规划与愿景,破解高校科研的现实困难,以有组织科研厚植高校内涵式发展根基。

相比无组织、无规范的科学研究,有组织科研强调研究过程与形式的有序化,对于高校的体制机制改革需围绕"组织性"展开。高校有组织科研的体制机制改革需坚持国家需求和问题导向,以此为核心向外递进,从纵向和横向逐步破解体制机制难题。

从横向角度上看,应在把握"新工科、新医科、新农科、新文科"建设的基础之上调整高校学科布局,同时充分平衡现有条件与国家需求,明确自身拥有的学科优势,选择符合国家战略的学科并制定学科规划机制。具体而言,一是高校应树立治理思维,建立起高效有序的组织管理体系,改进高校行政制度,进一步加强高校在科研经费管理、项目管理、课题管理等方面的制度化,保证高校有组织科研得以在开放宽松的环境下逐步推进,走向治理体系与治理能力现代化的高校治理道路;二是建立适当的激励机制是激发科研人员持续输出科研成果,最大化激发创新动力的关键手段。完善激励机制,一方面需要改革科研评价制度,"唯论文""唯帽子"的评价不能够完全体现科研人员的实际水平,应打破单一的科研评价制度,树立"破五唯""立新标"的多维度评价理念,以带动科研队伍的创新欲望和积极性;另一方面,应进一步解放科研限制,在"放管服"改革的要求下适当赋予科研人员更大的学术自主权和管理权,激励队伍科研创新活力。

从纵向角度上则应深入厘清体制机制之间的相互关系,层层分解,重点推进,提高统筹和协调能力,进而理顺彼此逻辑关系,有效率地逐步破解体制机制难题,盘活有组织科研活力。

### 3. 促进科教融合、产教协同,培育高质量创新人才

科技创新是推动国家高质量发展的关键驱动力,高质量创新人才是高校实现有组织科研的储备力量。高质量创新人才具有的科研与创新能

力将高效地推动成果转移，并在这一过程中优化与创新高校有组织科研，推动高校科研向组织化、有序化、制度化方向发展。因此，推进高校有组织科研需拓宽高质量创新人才的培养渠道，以人才拉动科研，以高质量人才实现有序科研。高质量创新人才的培养与高等教育密不可分，同时也与产业实际紧密耦合。在当前高质量发展阶段下，社会发展对高等教育人才培养的需求越来越高，不仅要求高等教育要与科研相结合，培养出具有研究能力的科研型创新人才，同时也要求高等教育要跟上产业发展的步伐，培养出能够直接投入生产的应用型创新人才，通过这些人才的贡献推动创新，从而实现社会发展。因此，实现高校有组织科研需加强对高质量创新人才的培养，而人才培养需通过推动科教融合、产教协同来实现，同时，产业、科研与教育的协同融合过程也是高校强化有组织科研能力的过程。科教融合培养模式符合创新人才发展的内在特质。[13]近年来，相关政策诸如 2020 年《关于加快新时代研究生教育改革发展的意见》等都持续强调深化科教融合对于人才培养的重要性。

据此，从高等教育的视角出发，一是高校需以科教融合为抓手来提升有组织科研能力，通过高质量的科教融合，构建"科教融合助力高校有组织科研"链条，实施科教培养方案一体化设计，加大对科研经费与大型仪器设备的投入，打造能够承接国家项目、国家课题的平台，同时完善科研与教学在评价、监督和管理等方面的体系，在促进两者相互衔接的同时使高校教师与学生都能在教学与科研的过程中相互成就，实现以输出创新人才提高高校有组织科研效率的目标。

二是以产教融合促成高校、企业与政府相互合作，使高校的人才培养模式契合当前社会对多主体共同培养复合型、创新型人才的需求。2019年《关于深化产教融合的若干意见》以及此后的一系列相关文件都提出高等院校要加强与区域企业和政府之间的联系，实施有针对性的人才培养。与科教融合相同，高校有组织科研同样需要产业与教育深度融合。高等教育与社会各界相互衔接，将教学投入到现实产业中，这也是扩宽高校有组织科研的另一种渠道，即吸引高校外的社会力量聚焦人才培养，加固有组织科研的专业性。因此,从经济产业的视角出发,高校应加强与企业、政府之间的合作,改变科研主体单一的现状,通过多主体协同参与破除合作壁垒,集中多方主体资源并优化配置,使全体参与人员都能从中受益;搭建产学研用合作机制,加速各类资源充分涌流,提高科研效率,降低科研成本,推动有组织科研向制度化方向发展。

## 4. 充分发挥不同类型高校学科优势,夯实有组织科研科技创新根基

作为高等院校人才培养的基本组织框架,学科是保证高校实现持续科学研究与技术创新的基础。一方面,对高等院校而言,学科代表着高校的学术基础,体现着高校的外在特色,其专业化建设与制度化发展,与高校在人才培养、科学研究等方面紧密相连;[14]另一方面,对国家发展而言,我国高等院校与产业以及城市发展密不可分,高校的融入使得其为社会服务的功能不断强化,既为社会输送出合格的专业人才,同时也提供了与时俱进的科学技术,而这些成果很大程度归功于高校的学科建设。因此,改善高校学科建设,加强学科建设的专业化和特色化,以学科建设提升人才质量与技术创新,这对提升高校人才培养质量和科研能力具有重要意义。

从 2015 年《统筹推进世界一流大学和一流学科建设总体方案》以及《关于引导部分地方普通本科高校向应用型转变的指导意见》到 2022 年《关于深入推进世界一流大学和一流学科建设的若干意见》,重点强调学科转型与学科建设对于当前国家走高质量发展道路的重要性,当前,我国高校数量庞大,各高校学科分布较为同质,资源的有限使得各高校在科学研究方面存在经费投入不足的问题。针对这一现象,一是加强资源整合,发展优势特色学科应成为高校实现有组织科研的解决路径之一。不同类型高校需在已有的学术倾向上,从分析自身定位出发,进一步发挥传统学科优势,重点围绕优势学科加大科研与经费投入,以提升高校优势学科的

整体实力和创新能力。在这一过程中，由高校给予资源倾注的优势学科，其在科研模式、培养方案等方面的完善和发展推动该学科内部的科研能力，也为高校全体学科实现有组织科研提供创新借鉴，进而实现推动高校有组织科研的目标。

二是高校在学科建设方面要适应国家发展战略的调整以及产业需求的变化，促进学科之间的交叉融合发展。"要用好学科交叉融合的'催化剂'，高校要打破学科专业壁垒，调整现有学科专业体系，瞄准科技前沿和关键领域，推进新工科、新医科、新农科、新文科学科建设，加快培养紧缺人才。"[15]学科的不断集聚、交叉促使新的学科不断出现，新兴学科的出现正逐渐成为高校新的学科优势。这类学科的出现意味着新的学科框架有待搭建、新的科研队伍有待组建，即这些学科交叉融通的过程中将会进一步创新和提升高校有组织科研的能力。因此，各高校应在国家"四新"建设的基础之上，将组建交叉学科视为高校实现有组织科研的助推力。通过科研力量的集聚和跨学科机构的联合形成科研合力，在培育新兴交叉学科的过程中逐步提高与创新高校有组织科研的能力，而高校有组织的科研使得其在学科建设上不断提高效率，使得高校的学科优势得以发挥，推动"有组织科研—学科优势形成—更高效的有组织科研"有效循环。

**参考文献**

［1］万劲波,张凤,潘教峰.开展"有组织的基础研究"：任务布局与战略科技力量[J].中国科学院刊,2021,36(12)：1404－1412.

［2］于雯杰.德国财政制度[M].北京：中国财富出版社,2019：107.

［3］季小天,赵文华.高校科研创新团队建设：国外研究进展与启示[J].研究生教育研究,2021(05)：76－83.

［4］田贤鹏,程苗苗.协同合作与多元互动：大规模教育科研的组织特征——基于美国教育政策研究联盟的案例考察[J].世界教育信息,2022(05)：31.

［5］焦磊,谢安邦.美国研究型大学跨学科学术组织的建制基础及样态创新[J].中国高教研究,2019(01)：60.

［6］潘玉腾.高校实施有组织科研的问题解构与路径建构[J].中国高等教育,2022(Z3)：12－14.

［7］王梅,颜红丽.英国高校科研影响力评估的改革与启示——基于REF2021的分析[J].外国教育研究,2021(07)：58－72.

[8] 张强,周志刚.有限绩效与多维评价:国外科研绩效拨款机制及其实践——以英国、澳大利亚、新西兰为例[J].外国教育研究,2022(06):111-128.

[9] 习近平.在中国科学院第十九次院士大会、中国工程院第十四次院士大会上的讲话[N].人民日报,2018-05-29(02).

[10] Geiger R. I. Organized research units — Their role in the development of university research[J]. Journal of Higher Education, 1990, 61(01):1-19.

[11] Yamashita Yasunori, Giang Hoang Ngan, Oyama Tatsuo. Investigating the Performance of Japan's Competitive Grant Grants-in-Aid for Scientific Research System[J]. International Journal of Higher Education,2018(05):167-184.

[12] 张新培.瑞士高校有组织科研的复杂面向及其机制响应——基于苏黎世联邦理工学院的案例分析[J].国家教育行政学院学报,2022(12):40-48.

[13] 向小薇,周建中.科教融合培养创新人才的实践、问题与建议[J].中国教育学刊,2022(10):1-6+54.

[14] 饶武元,陈林."双一流"建设背景下大学治理与学科建设的关系探讨[J].中国高校科技,2022(11):35-41.

[15] 充分发挥基础性战略性支撑作用.[EB/OL].[2022-10-18].http://www.moe.gov.cn/jyb_xwfb/xw_zt/moe_357/jjyzt_2022/2022_zt17/mtbd/202210/t20221019_670660.html.

## 作者简介

单春艳　辽宁大学高等教育研究所副研究员,教育学博士,硕士生导师,主要从事高等教育管理、比较高等教育研究

杨友露　辽宁大学高等教育研究所硕士研究生

曾慧玲　辽宁大学高等教育研究所硕士研究生

刘　凤　牡丹江市西安区市场监督管理局科员

## 电子邮箱

shanchunyan2002@163.com

# Chapter 11

## 从无科研向强化有组织科研转型
### ——我国高校与科研关系变迁的回顾、审思与前瞻 *

徐国兴

**摘　要：** 有组织科研是第二次世界大战以来世界顶级研究型大学的内部组织标配，并在世纪交接之际迅猛发展，成为发达国家科创体系的重要组成部分。近四十年来，在经济和高等教育均高速发展的背景下，我国高校科研从近乎无而向有组织科研相对发达转型。该转型虽过程较曲折，但整体较成功。发展新格局客观要求今后高校有组织科研进一步发展。教育部出台政策恰逢其时。立足当前基础，虚心借鉴不失为有效策略。国际经验表明，加强有组织科研首先需要明确其核心主体和基本路径，其关键是激发基层创新型科研者投入有组织科研的内在动机。

**关键词：** 研究型大学；教学；科研；有组织科研

## 一、问题提出

2022 年 8 月 29 日，教育部印发《关于加强高校有组织科研　推动高水平自立自强的若干意见》的通知。[1]其核心是"加强高校有组织科研"。此政策一出即引来众多高校学者的多重担心。其中最主要的担心是，"有组织科研"可能与科研创新内在的"个性化""小手笔"和"无计划"相冲突。[2]鉴于曾经的教训，此担心似不无道理。但若系统回望世界高等教育发展就会发现，在发达国家历史上，有组织科研恰是高校学者得以自主科

---

　　* 本文系教育部人文社会科学研究规划基金项目"拔尖本科生培养体系优化策略的理论与实证研究"（项目编号：22YJA880067）的阶段性成果。

研的物质保障。故为厘清政策的真正内涵与寻找有效实施机制,相关理论探索尤为必要。

为使分析简洁明了,首先界定"高校"与"科研"。

"高校"指研究型大学。传统上,大学即高校,是单纯知识传递场所。随着高等教育系统扩张与组织分化,近代才逐渐形成大学与非大学之别,并统称"高校"。科研进入高等教育系统后,大学变为科研专门场所。[3]大众化后,大学与科研深度融合,逐渐产生研究型大学与非研究型大学的差异。20世纪末研究型大学分化,顶级研究型大学演化为以科研为核心。

"科研"指高深知识创新活动。[4]专门化科研出现仅300年左右,最早出现在17—18世纪法国国家科学院,成于18世纪末19世纪初拿破仑的全方位制度建设。[5]其时专门化科研尚与大学无任何实质关联。科研与大学联系不过200年光景。最初出现在19世纪初少数德国大学中。二者规模性联系出现在19世纪末20世纪初美国,成功联姻于第二次世界大战军事技术开发,政策层面的有组织科研源于苏联卫星上天刺激,在20世纪末21世纪初大放异彩。[6]

在200年大学科研发展中,与整体组织发展相类并相辅,大学科研的组织形态不断演化。有组织科研仅为其中形式之一。科研核心化导致其与传统教学组织的矛盾激化。如何协调统筹就成为大学运营的重要方面。随着科研和高校均不断复杂化,通过各种要素合理配置以追求效率就成为大学运营的首要事项。作为基层学术组织的适应性反应,有组织科研逐渐兴盛。原有的科研与教学矛盾的焦点转向并分化为二,即有组织科研与教学以及有组织科研与传统科研的矛盾。当然,传统科研与传统教学的矛盾仍在但被掩盖了。

科研是高深知识创新。科研的成果与功能神奇地赋予大学以现代民族国家核心机构的高等级地位:无现代科研即无现代大学。与此相对,科研只有在持续、广泛并深度进入大学后,其成果才逐渐被科研者积数代之力,合理归纳、准确提炼,发展出结构体系严谨的科学,具有了跨时空的广泛传播和世代传承的可能性。大学科研者群体不懈努力才成功塑造了现代科学体系的金刚不坏之身，释放并扩大其功能，使之具有永恒性和普世性，为世界各国不同阶层广泛接受。无现代大学即无现代科研。总之，大学与科研互为表里、休戚与共，知识经济时代更是如此。

不过，主要国家各具不同文化传统与复杂国情。为此，全面把握"高校有组织科研"概念和准确理解"强化高校有组织科研"政策需要置于我国文化与历史脉络之中。本文高校指研究型大学，尤以顶级研究型大学为核心，其数量可能比新版"双一流"高校还要少得多。但是，这并非否认科研是所有高校的功能，而仅是出于简化分析需要。科研不再局限于高深知识创新，而是我国学术界普遍认识的科研，其领域按习惯暂限定在自然科学里。

下面分三部分进行阐述。首先，回顾我国高校与科研关系变迁，回顾聚焦时间为改革开放以来。其次，通过国际比较设定分析框架，并以此为参照系，在上述回顾基础上归纳我国高校科研体系与有组织科研的基本特征。最后，从当前特征与发展基础出发，充分考虑各种环境因素的影响，展望我国高校强化有组织科研以及科研组织转型的可能趋势与愿景。

## 二、我国高校与科研关系变迁的回顾

高校是科研活动的组织形式，两者关系取决于诸多因素。首要因素是科研活动性质。其中，复杂性与组织性最重要。复杂性为规模的函数，规模指科研活动的类型、数量、范围及不同类型间关系，规模越大活动越复杂。复杂性有简单与复杂两个极端维度，组织性有自组织和他组织两个极端维度。核心有个体和集体之分，集体又有小团队与大机构之别。自组织科研相对无序，当然无序中自有其序。[7]他组织科研具有目的性和计划性。他组织即有组织，有组织实际充满无序。[8]"他"相对于传统基层学术组织。极端之间并非泾渭分明，而是程度之别。现实可能既非一端也非正中。由此可把高校科研分为四种类型：简单/自组织、简单/有组织、复杂/自组织、复杂/有组织。复杂/自组织实际几乎不存在。据此对高校科研发展分类，在此之前肯定还存在无科研时期。我国高校科研四十多年发展也印证了这一点。

### 1. 科研从无到有: 高校科研体系艰难重建

从无到有是质变，指改革开放以后至 1990 年左右，具体分为前后两段。

在前期，我国高校科研力争恢复到"文化大革命"前的状态。尽管 1949 年前高等教育源头多样，但此后模仿苏联彻底改造，自然科学领域更是如此。苏联主要学习法国，另设与大学平行的科学院系统和行业技术学院。[9]尽管后来苏联根据国情多有微调，但底层仍呈法式特色。如下所述，法式科研置于大学之外。不过，随着国际交流增加，我国也适当参考美、日、德、法、英，尤其是日、美改造传统。借鉴顺序是先日后美。

当然，无科研仅从制度定位和整体功能而言，只要高校存在，教师必然会自发科研。这是高校生命力所在。但由于资源欠佳，自主科研数量极少，创新成色欠缺，对教育影响较小。

尽管此时高校缺乏科研，但并非国家无科研。科学院系统发达，从事基础研究。另有部委属研究所和行业学院，从事行业对应开发研究。成果整体较零碎，大多数放至当时国际上也算不上前沿，但意义非凡，尤其是开发研究对相应行业生产技术提升影响巨大。

后期有两个关键。第一，国家重大研发计划启动，如"国家高技术研究发展计划"（简称"863"计划）。[10]上万名科学家协同合作攻关。相当部分参加人员来自高校。高校相应设立一批中心和实验室。这表明高校有组织科研萌芽。第二，国家自然科学基金设立。这标志着自组织科研国家支持制度确立。

总之，与其他发达国家有所不同，我国高校的科研与教学、自组织科研与有组织科研几乎同步确立。这是"后发追赶型"国家特征在高等教育与高校科研上的具体体现。

### 2. 自组织科研成熟：建设研究型高校的理想追求

这一时期约为 20 世纪末的十年，大致分为前后两期。

前期无甚亮点可言，故可归于上期的同质增量自然延续。因各种限制存在，高等教育体系及科研均扩张缓慢。但海湾战争改变了发展进程。其结果让我国更关注美国科技。当时美国把主要科研基地置于高校，因此我国也高度关注高校，不过未形成具体发展规划。

后期可圈点之处甚多。国家"211 工程"和"985 工程"都是亮点。[11]在"211 工程"和"985 工程"建设财政拨款中，政府并未明确大部分资金的具体用途。实际上各校均拿出相当部分用于资助科研，自主科研规模明显增长，曾经收紧的管理制度逐渐放开。国际学术交流变得相对容易，国外学术进展很容易影响国内。学术职业本性使然，教师越来越积极主动地投身科研。不过，即使国家资助逐渐增长，大部分高校财政整体仍是捉襟见肘。科研被高校管理者作为创收而非投资，能够获得基金项目的不多。然而，教师从事科研的氛围形成，自主科研意识确立。

作为经济与政治政策的组成部分，政府进一步强化引导科技发展的宏观手段，重大研发计划规模越来越大。由高校主持或参与的此类项目相应增多，这不仅使有组织科研规模扩大，也非常有利于自主科研开展，尤其在整体经费管理制度相对宽松的时代环境之中。

这一阶段属于自组织科研活动的黄金时代，与德、美高校科研发展初期相类。

### 3. 个体科研组织化：高校科研体制从形似而至神似

这一时期为 21 世纪初的第一个十年，大致也可分为前后两期。

在前期，国家延续上期政策，扩大基础投资规模。这为高校发展打下坚实基础，使机构获得实质发展。后期重在功能完善，并促使各高校充分发挥积极主动性。

在后期，来自政府、高校自筹和横向合作的科研经费大量增加。自主科研规模增大,国际学术交流和论文发表机会增多,高水平成果大量涌现。这些均是其成熟标志。但与上期相比,科研规模巨型化使管理层不得不加强管控,量化评估增加,学术与行政矛盾凸显。[12]除去绩效明显提升外,研究者未必有多少成就与归属感。自主科研组织化同时逐渐非个体化,但这并不是我国独有。突出问题与显著成绩并存也意味着我国开始与世界并肩。

在经济高速增长背景下,国家科学规模进一步扩大。相应地,高校有组织科研增加。从资金规模上看,有些高校有组织科研已经超过或接近自主科研。但与上期有所不同,政府开始强调基础研究。[13]但基础并不是纯理论,而是由应用引发的基础研究。在任何国家,政府均很难大量资助纯粹基础科研。[14]我国有组织科研发展也与国际趋势一致。

### 4. 有组织科研蓬勃发展: 走向世界一流之路

这一阶段为 21 世纪的第二个十年,大致也可分为前后两期。

前期仍是上期延续。后期有很多关键事件: 国家"世界一流大学建设高校"和"世界一流学科建设高校"(简称"双一流")政策出台,一流被界定为学科一流,实质是科研一流;[15]交叉学科被定为学科门类;[16]原创被提至前所未有高度。[17]

自主科研水平提升显著。仅就论文发表相关指标来看,我国高校已经超越美国,毫无疑问进入世界一流方阵。[18]其背后是中央政府各级各类研究基金的大力支持。

重大研发计划蓬勃发展。高校有组织科研大量增加。政府强调从 0 到 1 的原创和基础研究,事前不设目的或目标的资金增多,这与上期明显不同。来自慈善家和工商界的捐赠资金增多。有些资助支持自由选题,这意味着重视基础科研与原创渐成社会共识。

资金相对充足,组织比较完备,成果大量涌现,整体逼近世界一流。但对于高校的批评越来越多。主要如下:过于专注科研而相对忽视教学尤其本科教学;[19]科研相对缺乏原创,低质重复较多;[20]科研过于强调应用而相对忽视理论探索。[21]其实质均针对有组织科研。但这些批评也可解读为，社会期望高校有组织科研做得更好。教育部政策正是针对此情况的官方反应。

## 三、比较视域下高校科研体系转型和有组织科研定位审思

孤立观察很难清晰归纳我国高校科研特征，准确定位有组织科研。为此，本文将观察置于比较之中。基本思路如下：设定维度，归纳国际模式，分维度中外比较。

### 1. 比较分析的基本维度

分析作为科研组织的高校宜采取系统视角，同时聚焦结构、功能与发展。

结构分析有如下五个类别：传统基层学术组织；有组织科研组织及其与传统基层学术组织关系；传统基层学术组织、有组织科研组织与高校关系；高校科研与国家科研关系；高校组织（尤其是有组织科研组织）与政府（尤其是中央政府）关系。其中，最后一项是核心。

分析需要区分形式与功能，侧重功能。有些国家在形式上高度分权，但功能上高度集权，如英国。分析必须持发展观。世界高校历经传统、近现代、第二次世界大战后至20世纪末（以1975年为界可分两段）和21世纪。分析以20世纪末21世纪初及其后转型为主，必要时兼及之前关键节点。

### 2. 国际主要模式特征比较

仅限发达国家很难简单归纳共性，仅限高校与科研关系迄今为止也议论纷纭。美国学者克拉克（Burton R. Clark）依据科教关系析出五类：研究所型、研究院型、学院型、研究生院型和应用型，代表国家为德、法、

英、美、日。[22]加拿大学者范德格拉夫(John H. Van de Graaff)则依据权力关系研究七国,增加瑞典与意大利。[23]但研究者认为意大利接近法国,瑞典接近英国。[24]故本文仍取五分类。苏联、我国均与法国类似。

高校有组织科研与国家权力密切相关。从功能上看,近年来所有国家均显出强化中央集权(科研财政的集中与选择)与高度放权(科研实施的自主与竞争)结合趋势。功能集权国家是英、法,分权国家是德、美、日。法国是典型集权,高校历来为政府所有,世纪交接之际虽有变化但根本依旧。英国本来高度分权,高校私立或为地方政府所有。但第二次世界大战后大学拨款委员会及改革后的类似机构通过拨款使所有高校功能国有化。21世纪又逐渐分权。德、美两国是两级政府分权。高校归地方政府财政支持与管辖,呈高度分权。日本政府高度分权,但主要高校为国立,故其科研制度上集权。不过,该集权止于形式。中央政府拨款但不控制,故功能自治。权力体制与高校有组织科研发展密切相关,集权国家权力可层层下传至基层,分权制则不存在此路径。因此,一方面,政府高层如欲改革,必与基层构建真实联系;另一方面,高层意图需要基层主动响应。校内传统基层是既得利益者,不可能积极响应。非传统科研者反之。这是有组织科研发生的社会机制。非传统科研者的动机与能力均较适合风险创新。[25]

高校有组织科研与其在国家科研体系中的地位有关。法国有国家科学研究中心,英国主要依靠高校和学术团体,故英国高校有组织科研程度高于法国,但法国科学院系统位于高校内,可供师生使用。分权国家也不尽相同。美国无单独国家科研系统。德国有马克斯·普朗克学会(Max Planck Gesellschaft zur Förderung der Wissenschaften e.V.,简称MPG)等独立机构,故德国高校科研近期较弱。日本处于德、美两国中间,虽有单独国家科研系统,但规模不大。企业科研发达,高校有组织科研不甚发达,但产学合作密切。总之,美国高校有组织科研看似强于德、日两国。

高校有组织科研还与校内传统基础学术建制有关。英国有学系制,法国仿效德国为讲座制,德国一直为讲座制没有变化,美国取法、英两国为学系制，日本取法、德两国实行讲座制。学系制的有组织科研相对发达，讲座制相反。学系制强调教学，故须另设科研组织；讲座制提倡教研合一，故不需要另设科研机构。但是，讲座为教员人事制度，科研并不真正实施于讲座中，而是在讲座教授控制的独立研究所或实验室中。讲座制的教学科研统一仅为形式。从功能上不妨说讲座制也是科教分离，只不过分离程度较浅而方式巧妙，以至于从外部很难看清楚。

高校有组织科研与高等教育发展阶段有关。英、法、德、美、日五国均已进入大众化末期或普及化。[26]在精英时代，高校科研与教学组织形式对质量影响不大，故五国传统无所谓优劣。但当同时需要大规模科研、科研训练和高素质劳动力培训时，美国则体现出优越性。德国建设国家科研机构未必不是对高校科研落后的回应。科研训练也是如此。英、德、日三国均仿美国，建立研究生院，科研训练结构化并提至最高层次。英、德、日三国改革成功与否尚难断定。以英国为例，其不过是把科研训练同规模简单上移，本科分化为精英与大众，大众部门高费低质，容纳低阶层与外国留学生。

高校有组织科研与经济发展水平及转型程度有关。尽管美国整体占优，但其他四国也均处于较高水平，在知识经济与科技创新领域里各擅其长。知识经济时代尤为需要科技创新牵引经济发展，赋予高校科研前所未有的重要地位。实践表明，有组织科研是促使高校科技持续创新的重要途径与手段，尽管各国高校有组织科研的体系与规模有所不同。

历史地审视，高校科研历经极盛的仅有德、美两国，其与他国的最大不同是分权，这自有其理。在与地方博弈中，中央必须深入到高校基层寻找伙伴。有组织科研形式最优。在通过有组织科研把高校科研植入国家科创体系上，英、法、日三国均立足国情积极借鉴美国的优点。发展中国家达到上述任一水平已属不易。英、法、德、美、日五国呈共同特征：依靠外部尤其中央政府资金，以开发或应用导向基础研究为主，相对独立的跨学科，大科学（规模、费用、周期和目的）。不过，其核心为外部资金和金主有特定目标,故也存在传统学术组织承担的小规模项目。[27]

### 3. 我国有组织科研如何安放: 中外比较与转型审思

下面从五个层面逐一比较中外异同。

其一,我国高度集权。研究型高校几乎均部委属,权力体系清晰。对高层来说如此架构最经济有效。形式集权并不妨碍科研创新,只要适当功能分权,如日本。我国最近确实从实效出发强调分权,但这仅面向地方政府和高校。中央与基层科研者仍相对缺乏有效连接。整体资金虽充裕但可能就是到不了真正科研第一线。此环境中有组织科研自然难以产生实质性飞跃。

其二,我国有较强科学院(含工程院等)系统。在各类科研经费竞争中,科学院确实处于相对有利位置。教育部下发此通知时是否考虑这点不得而知。法国也有发达的国家级科学研究机构系统,但其下属机构大都位于高校内。其经费、管理与核算独立于高校,但高校师生可以充分使用资源,这一点我国难望其项背。若把法、美两国相比,法国国家科学研究中心其实也是高校科研的一种建制,实际行使高校有组织科研功能,只是比美国同行的独立性更强而已。

其三,我国高校传统基层学术组织形式上为学系制。这看似与英、美同宗同流,但功能实类似德、日的讲座制。其核心体现在系主任接近终身而无民选,在系内可行使近乎无限权力。这改变了学系制本质,使其徒具虚名。学系本来是校内自上而下与自下而上的双重权力的交接处和平衡点。但我国学系制无德、日讲座制的学术自治,其教学科研易被行政科层牢牢把控。由于政府专项无法完美匹配个体科研者的动机与能力,易沦为对外形象工程或内部利益蛋糕,致使创新科研难以萌芽。作为等级制的中间环节,三级领导自然均以完成上级指令,协调内部小群体利益冲突并保持下属相安无事为旨归。置于此内、外环境中,除各级领导外,相当多的科研者对科研还能有多少本真志趣也属未知。因此,有组织科研难以自动从高校内部发展。

　　其四，我国高等教育普及化程度已与发达国家相当。[28]教科相对分离是客观必然。这不仅要求把科研剥离教学，而且要求知识教学与科研培训分离。硕士教育会很快大众化，故科研培训应集中于博士教育。[29]从国际趋势而言，这是高校有组织科研发展的制度环境。我国目前似乎把这些均视作大众化负面效应而设法抑制。比如，部分高校明确规定无足够本科教学量不予评职称等。科研者也是肉身且时间有限，[30]目前已出现国外学者对科研者的科研时间相对降低的担心。[31]

　　其五，我国决策者已经强烈意识到知识经济时代的来临，高层出台了不少政策。这集中体现在党的二十大报告中。[32]知识经济发展的核心牵引在于可持续科技创新。这需要大批科研与科研人才，要求批量科研与科研培训。可持续科技创新对科研的内容、方式、规模和人才培训均有不同于以往的具体要求。但整体上对此的认识显然不足，因而有效而具体的施策相对较少。比如，"强化高校有组织科研"理念虽好，但显然非个体高校力所能逮。

## 四、我国高校有组织科研发展前瞻

　　强化似为唯一光明路途，但究竟如何推进？这很难回答但又不得不回答。

### 1. 有组织科研的重要性将越发凸显并可能成为高校组织核心

　　尝试回答需从判断有组织科研是否阻碍高校传统科研与教学开始。基于国际经验的长期观察与系统比较，答案显然是否定的。[33]而且，最新案例表明，随着外部环境变化和现代知识生产模式转型，在顶级研究型大学里，有组织科研对传统组织的反哺功能越发明显。[34]因此，高校有组织科研肯定会继续存在并有可能扩大。那么，更进一步的疑问是，尽管一般认为有组织科研是传统科研的有益补充，[35]但它能否成为高校科研的中心？长期趋势并不明了，但近期比重肯定会增加。由此而言，教育部政策出台可谓恰逢其时。

虽然教育部政策符合发展趋势,但理性的研究者更关心政策目标是否能如预期实现。目前看来,完全如预期实现难度较大。放眼中外,如此政策近20年来都少有。政策预期实现程度取决于配套施策质量。施策质量可一定程度从国际经验来预测。美式政策尽管存在很多问题,[36]目前却为众多国家主要关注和模仿对象。各国借鉴无不立足本国而有所取舍。因此,法、日等国如何结合自己国家条件而借鉴他国的做法值得分析。借鉴在高校科研发展中长期存在。有史可据的成功借鉴有:18世纪法、德两国互鉴,法国学习德国讲座制,而德国学习法国大学校制;19世纪末美国学习德国讲座制;20世纪后二十五年至今,德、法、英纷纷效仿美国;日本更是长期博采众长才走向成功。

## 2. 有组织科研强化战略仍需具体化并进一步聚焦,以提升针对性

强化高校有组织科研不仅是国家科技发展战略,一定程度上也是院校运营战略和科研者个体成长战略。在这一过程中,围绕目标上下齐心协力至关重要。一方面,高校和研究者需要吃透政策,准确把握形势的全新科研诉求;另一方面,政策应尽可能转化为具体措施并聚焦关键。

从政策文本来看,强化的目标是"全面加强创新体系建设,着力提升自主创新能力,更高质量、更大贡献服务国家战略需求"。强化的原因是"高校科技创新仍存在有组织体系化布局不足,对国家重大战略需求支撑不够等突出问题"。强化的前提是新型举国体制。如上所述,科研的举国体制与集权并无必然联系。近20年世界强国为应对国际竞争均政策创新先行,以举国之力而求科研创新与创新科研。[37]强化的基础是"持续开展高水平自由探索研究",同时"推进科教融合、产教协同培育高质量创新人才"。因此,研究者的担心看似多余。

但是,有组织科研首先并最终只是国家事业。战略规划、事业决策、程序设定和行财政保障等均需顶层设计,如何有效推进也非院校念想所及。强化的关键在于建构最高层与最基层的实质且通畅的联系。这绝非易事,亦非仅取决于经费多寡,还需系统化决策。

## 参考文献

[1] 中华人民共和国教育部.教育部印发《关于加强高校有组织科研　推动高水平自立自强的若干意见》[EB/OL].http://www.moe.gov.cn/jyb_xwfb/gzdt_gzdt/s5987/202208/t20220829_656091.html,2023-01-20.

[2] 樊秀娣."有组织科研":明确要义方得始终[EB/OL].https://news.sciencenet.cn/htmlnews/2022/8/484825.shtm,2023-02-16.

[3] 克拉克,伯顿·R.探究的场所[M].杭州:浙江教育出版社,2001:1-18.

[4] 克拉克,伯顿·R.高等教育系统[M].杭州:杭州大学出版社,1994:11-32.

[5] 阎光才.科学的社会运行与大学组织变迁[J].北京大学教育评论,2022(01):36-53.

[6] R.阿特肯森,W.博兰皮得.科学研究与美国研究型大学[J].复旦教育论坛,2009(03):5-12.

[7] 考夫曼,S.宇宙为家[M].长沙:湖南科学技术出版社,2003:86-138.

[8] 许治,杨芳芳,陈月娉.重大科研项目合作困境——基于有组织无序视角的解释[J].科学学研究,2016(10):1516-1623.

[9] 杜育红,郭艳斌,杨小敏.我国高校科研的组织演变与时代创新[J].国家教育行政学院学报,2022(12):33-39+48.

[10] 郭金明,杨起全,王革.我国高技术研究发展计划(863计划)的历史沿革和新时期面临的问题[J].自然辩证法研究,2012(09):77-81.

[11] 李文平.我国世界一流大学建设政策的特征与发展——基于"985工程"与"双一流"建设的政策文本比较[J].现代教育管理,2020(03):20-28.

[12] 王英杰.大学学术权力和行政权力冲突解析——一个文化的视角[J].北京大学教育评论,2007(01):55-65+189-190.

[13] 万劲波,张凤,潘教峰.开展"有组织的基础研究":任务布局与战略科技力量[J].中国科学院院刊,2021(12):1404-1409.

[14] 斯托克斯,D.E.基础科学与技术创新:巴斯德象限[M].北京:科学出版社,1999:49-94.

[15] 许杰."双一流"建设中的学科治理:成效问题与政策建议——基于近百所"双一流"建设高校的调研分析[J].国家教育行政学院学报,2022(11):40-47+55.

[16] 李立国.国家发展与交叉学科建设的新使命[J].北京社会科学,2023(01):87-90.

[17] 陈光.从0到1:中国未来15年科技创新发展的战略转向[J].中国科技论坛,2020(08):3-6.

[18] 刘苏雅.我国热点论文数量首次排名世界第一[EB/OL].https://news.bjd.com.cn/2022/12/29/10280876.shtml,2023-03-10.

[19] 沈岑砚,黄明东.教学与科研融合:高校可持续发展的应然选择[J].中国人民大学教育学刊,2022(02):5-15.

[20] 康康.新时期高校科研创新现状与发展对策[J].中国高校科技,2017(10):25-26.

[21] 王峰.浅析如何提升我国研究型大学基础研究水平[J].科技管理研究,2011(17):4-7.

[22] 克拉克,伯顿·R.探究的场所[M].杭州:浙江教育出版社,2001:19-216.

[23] 范德格拉夫.学术权力:七国高等教育管理体制比较[M].杭州:浙江教育出版社,2001:17-160.

［24］阿特巴赫.全球高等教育趋势［M］.上海：上海交通大学出版社,2010：120‐132.

［25］Craig Boardman，Barry Bozeman. Role Strain in University Research Centers［J］. The Journal of Higher Education，2007(04)：430‐463.

［26］别敦荣,易梦春.普及化趋势与世界高等教育发展格局——基于联合国教科文组织统计研究所相关数据的分析［J］.教育研究,2018,39(04)：135‐143＋149.

［27］Geiger，R. L. Organized research units — Their role in the development of university research［J］. Journal of Higher Education，1990(01)：1‐19.

［28］李克强.李克强作政府工作报告(文字摘要)［EB/OL］.http://www.gov.cn/premier/2023‐03/05/content_5744736.htm. 2023‐03‐10.

［29］克拉克,伯顿·R.探究的场所［M］.杭州：浙江教育出版社,2001：242‐276.

［30］李琳琳.时不我待：中国大学教师学术工作的时间观研究［J］.北京大学教育评论,2017(01)：107‐119＋190.

［31］科学技术·学術政策研究所.「大学等におけるフルタイム換算データに関する調査」による2002年、2008年、2013年調査の3時点比較‐［調査資料‐236/2015.4］［EB/OL］.https://www.nistep.go.jp/archives/21000. 2023‐01‐11.

［32］习近平.中国共产党第二十次全国代表大会报告高举中国特色社会主义伟大旗帜为全面建设社会主义现代化国家而团结奋斗［EB/OL］.http://www.cre.org.cn/list2/hg/17173.html，2023‐03‐11.

［33］Gerald J. Stahler，William R. Tash. Centers and Institues in the Research Univesity Issues Problems and Prospects［J］. The Journal of Higher Education，1994(05)：540‐554.

［34］Liu Yang，Ekaterina Albats，Henry Etzkowitz. Interdisciplinary organization as a basic academic unit［J］. Industry and Higher Education，2021(03)：173‐187.

［35］文少保.美国大学"有组织的"跨学科研究创新的战略保障［J］.中国高教研究,2011(10)：31‐33.

［36］Henry Etzkowitz，Carol Kemegor. The Role of Research Centres in the Collectivisation of Academic Science［J］. Minerva，1998(36)：271‐288.

［37］吉本斯.知识生产的新模式：当代社会科学与研究的动力学［M］.北京：北京大学出版社,2011：140‐141.

## 作者简介

徐国兴　华东师范大学教育学部教授,博士,研究方向为高等教育政策

## 电子邮箱

xuguoxingxgx@qq.com

# Chapter 12

## 理性化逻辑与麦当劳化风险：有组织科研的社会学反思 *

罗　阳　纪同桥

**摘　要：** 高校充分发挥新型举国体制优势，加强有组织科研具有重要的现实意义。为充分贯彻落实和深入理解有组织科研的相关精神和重要举措，从学理上厘清高校有组织科研的功能与风险尤为必要。以高效性、可计算性、可预测性、可控性和理性的非理性作为理论框架进行分析后发现，高校有组织科研具备科研创新模式的高效性、科研投入产出的可计算性、科研过程阶段的可预测性、科研伦理安全的可控性等正向功能，但同时存在发展不平衡、低质同质化、科研祛魅、科层化等非理性潜在风险。本文在此基础上对有组织科研的相关风险治理路径进行了尝试性探讨。

**关键词：** 有组织科研；组织理论；理性化；麦当劳化

习近平总书记强调："我国高校要勇挑重担，释放高校基础研究、科技创新潜力，聚焦国家战略需要，瞄准关键核心技术特别是'卡脖子'问题，加快技术攻关。"[1]把握住新一轮科技革命和产业变革带来的新机遇，持续提高自主创新能力，实现核心技术突破，对实现科学技术的现代化尤为关键。党的二十大报告指出："教育、科技、人才是全面建设社会主义现代化国家的基础性、战略性支撑。"高校作为科技资源、教育资源和人才资源的聚集地，应当有计划地培育高素质科技人才，有组织地开展科学研究活动，为实现国家科技高水平自立自强战略目标提供强劲支撑。2022 年 8

* 本文系国家社会科学基金后期资助一般项目"教育情感治理：社会学的视角"（项目编号：22FSHB018)的阶段性成果。

月，教育部印发《关于加强高校有组织科研 推动高水平自立自强的若干意见》（以下简称《意见》），就推动高校充分发挥新型举国体制优势，加强有组织科研作出重要部署。加强有组织科研，是教育部立足新发展阶段、贯彻新发展理念、构建新发展格局，对推动新时代高校科技工作高质量发展作出的战略性思考。加强有组织科研，是扎根祖国大地办大学的鲜活体现，也是发挥高校社会服务职能的重要途径，有助于发挥社会主义制度的优势，加速解决阻碍国家发展的关键核心技术特别是"卡脖子"问题。那么，在理性化的制度设计背后，是否存在一定程度的非理性风险，是我们应该保持辩证态度予以看待的现实问题，在发挥有组织科研正向功能的同时，也要注意对相应风险的防范。

学界关于高校有组织科研的相关研究，多以经验性论述和反思为主。如根据历史文献资料对高校科研组织的变革历程进行梳理，探讨其创新的基本逻辑，[2]剖析有组织科研的现存问题与建构路径；[3]或是立足已有问题和弊端探索高校科研管理体制的改革和创新方向，[4][5]关注有组织科研单位的产生原因、制度效果和战略保障，[6]提炼国外科研评估机制的特点及影响，[7]对有组织基础研究的历史沿革和实践机制展开讨论；[8]亦存在少部分理论研究，如基于区域空间三螺旋理论提出高校科研转型的策略与路径，[9]根据激励理论对高校科研管理体制进行优化等。[10]但总体而言，相对缺少针对其功能和风险的学理分析。本文采取的组织理论，为我们分析这一议题提供了适切的分析进路。

有组织科研针对自由探索式科研而提出，是进一步提升高校服务国家需求能力的理性化举措，这种寻找最优方式来达成特定目的思路，蕴含着理性化的制度逻辑。但现代社会的理性化制度安排中，常常充斥着非理性的风险，我们需要辩证地看待事物的正反两面。鉴于此，本研究采用瑞泽尔（George Ritzer）的"麦当劳化"（McDonaldization）理论作为分析框架，[11]该理论是以美国快餐业大王"麦当劳"（McDonald's）为主要模本，从高效性、可计算性、可预测性、可控性四个理性维度和理性的非理性维度针对现代社会饮食、旅游、医疗、娱乐、教育、科研、购物、社交、政治、体育等诸多行业与领域的组织理性化优势及其非理性风险而展开的经典社会学分析。其中的"理性"与韦伯（Max Weber）提出的"形式理性"[12]一脉相承，指根据目前已有的条件，结合自身的情况，寻找最优的方式来达成特定的目的。本理论框架主要包括五个维度，即高效性、可计算性、可预测性、可控性四个理性维度和理性的非理性维度。高效性指通过协作的方式，实现更高的效率；可计算性指强调量化和计算，以更准确地衡量成本投入、成果产出和生产速度；可预测性指目标、过程和成果的可预测；可控性指伦理和安全的可控；理性的非理性维度是指事物在实现理性化功能的过程中产生的非理性风险。本文从高效性、可计算性、可预测性和可控性四个理性维度系统性分析高校有组织科研具备的正向功能，进而结合理性的非理性维度剖析其中潜在的非理性风险，并在此基础上对风险的治理路径进行尝试性探讨。

## 一、理性化逻辑：有组织科研的正向功能

有组织科研以科技创新建制化、成体系服务国家和区域战略需求为目标，是科研活动理性化的探索，蕴含着理性化的制度逻辑。本部分从理性化功能的四个基本维度出发，结合有组织科研的实际意涵和现有经验，从科研创新模式的高效性、科研投入产出的可计算性、科研过程阶段的可预测性和科研伦理安全的可控性四个方面对有组织科研的正向功能进行系统性分析。

### 1. 科研创新模式的高效性

高效性是组织理性优势中最为关键的维度，其系统的高效率离不开其设计的工作人员之间相互协作的生产模式。有组织科研的高效性主要体现在其推动构建的双协同科研创新模式上，包括"政产学研"协同创新模式和跨学科协同创新模式两个部分。《意见》强调，要推动高校发挥新型举国体制优势。新型举国体制除了保留传统举国体制的"集中力量办

大事"显著优势之外,更强调发挥市场作用,以实现政府、市场和社会三者的有机结合,协同攻关。有组织科研可发挥其优势,进一步推动构建高校参与的"政产学研"协同创新模式。同时,有组织科研昭示着加快科研范式和组织模式的变革,打破院系和学科界限,形成以高校为中心的深层意义上的跨学科协同创新模式。

第一,"政产学研"协同攻关具有高效性。科技创新包括知识创新、技术创新、技术产业化这三个密切相关的过程,长期以来主要通过政府或企业与高校或科研院所之间的合作而实现。由于不同主体的出发点和实际需求不同,重视知识创新的纵向课题和强调技术创新的横向课题存在各自的倾向性,常产生一定程度的实际问题,即知识创新不考虑技术创新的实际需要,技术创新未能充分考虑其能否顺利产业化,从而使科研转移转化效率不高,科研效率较低。"政产学研"协同创新模式在此方面具有自身优势,协同模式强调视对方的利益和自身的利益同等重要,强调利益共享。[13]在价值取向上,强调多元主体的共同参与,利益共享、风险共担、互惠互利,实现科学价值和商业价值的统一。[14]在操作层面上,执行过程需要充分考虑上下游关系,以解决其过程衔接上的断裂,实现从知识到技术再到产业的一体化。同时,政府起到统筹资源,引导和协调各方工作的作用,与企业、高校和科研机构组成利益共同体。以国家需求为导向,将知识创新和技术转化有机联系起来,各方均可采取一定措施,提高科技成果转移转化效率,[15]服务产业转型升级。

第二,学科交叉聚合攻关同样体现出高效性。伴随着科研范式的重要转变,如今技术突破面临的重大问题,已经很难通过某一学科的单一视角予以解决,跨学科交叉研究的重要性日益凸显。在传统高校条块分割的管理体制下组建的表层意义上的跨学科学术组织在配置人才、获取经费、归属成果、评价考核等方面都或多或少存在与原院系兼容的问题。[16]有组织科研意味着加快科研范式和组织模式的变革,以形成深层意义上的跨学科协同创新模式,打破院系壁垒,保证跨学科研究团队的相对独立性。同时,促进不同学科人才的深度协作,采用融合式研究范式,实现多

学科力量的交叉聚合，提高知识创新的效率。这两种协同创新模式相互
交织，共同组成双协同创新模式，实现多领域、多组织和多学科力量的汇
聚，提高总体科研效率。

### 2. 科研投入产出的可计算性

可计算性是组织理性优势的第二个维度，是指对成本、产出、生产速
度进行测量计算，并以数字的形式反映出来，其追求的是明晰的、可观的
量化形式。科研活动涉及一定数额的经费流动以及种类繁多的成果产
出，再加之其具备的时间和速度向度，形成各式各样数据交织的繁杂格
局，给管理和考核带来诸多难题。因此，通过条理清晰的量化计算，消除
其模糊性和复杂性尤为重要。有组织科研在理性化逻辑中具备这种可计
算性的基本功能，主要体现在以下三个方面。

第一，对经费分配和使用的计算。在经费分配上，项目经费的分配多
与项目的类别和程度有关，自然科学项目的经费高于人文社会科学，重点
项目的经费高于一般项目。有组织科研意味着在经费分配管理上，对于
不同项目，不予以机械化的分层对待，而本着客观务实的态度，根据项目
实际内容作切实的计算评估，并以此为依据分配科研经费，以适配科研工
作者的研究需要。在经费过程监管上，近年来，科研经费滥用现象时有发
生。究其原因，是重立项而轻监管的现象仍不同程度存在，即"只管拨钱，
不问用途"。有组织科研将加强对科研经费使用的计量管理，有效治理科
研经费的滥用现象。

第二，对科研投入与产出的核算。一段时期内，我国较为重视通过不
断加大投入来获得更多产出的"粗放型"增长方式，科研发展上亦是如此。
但科研经费投入力度不断加大，成果产出却不容乐观，其中成果转化率偏
低这一现象最为严重。[17]有组织科研蕴含着对科研投入与实际产出之间
尖锐矛盾的深刻反思，将重视通过提升投入产出比以增加产出的"集约
型"增长方式，发挥智库作用，成立专家管理委员会，定期对高校科研投入
与产出进行核算。将经费、人员、设备等投入资源记录在册，成果分门别

类统计汇总，计算其投入产出比。建立赏罚机制，唤起成本意识。在此基础上合理配置资源，提高资源利用率。

第三，对研发时间和速度的量化。面对日益激烈的国际科技竞争，解决"卡脖子"问题已迫在眉睫。以往自由探索式科研的紧迫性不够，有组织科研肩负着加快基础研究和核心技术重大突破这一重要使命，加强对研发时间和速度的量化考核是其题中应有之义。有组织科研昭示着根据国家总体战略布局，规划和限定科研任务完成时间，将科研速度进一步与奖惩机制挂钩，加强研发人员的时间观念。签订科研"军令状"，切实增强执行力，培养勇于担当、激励自我的科研斗志。鼓励高校就科研成果产出情况进行"比拼晾晒"，形成"争分夺秒、你追我赶"的良好研发氛围。

### 3. 科研过程阶段的可预测性

可预测性是组织理性优势的第三个维度，是指采用程序化的手段，以确保成果稳定可预测，如麦当劳快餐组织确保它在不同时空下都能提供几乎相同的产品和服务。由于科研活动本身的特殊性，科研工作者不可能完全预测自己的科研成果，但无的放矢的研究亦不可取。在有组织科研的理性化逻辑中，要把握科研的方向，构建可预测的科研过程阶段，进而产出可预测的科研成果，以更准确匹配国家和社会发展过程中的迫切需要。

第一，科研目标具有确定性。科研目标是科研活动的出发点和归宿，有组织科研的显著优势之一是对高校科研目标予以明确，即服务国家的战略需求。有组织科研可进一步将这一目标逐步分解成与实际科研过程相关的阶段性目标，并明确待攻克的重点任务，制定详细可观测的指标，最大限度发挥确定性目标的靶向作用，贯穿高校科学研究和人才培养的全过程。具体而言，这预示着研究问题的提出、科研团队的组织、科研平台的建设、研究范式的选择、人才培养机制的制定和评价考核机制的完善等诸过程都有意识地向这一总目标靠拢，过程之间的衔接性和连贯性得以加强，科研全过程的可预测性得以提高。

第二，工作环境具有稳健性。就科研工作环境而言，高校具备或参与建设了一定数量的重点实验室、创新中心和研究中心，为科研人员开展研究提供了不少便利，但实践中质量参差不齐，未能充分发挥其功能，不同科研人员面临的研发环境可能截然不同，一定程度上增加了科研过程的不确定性。有组织科研意味着依托协同创新模式，量化管理手段，优化资源配置，合理规划使用，打造完善现有平台，建设集成攻关新平台，为科研人员提供稳健的工作环境。

第三，人才培养具有适切性。既然有组织的跨学科协同研究已是大势所趋，人才培养机制亦要适应这一走向。在现有高等教育分门别类的培养机制运行下，学生通常分布在按学科划分的不同院系，其研究也囿于某一学科之内，长此以往，分散在不同学科的人才在科研范式和学术思想上大相径庭，基于这种背景下培养出的科研人才的能力和水平不能很好地满足有组织交叉研究的需要。有组织科研昭示着根据有组织的跨学科研究的特点，界定其所需人才的知识和技能要求。并以此为根据，发挥"双一流"建设优势，促进交叉学科的建设，[18]完善现有培养机制，培育高质量高水平的交叉学科人才。

## 4. 科研伦理安全的可控性

可控制性是组织理性优势的最后一个维度，是指通过标准化的措施，达到易于管理和调控的目的。科研活动往往伴有复杂的伦理与安全问题，对可控性的强调极为必要。有组织科研的理性化逻辑中，可控性这一功能主要体现在通过规范化、制度化和体系化的手段对科研活动进行科研伦理管控、科研安全把控和科研精神调控这三个方面。

第一，有利于科研伦理的管控。多学科、多领域参与的科学研究涉及人与人、人与社会和人与自然之间的复杂互动，存在着诸多伦理问题产生的诱因，缺乏对伦理问题的有效管控，将会产生极大的风险。例如，严重违反科研伦理，在国际社会引起轩然大波的"基因编辑婴儿事件"便为我国学术界敲响了警钟。[19]有组织科研意味着需要进一步完善科研伦理审查制度和相关的法律法规，加强科研伦理问题的管控力度，保证科研人员遵守科研共同体的伦理规范和行为准则。

第二，有利于科研安全的把控。从科研实验来说，由于其所用原材料和产生的废弃物都具有一定的危险性，再加上反应过程中的不确定性，极易引发安全问题。近年来高校实验室爆炸事故频发，说明科研人员对科研安全重视程度还不够。有组织科研意味着严抓安全落地，加强安全隐患排查，强化安全责任落实，切实把控科研实验安全。同时，就科研保密而言，科技秘密素来是国际竞争对手和其他敌对势力觊觎的对象，伴随着科技和经济生产生活各领域的深度融合，科技水平和综合国力的关联更加紧密，科技保密工作的重要性愈发突出。有组织科研将进一步推动构建科研保密体系，统筹科研保密工作，提高科研保密能力，筑牢科研安全防线，维护国家总体安全。

第三，有利于科研精神的调控。在个人主义和功利主义的影响下，科研精神遭到一定程度的冲击。有不少科研人员在其研究还未深入、未完全时就匆匆发表论文，甚至有个别学者为了掩盖科学实验失败，不惜捏造和伪造数据，这就背离了潜心研究和求真务实的科研精神。在这种情况下，其研究很难有真正意义上的创新和突破。此外，集体主义精神和无私奉献精神日渐式微。学者们更倾向于关注自身的利益，不再关心集体的建设，[20]不再关注国家和人民的需求。习近平总书记指出："科学成就离不开精神支撑。科学家精神是科技工作者在长期科学实践中积累的宝贵精神财富。"[21]有组织科研将进一步弘扬老一辈科学家以爱国、育人、求实、协同、奉献、创新为内涵的科研精神，以激励科研工作者的精神，实现科研精神的有效调控。

## 二、麦当劳化：有组织科研的潜在风险

有组织科研表现出现代高校组织的理性化制度逻辑，具有多方面的功能和优势。但需要注意的是，现代社会的高度理性化往往伴随着不确

定性风险。因此，在肯定有组织科研功能的同时，亦要反思性地剖析其可能存在的问题。瑞泽尔的麦当劳化理论对风险的分析主要体现在其分析框架的第五维度——理性的非理性，在此维度中，瑞泽尔对前四维度逐一反思，着重揭示事物在理性化过程中容易滋生的各种风险，其立场相对中肯且例证充足。因此，本部分聚焦麦当劳化理论中"理性的非理性"这一维度，对有组织科研的高效性、可计算性、可预测性和可控性这四个理性化特征可能产生的非理性风险进行反思性剖析。

**1. 高效性激发区域和高校发展的不平衡风险**

有组织科研的高效性由其构建"政产学研"和跨学科研究的双协同创新模式而实现，但从理性的非理性维度出发，双协同创新模式却潜藏着校际发展不平衡的风险。

一方面，"政产学研"协同创新模式潜藏不同区域高校发展的不平衡风险。根据参与主体所在位置，其可分为区域内协同和跨区域协同。有研究表明，对于跨区域产学研协同，地理位置邻近仍十分关键。[22][23]再加之地方政府的科研规划与组织具有地域性特征，"政产学研"协同创新的地理位置邻近性较强，倾向于在同一区域内或相邻区域间开展。尤其需要明确的是，伴随着东中西部整体的发展不平衡，高新技术产业区域发展不平衡问题较为突出，[24]不同高校和科研机构的科研水平亦有不小差距。[25]这就意味着在发达地区，协同政府、大型企业、一流高校和高水平科研院所进行高层次创新的可能性较大，而在欠发达地区，其中存在的差距不难想象。在这种背景下，有组织科研助力构建的"政产学研"协同创新模式或存在加剧区域校际和地方发展不平等的潜在风险。

另一方面，跨学科协同创新模式潜藏学科发展的不平衡风险。就科研团队建设而言，与前述问题类似，科研人员的研究水平也存在差异性，以此为基础的跨学科协同创新团队之间的差距不言而喻。另外，高校学科发展上的进一步不平衡也值得注意。结合我国的基本国情，实用性较强的理工类学科可以更好地满足社会发展需求，长期以来得到国家和市场的大力支持。而我国人文社会科学相对薄弱,许多学科一度中断,直至20世纪 80 年代才恢复重建。跨学科协同创新的核心任务是实现关键核心技术的重大突破,依然具有极强的实用主义倾向。有组织科研助推的跨学科协同创新模式依旧可能存在"理工科主导"的模式,或许会产生新一轮"马太效应",加剧学科发展的不平衡。

### 2. 可计算性诱发科研产出的低质同质化风险

由于可计算性过于强调计算和量化,容易诱发以增"量"替代增"质"的非理性风险,即产量容易被等同于数量。例如,在强调可计算性的麦当劳化组织中,对过程和结果都设置了量化的标准。就生产过程而言,对时间和速度进行量化,麦当劳化组织一般采用最省时间的标准化工作方案,耗时的方案将被逐步淘汰。就最终结果而言,审核和把关也往往更重视产品的数量而非质量。相应地,组织中的个体也逐渐被这种价值观念裹挟,只顾数量而忽视其实际质量。以此视角入手,有组织科研同样存在可计算性诱发科研成果产出的低质化和同质化风险。

一方面,对投入与产出的计算诱发产出低质化风险。对成果进行量化,固然便于核算投入产出比以提醒高校对成本意识和资源利用率的重视。但为了提高面板数据,可能会引起行政管理人员更看重科研产出成果的数量,并不关注其实际贡献和价值,从而影响其对科研人员的考核评价方式。为获得更好的评价和学术资源,科研人员投其所好,产出大量平庸的成果。

另一方面,对时间和速度的量化诱发产出同质化风险。由于强调速度,科研人员更倾向于研究那些更易于产出的领域,遵循易于产出的研究路径,以实现较快的产出。久而久之,研究越来越同质化和标准化,导致某些形式的学术探索越来越少。高校推动、承认和奖励的科研活动应是参差多态的,但在追求速度和产出的情况下,学术活动的多样性可能丧失。大量同质化和低质化的科研产出,将无法实现技术突破的愿景,这就背离了有组织科研的初衷,即非理性风险产生。

此外，有证据表明，产能过剩突出领域的产品通常具备同质化[26]和低质化[27][28]的特征。因此，有理由推测，理性化逻辑的可计算性亦有一定概率导致某领域产能过剩的危机，这同样值得警惕。

### 3. 可预测性引发科研祛魅风险

诚然，可预测性有助于实现科研活动的系统化和有序化，但其亦存在负面风险。在理性的非理性这一维度中，对可预测性的过度追求，往往会把事情变得单调乏味，魅力祛除。在麦当劳化组织中，顾客消费行为、员工工作方式和经理管理指令都遵循预先设定好的脚本，生产过程的劳动属性存在异化的可能。因此，如果过度强调有组织科研理性化逻辑中的可预测性，则可能引发科研祛魅的风险。

一方面，对确定性的追求引发科研祛魅风险。科学研究是以科研人员的好奇心为内在驱动力，以创新为灵魂，以求实为态度，拓展人类知识边界的过程，奇妙又极具魅力。不确定性是科学研究的魅力所在。科学发展史表明，许多伟大创造和发现往往诞生于偶然和不确定性中。例如，数学领域中帕斯卡（Blaise Pascal）和费马（Pierre de Fermat）在解决赌徒分红问题的讨论中创建了概率论的基础，物理学领域中奥斯特（Hans Christian Oersted）从无意间观察到的小磁针偏转现象出发验证了电流的磁效应，医学领域中弗莱明（Alexander Fleming）在做培养细菌的实验时偶然发现青霉素等。确定科研目标固然有助于提高科学研究的指向性，提升高校服务国家战略需求的能力，但过度强调科研目标的规定性和确定性，意味着用条条框框束缚科研路径，极大地限制科研人员的自发探索性行为。这将抑制科研人员的好奇心和创造力，破坏科研的不确定性魅力。

另一方面，对失败的低容忍引发科研祛魅风险。辩证看待成功与失败亦是科学研究不可或缺的魅力，对失败的低容忍度也可能引发科研祛魅风险。在科研活动中遭遇失败对于研究者来说几乎是必然的，[29]失败并不意味着其研究没有任何价值，科研成功常建立在前人无数次失败的经验基础之上。此外，在某一时期取得绝对成功的正确理论也有可能在未来被证伪。由此看来，在科研活动中，失败和成功是辩证的统一体，而科研的魅力在于其不能轻易定义成功或者失败。但在可预测性中，为了达成确定性目标并细化而成的阶段性目标、任务以及对应的观测考核指标，往往暗含着一种不容失败的刚性倾向。尤其在科研竞争尤为激烈的当下，强调可预测性对失败的容忍度就更低，从而有损科研在此方面独有的魅力，特别需要关注。

### 4. 可控性触发科研科层式风险

麦当劳化系统的可控性体现在科层组织结构方面，依靠制度化的具有规制作用的指令来使得系统安全可控地运转。但这种高度制度化的系统有一种将人机械化的倾向，使其情感往往被忽视，工作内容变得重复乏味，这是科层体制较易产生的风险。有组织科研在实现可控性的同时，亦存在一定程度的科层式风险。

一方面，制度理性忽视科研人员的情感问题。作为"人之本真"的情感，是科研活动中各参与主体固有的存在属性。伴随着科研各行动主体在组织场域中进行的正式或非正式的人际互动和交流，不同行动者之间的心理情感因素相互交织，缔造了科研活动内部的情感空间和关系网络，对科研活动的运转产生重要影响。虽然其中大部分的互动是良性的，但由于成员立场、价值观及行为方式等方面存在一定差异，冲突在所难免。[30]科层组织结构维持可控性遵循的制度蕴含着普遍性和一般性的价值理念，[31]对应的是一般情境下的群体，不能照顾到处于特殊情境下的特定个体。于是，在制度理性对"共性"的追求中，个体性的情感因素很可能被置于从属地位，甚至被忽视。因此，情感问题难以在强调"制度神话"的科层组织中解决，继而逐渐积攒和触发科研人员的情感倦怠，阻碍有组织科研的顺利开展。

另一方面，繁琐行政事务加重工作负担。科层体制有其僵化的一面，易在各个环节增设行政流程和与之匹配的规章制度，导致行政流程和规章复杂化，[32]由此带来的繁琐的行政事务可能进一步加重科研人员的工作负担。有证据表明，行政事务给科研人员带来的压力对科研产出有较为严重的抑制效应。[33]实践中，科研人员常常要撰写各类文书和开展诸多非必要的会议以适应组织的管理和考核工作。同时，科研项目的申请、审批、报销、考核和结项等流程需要简化，从而避免额外耗费科研人员的时间和精力。与其他工作不同，科研创新需要研究者将注意力尽可能集中在科研工作之中，心无旁骛地进行持续性的思考和钻研。因此，科研人员需要松绑，开会、填表、审批和报销等琐碎的文牍事务需要简化，可控性诱发的科研科层化风险需要防范。

## 三、有组织科研潜在风险的应对策略

从理性的非理性维度切入，有组织科研理性化制度逻辑中存在着非理性化风险。基于前部分对风险的反思性剖析，我们将在本部分对风险的应对策略进行尝试性探讨。首先，要加强双协同创新模式顶层设计，从全局着眼，从长远入手，避免囿于局部和一时。其次，要改革评价机制，正确处理好"量"和"质"的关系，在确保科研产出基本量的同时，追求其实际质量的卓越提升。再次，要倡导多元研究路径和价值取向，既包容"非共识"的研究路径，又提高对科研失败的容忍度，构建兼容并包的科研探索氛围，实现自由探索和有组织科研的协同共生。最后，要克服科层体制内在弊端，为科研人员"减负松绑"，击破阻碍科技创新的层层束缚。

### 1. 加强顶层设计，促进协调均衡式发展

习近平总书记在党的十九大报告中指出："我国社会主要矛盾已经转化为人民日益增长的美好生活需要和不平衡不充分的发展之间的矛盾。"有组织科研要充分立足这一实际，承担起时代重任。从全局着眼，从长远入手，加强顶层设计，促进协调均衡式发展，避免激发区域、高校以及学科发展的进一步不平衡。

第一，从全局着眼，健全促进科技协调发展的机制建设。毛泽东同志指出："懂得了全局性的东西就更会使用局部性的东西，因为局部是隶属于全局的。"[34]有组织科研要贯彻这一战略思维，胸怀全局、高屋建瓴，深刻认识到我国是由相互联系和作用的各个区域组成的整体，积极落实区域协调发展战略，健全促进科技区域协调发展的机制建设。首先，健全科技发展机制，打破行政区划的地域局限，促进科技生产要素在区域之间自由流动，引导科技产业孵化与转移。其次，健全科研协作机制，倡导和支持各区域依托自身优势，联合开展多种形式的区域科研协作，促进人才和技术的交流协作，形成东中西部地区科技共同发展的格局。再次，健全科技扶持机制，科技发达区域要采取对口定点支援等方式促进欠发达地区的科技发展，发挥应用型高校优势，根据地方产业发展需求因势利导，深入推进产教融合。最后，健全科技支持机制，进一步加强对于欠发达地区高校和科技产业的支持力度，在科技政策、科技资金投入等方面加大对中西部地区的支持，逐步扭转区域科技发展差距扩大的趋势。总之，根据各区域的优势和短板合理布局和设计科研活动，建立跨区域、跨学校和跨学科的科研共同体，促进东西中部区域优势互补，协调共进的科技发展新格局的形成。

第二，从长远入手，进一步加强哲学社会科学科研的有组织性。恩格斯说："一个民族要想站在科学的最高峰，就一刻也不能没有理论思维。"[35]纵观人类文明演进史，每一次重大进步都离不开思想火炬的引领，哲学社会科学是人类认识世界、改造世界的重要工具。当今世界正处于百年未有之大变局，发展机遇与风险挑战并存，在民族复兴大业前进路途中，有诸多深层次的矛盾和问题需要哲学社会科学的研究来厘清和回答。因此，习近平总书记在党的二十大报告中指出："加快构建中国特色哲学社会科学学科体系、学术体系、话语体系，培育壮大哲学社会科学人才队伍。"于是，有组织科研应加快哲学社会科学研究范式的变革，强调聚焦国家发展需求和人民发展需要，推动构建具有中国历史文化特色的哲学社会科学知识体系，加快哲学社会科学的人才培养，加强建设研究中国发展重大理论问题的哲学社会科学科研团队，实现哲学社会科学自立自强。另外，在数字时代下，由信息技术发展引起的法律问题、教育问题、伦理问题、社会问题和国际关系问题亟待通过哲学社会科学与理工科的交叉研究来解决，[36]有组织科研可以此为着力点，找到学科之间的耦合点，深入推动交叉学科的建设。

### 2. 改革评价机制，追求质量卓越式提升

"质"和"量"是高校科研产出不可缺少的两个方面，它们相互依存、相互制约。质量是高校科学研究的内在规定性，是学术共同体赖以生存并矢志不渝追寻的不二法则。[37]推进有组织科研应超越量化评价的藩篱，加快评价机制的改革，在保证科研产出基本量的基础上，追求其实际质量的卓越提升。

第一，下放学术评价权。有研究表明，在成果评价时，"行政权力"凌驾于"学术权力"之上会造成科研产出"高数量，低质量"的后果。[38]这和麦当劳化组织的逻辑类似，一般个体没有评价权，只有生产或提供服务权。目前大多数高校学术成果最终评价权仍在校级部门，评议委员会由行政人员和来自不同学院和机构的资深学者共同组成，负责管理所有院系和机构的成果。但由于不同院系和机构的研究和产出各有其特点，不同学科背景的委员无法客观评价其成果质量，行使专业的学术权力。如此一来，各院系和机构也只能通过量化的方式管理研究人员，而不是根据其内在质量对其真实贡献作出评价。有组织科研应将成果的评价权真正下放到学院和学术共同体手中，在评价科研内在质量的同时，关注科研成果转化效益以及对地方经济和科技产业的实际贡献，评估其社会影响力和产业影响力，让学术权力切实发挥其作用，保证评审结果的科学性。

第二，同行评议和量化评价相结合。学术评价权下放并不意味着完全转向同行评议，量化评价和同行评议各有其优势和缺陷，科研评价的重点是实现这两种评价方式的有效结合。[39][40]相较于量化评价来说，同行评议的确更能突出研究的实际质量和创新性，但其亦会受到主观因素和

非学术因素的干扰从而导致评价偏差。相较于同行评议来说，量化评价虽然仅能反映数量和影响因子等指数，遮蔽了研究的实际贡献和创新性，但其在一定程度上可以避免不公正等非学术性因素的干扰。结合有组织科研的实际需要，可借助量化评价的手段以保证科研产出基本量，用同行评议的方式避免研究的低质化和同质化，督促科研人员兼顾研究成果的数量和质量。

第三，探索适用于跨组织科研团队的评价体系。为服务国家战略和社会发展需求，有组织科研涉及不同主体跨学科、跨院系、跨区域的深度科研协作。现有评价体系强调对院系部门和个人的成果产出进行核算，对跨组织科研团队的研究成果认可程度还不够，未能充分调动跨组织科研团队多元主体的研究积极性。因此，有组织科研应积极探索适用于跨组织科研团队的评价激励机制，在此方面可以效仿其他国家推进有组织科研的实践经验，[41]委托独立机构开展对于跨组织科研活动的评价和治理，以第三方的独立与客观视角切入，科学评价团队和个人在跨学科、跨部门成果产出过程中起到的实际作用和贡献。

### 3. 实现协同共生，推动科研包容式探索

科学研究是极富魅力的拓展知识和技术边界的不确定性活动，涉及对"未知"产品的生产，并不完全遵循生产"已知"产品的确定性逻辑。因此，在研究过程上，不能像麦当劳化系统生产一般产品的流程那样，给予标准性和规定性的要求，将科研人员束缚在条框分明、任务清晰的程序环节中，限制具备创造性的探索性行为。在价值研判上，要避免因为一时的失败就否定科研人员的学术能力。开展有组织科研应充分认识到科研活动本身的独有魅力，实现自由探索与有组织科研的协同共生，推动科研包容式探索。

一方面，鉴于科学研究具有不确定性与偶然性，在研究过程中应提升对不同研究路径的包容性，倡导多元性，支持非共识项目就是一个很好的切入点。所谓非共识项目，是指在同行评议中存在较大分歧，没有达成共

识不能被专家评审通过的项目。[42]其往往具有较强的创新颠覆性,不遵循常规的研究范式和路径。但国内外实践表明,同行评议分歧较大的非共识项目蕴含着较大的创新潜力。[43]虽然我国已经认识到非共识项目的重要性,但支持数量和力度还极为有限。故要创设适用于非共识项目的资助、管理和评价流程,给予制度保障,鼓励科研人员结合自身研究兴趣和学科特点,不拘泥于主流科研范式,给予多元研究路径一定的包容性。

另一方面,科研是探索未知世界的过程,失败才是常态,一直成功是不可能的,也不符合科学规律。在当前激烈的国际科技竞争大背景下,追求科研成功的动机就更强烈。若不在价值观念上加以正确引导,将会使科研人员更青睐参与简单的、易于取得成果的研究课题,降低科研人员对于风险性和挑战性项目的探索热情,从而阻碍重大前沿科技的突破。有组织科研应倡导多元价值取向,树立正确的科研成败观念。对于风险性高、创新性强的项目,在其主观动机良好、尽职尽责的情况下亦不能顺利完成的,应对其工作给予肯定。同时,科研的失败同样可以被视作一种成功,至少为后人的工作规避了错误路径,积累了一定的研究经验。有组织科研要为科研人员创设宽容的科研环境,为科研人员解决后顾之忧,鼓励其大胆试错,敢于探索。

总之,在开展体系化、建制化有组织科研,服务国家战略发展需求的同时,要充分考虑科研活动自身的独有特点,尊重研究人员的好奇心,激发科研人员的创新潜力,实现自由探索与有组织科研的协同共生,实现科技创新研发体系的高质量变革。

### 4. 治理科层弊端，助力减负松绑式创新

若情感问题得不到及时解决,由额外工作带来的科研负担得不到缓释,势必会影响科研人员的感知和创造,有组织科研可通过开展情感治理、削减行政事务的方式来治理科层弊端,为科研人员"减负松绑"。

一方面,辅以情感治理。长期以来,中国共产党始终坚持群众路线,与人民群众"共情",重视人与人之间"情感联结",情感治理是其开展工作

的重要辅助方式。在科研管控过程中，除了依靠科层制度进行刚性技术治理之外，亦应发挥优良传统，辅以情感治理。科研管理人员应坚持走群众路线的方式，善于倾听科研活动中不同参与主体的心声，切实了解其内在的情感需求，予以关切、回应和满足。同时，要加强高校党组织队伍深层次建设，并以此为依托，促进科研活动中多元参与主体之间的交流和互动，有效协调科研人员之间以及行政管理人员和科研人员之间的关系。另外，推进高校科研活动中"有事好商量，有事多商量"的民主协商机制建设，尊重科研活动中不同行动者的主体性，调动其积极性，及时发现问题、解决问题。还要进一步充分利用高校的公共设施，定期开展科研人员感兴趣的集体活动，营造情绪舒缓的氛围，促进不同主体的情感联结。

另一方面，削减行政事务。如前所述，相比于其他职业，学术工作更需要持续性深度思考，其节奏不能被经常打断。有组织科研应该充分考虑到这一学术规律，削减科研人员的行政事务，让科研人员将精力都聚焦学术创造工作。首先，简化行政流程。管理者应重新审视科研活动各个环节涉及的行政流程，对于不必要的流程予以删减，尤其是要对科研经费的报销，项目的审批等常规流程进行简化，节省科研人员的时间精力。其次，优化管理结构。有访谈调查表明，对于发展比较成熟的研究室，会将行政工作拆分成不同的部分，不同研究人员各司其职，[44]分别负责协调、报销、审批和考核等工作，组织结构比较明晰。可以此为蓝本，优化管理结构，根据不同研究人员的特点和优势，分配相应的行政工作，提高处理行政事务的效率。最后，严格控制会议和文件数量，坚决防止层层开会，层层发文的"文山会海"乱象。力求精简务实，少布置文字撰写任务，将科研人员从繁琐的文牍工作中解放出来。

## 四、结论与展望

有组织科研是对科研活动理性化的探索，具有诸多正向功能，包括高效性、可计算性、可预测性和可控性。高效性体现在其推进的"政产学研"

协同创新模式和跨学科协同创新模式上；可计算性呈现在对经费分配和使用的计算，对科研投入与产出的核算、对研发时间与速度的量化上；可预测性表现在科研目标的确定性、工作环境的稳健性和人才培养的适切性上；可控性则展现在对科研伦理的管控，对科研安全的把控，以及对科研精神的调控上。

　　然而，有组织科研在实现正向功能的同时，亦存在潜在的非理性风险。首先，在提升科研效率的同时，有可能激发区域和高校发展的进一步不平等；其次，盲目迷信可计算性，将诱发科研产出成果的低质化和同质化，甚至带来产能过剩的后果；再次，过度强调可预测性，将会引发科研独有魅力的祛除；最后，过于依赖科层组织以实现可控性，将会触发科层化风险，导致科研人员情感倦怠和工作负担加重。

　　因此，对于潜在的非理性风险，应有针对性地提前做好防范。其一，要从全局出发，从长远入手，加强协同创新模式的顶层设计，促进区域和高校协调均衡式发展；其二，改革评价体制，采用同行评议和量化评估相结合的方式改进评价模式，确保科研产出基本量，追求产出质量卓越式提升；其三，应正确处理自由探索和有组织科研之间的关系，推动科研包容式探索；其四，在强调技术治理的同时，应辅以情感治理，并削减行政事务，克服科层弊端，为科研人员营造良好的创新环境。

　　另外，在本研究的基础上，笔者认为有组织科研的未来研究可以关注以下两方面：一方面，可进一步总结中国特色的有组织科研经验，为新时代下我国科技创新体系的变革方向提供思路。我国具有自身独特的历史文化背景，其他国家的经验虽有一定的借鉴意义，但很可能"水土不服"，我国优秀的本土经验对于有组织科研的推进具有重要价值。发挥举国体制优势，集中力量办大事的有组织科研可追溯至新中国成立之初，"两弹一星"工程和载人航天工程等更是其中的典范，有较为翔实的材料值得整理、反思和总结。另一方面，要进一步关注推进有组织科研的动态过程。如本文所述，有组织科研涉及不同区域的互助协作，不同高校院系的科研创新体制变革和不同学科研究范式的变革。对此，我们应当思考：处于不同发展水平的区域如何根据现实需求开展"政产学研"协同创新？其通过有组织科研产出的科技成果如何进行转移转化？综合类、师范类、理工类和农医类大学如何分别在现有基础上逐步改进科研创新体制？文医交叉、文理交叉、文工交叉的科技跨界生产怎样实现？特别是在数字时代下，信息技术与各学科、各产业的融合可能会引发革命性的范式转变等一系列问题，需要我们予以深入探讨。

## 参考文献

［1］习近平.在教育文化卫生体育领域专家代表座谈会上的讲话[N].人民日报,2020 - 09 - 23(02).

［2］杜育红,郭艳斌,杨小敏.我国高校科研的组织演变与时代创新[J].国家教育行政学院学报,2022,300(12)：33 - 39 + 48.

［3］潘玉腾.高校实施有组织科研的问题解构与路径建构[J].中国高等教育,2022(Z3)：12 - 14.

［4］朱春燕.高校研发人才管理制度创新研究[J].科技进步与对策,2012,29(11)：100 - 102.

［5］聂秀平,张泽一.高校科研应如何"去行政化"[J].中国高校科技,2015(09)：18 - 20.

［6］文少保.美国大学"有组织的"跨学科研究创新的战略保障[J].中国高教研究,2011,(10)：31 - 33.

［7］常文磊.英国科研评估制度研究[J].中国教育政策评论,2012：175 - 188.

［8］万劲波,张凤,潘教峰.开展"有组织的基础研究"：任务布局与战略科技力量[J].中国科学院院刊,2021,36(12)：1404 - 1412.

［9］卢立珏.地方高校科研转型的路径与策略[D].华中科技大学,2018：61 - 65.

［10］庹光蓉,徐燕刚.运用激励理论优化高校科研管理体制[J].西南民族大学学报(人文社科版),2008(10)：261 - 263.

［11］乔治·瑞泽尔.汉堡统治世界？：社会的麦当劳化(20周年纪念版)[M].姚伟,等译.北京：中国人民大学出版社,2013：25 - 31.

［12］马克斯·韦伯.经济与社会(第一卷)[M].阎克文,译.上海：上海人民出版社,2020：227 - 229.

［13］Miles R. E., Miles G., Snow C. C. Collaborative entrepreneurship: How communities of networked firms use continuous innovation to create economic wealth[M]. Palo Alto: Stanford University Press, 2005: 153.

［14］洪银兴.关于创新驱动和协同创新的若干重要概念[J].经济理论与经济管理,2013(05)：5 - 12.

［15］郭正权,朱安丰,赵晓男."政产学研"组织科技成果转化的模拟分析[J].经济问题,2021(02)：45 - 52.

［16］陈良.大科研背景下跨学科学术组织发展建议[J].中国高校科技,2018(12)：4 - 6.

［17］王国弘.我国高校科研"投入产出最小化"现象成因与对策研究[J].科技进步与对策,2017,34(06)：147 - 150.

［18］郑文涛.“双一流”背景下的高校交叉学科建设研究［J］.首都师范大学学报（社会科学版），2018（01）：160－166.

［19］李东风.从基因编辑婴儿事件看当前科学伦理问题［J］.科学与社会，2019，9（02）：23－30.

［20］陆大道.以 SCI 为主导的“论文挂帅”对我国科技发展的负面影响［J］.经济地理，2020，40（03）：1－4.

［21］习近平.在科学家座谈会上的讲话［N］.人民日报，2020－09－12（02）.

［22］夏丽娟，谢富纪，付丙海.邻近性视角下的跨区域产学协同创新网络及影响因素分析［J］.管理学报，2017，14（12）：1795－1803.

［23］张省.地理邻近促进产学研协同创新吗？——基于多维邻近整合的视角［J］.人文地理，2017，32（04）：102－107.

［24］翟琼，宋正一，李畅.中国高新技术产业发展的历史演进、问题及对策［J］.科学管理研究，2015，33（04）：46－49.

［25］高宏利，李作学，王前.高校科研评估指标及其实证研究［J］.教育科学，2011，27（02）：71－75.

［26］赵昌文，许召元，袁东，廖博.当前我国产能过剩的特征、风险及对策研究——基于实地调研及微观数据的分析［J］.管理世界，2015（04）：1－10.

［27］马红旗，申广军.规模扩张、“创造性破坏”与产能过剩——基于钢铁企业微观数据的实证分析［J］.经济学（季刊），2021，21（01）：71－92.

［28］娄成武，吴宾，杨一民.我国海洋工程装备制造业面临的困境及其对策［J］.中国海洋大学学报（社会科学版），2016（03）：26－31.

［29］阎世英.失败论——试论科研活动中失败与成功的辩证关系［J］.科学、技术与辩证法，1987（01）：36－40.

［30］辛琳琳.高校创新型科研团队的组织行为模式研究［J］.教育科学，2011，27（01）：51－54.

［31］罗阳，刘雨航.党组织领导的校长负责制的情感治理：意涵、需求与路径［J］.中国教育学刊，2022（07）：10－16.

［32］何哲.官僚体制的悖论、机制及应对［J］.公共管理与政策评论，2021，10（04）：113－126.

［33］付梦芸，李欣.我国学术职业压力与科研产出的实证研究［J］.科学学研究，2022，40（03）：475－484.

［34］王建铨.《中国革命战争的战略问题》与战略思维［J］.新视野，2000（05）：48－50.

［35］中共中央马克思恩格斯列宁斯大林著作编译局.《马克思恩格斯文集》（第 9 卷）［M］.北京：人民出版社，2022：437.

［36］张政文.以有组织科研推动高校哲学社会科学自立自强［J］.中国高校社会科学，2023（01）：87－104＋159.

［37］刘文杰.高校科研量化评价何以盛行——基于“数字”作为治理媒介的视角［J］.大学教育科学，2022，194（04）：102－109.

［38］刘海洋，郭路，孔祥贞.学术锦标赛机制下的激励与扭曲——是什么导致了中国学术界的高数量与低质量？［J］.南开经济研究，2012（01）：3－18.

［39］姜春林，张立伟.学术评价：同行评议抑或科学计量［J］.中国高等教育，2014（Z3）：20－22＋35.

［40］张琳，Gunnar Sivertsen.科学计量与同行评议相结合的科研评价——国际经验与启示

[J].情报学报,2020,39(08)：806-816.

    [41] 张强.何以有组织：澳大利亚高校科研的外部治理机制[J].中国高教研究,2023,353(01)：57-63.

    [42] 西桂权.科技悬赏在非共识项目中的应用研究[J].中国科技论坛,2020(03)：16-23.

    [43] 龚旭.科学基金与创新性研究——美国国家科学基金会支持变革性研究的相关政策分析[J].中国科学基金,2011,25(02)：105-110.

    [44] 许贺楠,刘红,汪伟良.行政事务对科研人员影响的层次分析[J].科技和产业,2014,14(09)：144-149.

## 作者简介

    罗    阳    陕西师范大学教育学部助理研究员,社会学博士,主要从事教育社会学研究

    纪同桥(通讯作者)    陕西师范大学数学与统计学院硕士研究生,主要从事教育政策、数学教育研究

## 电子邮箱

    jitongqiao@snnu.edu.cn

# Chapter 13

## 多重制度逻辑下高校有组织科研的风险及其规避<sup>*</sup>

刘洋溪　任钰欣　应　杰

**摘　要：** 有组织科研作为高校科技创新建制化、成体系服务国家和区域战略需求的重要形式，是一项复杂且重大的系统性工程，涉及政府、市场和高校等多个场域、多类主体，受到国家、市场和学术等多种制度逻辑的交互影响。通过厘清多重制度逻辑的理论溯源与实践指向，将多重制度逻辑引入有组织科研的实践中，探寻多重制度逻辑与有组织科研的双向耦合，发现在知识生产、成果转化、评价机制等方面，有组织科研存在多重制度逻辑之间作用边界碰撞、语言体系偏差、价值取向冲突的风险。应进一步协调作用边界、疏通语言体系、平衡价值取向，更好地驱动知识生产模式创新发展，提升科技成果转移转化能力，推进科研评价机制综合改革，为实现高水平科技自立自强、加快建设世界重要人才中心和创新高地提供有力支撑。

**关键词：** 多重制度逻辑；高校；有组织科研；科技成果转化；科研评价机制

面对新一轮科技革命和产业变革的加速演进，2022 年 8 月，教育部印发《关于加强高校有组织科研　推动高水平自立自强的若干意见》，明确提出"高校有组织科研是高校科技创新实现建制化、成体系服务国家和区域战略需求的重要形式"，着重强调"高校要把服务国家战略需求作为最高追求"。[1]2022 年 10 月，党的二十大报告将"实施科教兴国战略，强化现代化建设人才支撑"列为单独一章，着重强调"优化国家科研机构、高水平研究型大学、科技领军企业定位和布局"，[2]为全局性谋划、整体性推动高

---

\* 本文系国家社会科学基金"十四五"规划 2023 年度教育学青年项目"新型举国体制高校科技攻坚的制度优化研究"（项目编号：CGA230335）的研究成果。

校有组织科研事业发展提供了科学的思想方法和新的方向。在实践中，有组织科研作为公共政策，其价值取向在于引导每个个体认同政策主体所提出的价值要求。从表象上看，政策选择是利益的博弈；从根本上看，任何政策选择最深层的依据都是某种价值理念，且价值理念之间的博弈伴随着政策全过程。[3]因此，在政策推进的过程中，有组织科研的改革与发展是一项非常复杂且重大的系统性工程，涉及的利益主体和触及的利益关系十分复杂，矛盾和阻力也随之而来。尤其是在政府、市场和高校等多个场域、多类主体以及多种制度逻辑的交互影响下，有组织科研的发展与改革逐渐成为各方利益角逐和博弈的焦点。本研究将多重制度逻辑引入有组织科研的实践中，为理顺多种主体及其行动机制、疏通有组织科研的实践路径提供理论框架。通过分析不同制度逻辑下有组织科研的价值意蕴和实践指向，梳理风险问题，探讨规避路径，以期为我国有组织科研提供创新发展思路。

## 一、多重制度逻辑分析框架及其在有组织科研中的运用

### 1. 多重制度逻辑的理论溯源与实践指向

制度逻辑视角（the institutional logics perspective）起源于20世纪末期，是社会学学者在回应新制度理论的局限时发展出来的一种新的理论视角。1985年，弗里德兰（Roger Friedland）和阿尔福德（Robert R. Alford）率先引入制度逻辑（institutional logics）的概念，用于描述现代西方社会背景下蕴含在制度中固有的实践与信念。[4]1991年，他们又将制度逻辑的概念应用在组织行为的研究中，将其定义为"塑造不同制度秩序下组织原则的物质性实践与象征性符号"。[5]其中，每种逻辑都有着自己独特的评价基础，诱发和塑造着不同的行为取向与行为方式，进而引发制度的变迁。在此，可以将制度逻辑视角视为一个元理论框架，作为联系宏观的社会结构和微观的人类行为的中介，为制度、组织、个人的跨层次互动机制提供分析工具。1999年，桑顿（Patricia H. Thornton）、奥卡西奥

（William Ocasio）进一步将制度逻辑定义为"由社会构建的、历史（沿承）的文化符号与物质实践、假设、价值观、信念、规则等模式，以使个体生产或再生产其物质生活、组织其时间与空间、为其日常活动给赋含意"。[6]具体来说，制度逻辑可以通过影响个体的注意力配置，激活他们的角色认同，进而改变个体的认知、态度与行动。此后，他们和龙思博（Lounsbury）又在已有研究的基础之上，系统阐述了社会中稳定存在并相互作用的七个中心制度（家庭、组织社群、宗教、国家、市场、职业、公司）及其特征，并将其统称为制度逻辑的"理想类型"（ideal type），以便研究辨析与实证性操作应用。[7]

随着经济社会发展与时代变迁，制度逻辑的呈现往往更为复杂，多重过程和各种制度要素的交互影响不仅削弱了单一制度逻辑的解释能力，也远超出上述七种典型制度逻辑的范畴，只有综合考量多重制度逻辑，才能减少理论分析与现实情况之间的偏差。[8]为此，学者们逐渐将多重制度逻辑理论运用到实践研究中，例如，2010 年，我国学者周雪光将多重制度逻辑运用于分析村庄选举制度的演变，[9]并提出了多重制度逻辑相较于以往研究的三个突破点。一是横向上超越了单一制度逻辑的局限。多重制度逻辑不仅承认在同一制度环境中多种制度逻辑的存在，还关注各制度逻辑之间的相互作用。二是纵向上搭建了宏观的制度逻辑与微观的个体行为间的纽带，关注宏观的静态的制度逻辑如何体现为可观察的微观群体的行为。三是关注了多重制度逻辑横向纵向交互作用中的内生性与动态性。在不同时间背景和制度逻辑下，不同的组织和个体有着动态变化的演变轨迹，这考验着研究者对纷繁复杂信息的把握和取舍。因此，多重制度逻辑视角在解释组织转型、演化与多样性等问题上获得了更加广阔的空间。

## 2. 多重制度逻辑与有组织科研的双向耦合

第一，有组织科研存在横向层面的制度逻辑交互影响，与多重制度逻辑的多元性高度契合。有组织科研涉及政府、教育部门、高校、企业、社会组织、科研团队和科研人员等多个利益主体。各利益主体行为受其所在立场和所处制度环境影响,产生着与制度环境相适应的制度行为逻辑。各种制度逻辑深刻影响着政策制定者、执行参与者的思想观念和现实行动,进而影响到有组织科研的现有模式和演进方向。[10]因此,高校要想高效协同上述多个利益主体,实现建制化、成体系的发展态势,急迫需要关注多重制度逻辑与真实治理情境之间的相互作用。在有组织科研的推进过程中,需对政府和教育部门的行政控制逻辑、高校自身的学术逻辑、企业和社会组织的市场逻辑以及科研团队、科研人员的行为逻辑等的不同职责与利益立场予以高度关注,厘清各主体的中心逻辑,剖析其交互影响的过程,全面加强多重制度逻辑构成的、多元性的有组织科研创新体系建设。

第二,有组织科研需要纵向层面的制度逻辑双向互动,与多重制度逻辑的互构性深度耦合。多重制度逻辑在纵向上搭建了宏观的制度逻辑与微观的个体行为间的纽带,既关注制度对行为者在象征性活动中的行为方式,也通过对多个群体微观行为的捕捉和分析反射出宏观层面制度逻辑的复杂动态。一方面,多重制度逻辑为分析复杂制度环境下的个体行为提供了理论视角。有组织科研的宏观制度环境由政府、教育部门、高校、企业、社会组织以及科研团队等组织共同决定,科技创新的实验和实践却需要落实到具体的微观的个体层面。任何时候,科研人员的好奇心都是达成科学进步的内生性微观动力,[11]科研人员的创造力是推动科技发展的能量来源。因此,有组织科研急迫需要关注制度逻辑的微观行为意义,激发微观主体的创造活力。另一方面,从各微观主体的日常行为活动入手,也为把握有组织科研中宏观层面各制度逻辑的动向提供经验和实证分析基础。

第三,有组织科研依赖纵横交互的制度逻辑动态变化,与多重制度逻辑的双向性紧密结合。在有组织科研的推进过程中,多重制度逻辑呈现出纵横交错的状态,例如政府的行政控制逻辑、高校自身的学术逻辑与企业的市场逐利逻辑呈现横向的交互影响,同时上述制度逻辑又与科研团队、科研人员的微观行为呈现纵向的交互影响。在各制度逻辑纵横交互影响的基础上,有组织科研内化于不同制度逻辑主体的博弈互动之中,是一个动态变化的过程。这种动态变化随时间、参与群体、有关组织、相关条件的不同而呈现出不同的演变轨迹。只有依赖于对多重制度逻辑动态变化的分析，有组织科研才能具备动态的思维和视角，有效揭示各主体的制度行为逻辑及其行动策略，有利于协调和均衡多重逻辑主体的权力、责任和利益关系，为有组织科研营造良好的内外部生态环境，为构建新发展格局和实现高质量发展提供有力支撑。[12]

## 二、有组织科研中的多重制度逻辑

在有组织科研的实践进程中，政府、市场和高校三类主体交互作用，国家逻辑、市场逻辑和学术逻辑在混合场域内交互影响。为此，深入分析每一种制度逻辑背后的行动目标和价值诉求，能够更好地认识和解释各主体的行为模式，进而厘清他们对有组织科研的影响。

### 1. 国家逻辑：指向综合国力的提升

关于高校科研范式中的国家逻辑可以追溯至两次世界大战期间，尤其是第二次世界大战中基于大学实验室的原子弹、雷达等科技项目的突破，足以改变战争进程，也证明了高校科研对于国家的战略意义。[13]1945 年 7 月，布什（Vannevar Bush）向时任美国总统杜鲁门（Harry S. Truman）提交了一份题为《科学：没有止境的前沿》（Science：The Endless Frontier）的报告，将科学进步的任务定义为"对疾病、国家安全、公共福利、人才培养和经济增长等多方面的贡献"，形成国家逻辑下政府与科学的理想关系的经典表达。在报告中，他明确提出"科学是政府应当关心的事情"，"应该通过政府的资金来加强学院、大学和研究所的基础研究"。同时，主张成立美国科学基金会，通过项目发包制连接国家战略需求和高校科研组织。[14]多年来，我国基础研究和原始创新虽然取得了长足进步，但是与建设世界科技强国的要求相比，还面临着一系列问题、风险和挑战，严重制约了我国基础研究水平的提升，[15]诸多"卡脖子"问题亟待解决。面向未来,在国家战略发展需求和经济社会发展面临的实际问题中,科技创新既是促进经济增长的关键环节和主要途径,也是衡量一个国家综合国力的重要指标。在国家逻辑的影响下,基础科学研究需要从高校科研人员纯自由探索的科研模式,演化成以国家战略需求为导向,由政府组织、集中投入,将政府、高校、企业、科研人员联合起来的跨领域、跨学科的高效合作形式,全面塑造发展新优势的科研机构和科研组织。同时,对有组织科研进行系统、持续的规划与布局,将是我国发挥新型举国体制优势、实现核心技术重大攻关、健全创新体系的重要战略,进而带动提升国家综合国力、国际竞争力与可持续发展能力。[16]因此,国家逻辑对有组织科研的影响轨迹具有自上而下的显性特征,在手段上主要体现为政府的行政命令、法律规范与实施,在成果评价上主要体现出对政治合法性、国家重大战略和社会效益价值的追求。[17]

### 2. 市场逻辑: 指向经济效益的竞争

市场逻辑是影响大学改革与发展的新兴力量,从历史角度看,市场与科技之间的系统互动可以追溯到 19 世纪下半叶,第二次科技革命"将科学本身转化为资本"。[18]近年来,在科学知识增长的过程中,从理论发明到技术转化再到产品生产的时间间隔越来越短,理论发明与应用转化的界限也在逐渐淡化。[19]具备科技创新能力的高校越来越受到市场的青睐,在走向社会体系中心的同时,市场化趋势也愈发明显。由此,市场逻辑下追求效益和约束市场各主体行为的契约精神也逐渐影响着高校科研。当前,随着数字化、智能化改造深入推进,在市场逻辑的影响下,传统产业急迫需要改造升级,同时也表明现有科研水平和绩效,已经无法满足更高层次的市场竞争要求。因此,科研的功能配置必须积极适应和匹配好技术商业化过程中研究人员和产业界产生的需求,[20]及时引入外在资源以维持其可持续性发展,实现现有资源的最大利用效率,以最优资源配置来追求组织效用的最大化,开展与经济和市场的良性互动。[21]从实践来看,市场逻辑对高校办学经费、科研方向、学科结构以及组织结构等多个方面都产生着影响：一是不同类型高校获取外部资源的能力是差距巨大的，导致高等教育经费配置的不均衡性愈发突出；二是科研方向的重心逐渐转向实用性强、效益高、资助多的应用型研究；三是适应市场需求的学科和组织更容易获得办学资源和发展空间；四是高校不再是单纯的学术机构，在与产业界紧密联系的过程中也过渡为带有经济组织特征的混合式组织。[22]另外，带有不同价值诉求的参与者对高校科研成果的评价标准各不相同，而市场逻辑下的企业或投资者等主体在与高校互动中，不断向高校传递市场需要什么样的科研成果。面向未来，在市场与高校的互动过程中，需要有选择性地发挥市场逻辑下经济效益的指引作用，例如，优化高校管理工作的质量和效率、促进校企合作和科研成果转化、营造高等教育市场公平竞争的环境和条件等。

### 3. 学术逻辑: 指向学术自由的保障

回溯历史，自科学精神最早出现的古希腊时期以来，学者并不是一份职业，也不受雇于任何政府和企业，他们根据兴趣探索知识本身，追求事物"本原"。[23]伴随着启蒙运动在欧洲的兴起，学术自由的思想兴盛于德国。18世纪末期，康德（Immanuel Kant）关于对学者"公开运用自己理性的自由"的论证，被视为学术自由最原始的理论基础。此后，费希特（Johann Gottlieb Fichte）关于学者使命的阐述，以及洪堡（Wilhelm von Humboldt）对国家限度作用的论述，进一步勾勒了学术自由的内外条件等问题，并逐步使其成为一种成熟的学术逻辑，推动了德国近代大学的高速发展。[24]随着时代的发展，学术自由的大学理念不仅影响了德国，还成为影响整个世界高等教育发展的一种力量。学术自由的理念在于将科学视为纯粹的精神活动，保障学者探索学问、追求真理和知识本身的自主权。学术自由的内容包括教学的自由、研究的自由以及学生学习的自由。[25]一直以来，高校与政府、市场的界限都较为清晰。大学作为"象牙塔"，是由对科研有着极致追求的人员组成的行会组织，其成员有着极强的同质性。学术性作为大学组织的根本属性，从根本上决定了大学组织的边界并不是漫无边际的,而是存在一定的边界和范围。[26]综上所述,学术自由与大学自治既是西方大学的传统,也是现代大学的生命力所在。[27]遵循学术逻辑是高校作为独特的社会组织生存与发展的本源性基础,也是高校开展科研自身不断扩展和深化的内部需求,学术性是大学组织的根本属性。

## 三、有组织科研存在的多重风险

在有组织科研的实践进程中,国家逻辑、市场逻辑和学术逻辑往往围绕着自己的价值取向形成各自的制度秩序,进而影响个人和组织的实践行动。在多重制度逻辑交互影响的高校科研领域,各制度逻辑之间的碰撞,进而令有组织科研呈现出分化与协同、冲突与整合等多重风险。

### 1. 知识生产: 国家逻辑与学术逻辑的作用边界碰撞

当前,有组织科研处于多重制度逻辑建构的复杂场域中,高校科研方向与国家战略需求之间、各科研主体之间均存在着一定程度的碰撞与摩擦。在新型举国体制下,在高校有组织科研体系建构过程中,知识生产作为最重要的一环,容易出现组织载体支撑失效、科研方向矛盾或创新系统性失灵等问题。究其原因,是国家逻辑和学术逻辑的作用边界碰撞,缺乏对潜在边界条件的因势利导和精准施策。

一是国家逻辑中组织协同与学术逻辑中自由探索的边界碰撞。早在第二次世界大战期间,美国政府就开始与高校开展了一系列科研合作,伴随着合作制度不断完善、合作案例持续推广、合作声誉稳定增长,高校服务国家战略的规制合法性也得到了强化。国家逻辑下"集中力量办大事"的组织性对高校科研的影响也由此产生。但高校作为学术机构,从历史角度而言,具备追求学术自由的内部自反性合法化,[28]也就是从科学共同体内部建构合法性和意义与外部合法性抗衡,以保障科研者追求纯粹科学知识的自由。基于此,国家逻辑的组织协调和学术逻辑的自由探索导向不同的知识生产方向。如全然顺应学术逻辑，自由探索的科研模式过于松散，难以高效实现技术突破。如全然顺应国家逻辑，高度组织化的科研也会破坏自由的学术环境、堵截边缘化的学术方向。例如，20 世纪 70 年代初，美国、英国等国家认为人工智能缺乏实用性，大幅削减科研经费，导致辛顿（Geoffrey Hinton）、勒丘恩（Yann LeCun）等大批神经网络学派的科学家迁往加拿大，为加拿大在人工智能领域赢得了良好的国际声誉。[29]当前，我国科技创新从过去以跟跑、补短板为主，转向充满未知和不确定性的原创性、引领性、基础性科技攻关，更需要处理好国家逻辑中组织协调与学术逻辑中自由探索的边界碰撞。

二是国家逻辑中跨学科合作与学术逻辑中学科惯性的边界碰撞。学科导向的松散型科研组织模式，使高校在应对"投入大、周期长、见效慢"的国家重大科技任务时，聚集高水平人才队伍打造国家战略人才力量形成攻坚克难的组织合力还不够。面向未来，组建跨部门和多学科交叉的科研团队联合开展科研攻关，是有组织科研的必然道路。然而，学科组织是高校中的基本组织单位，具有学科知识边界性和科层结构特征，跨学科科研汇集多学科力量的同时，也需要积极应对学科组织结构、学科管理体制、学科组织目标、学科成员身份等方面的差异与冲突。国家逻辑的协同在落实过程中与学术逻辑的学科惯性和学科壁垒碰撞，削弱了跨学科科研的有效性。一方面，以学院、学系为基础的管理体制决定了资源分配中的学科依据，跨学科科研面临着不同学科组织之间复杂的资源冲突；[30]另一方面，学科之间存在着专业壁垒和评价标准壁垒，直接影响着跨学科科研的团队沟通和目标导向。

## 2. 成果转化：市场逻辑与学术逻辑的语言体系偏差

创新是引领发展的第一动力，而创新要素的融通与质变、创新驱动发展战略的落实、产业的转型升级离不开科技成果转化，这也是高校有组织科研中必不可少的一环。然而，当前传统模式下科技成果转化难、转化率低的困局仍有待突破。科技成果与产业化发展之间断层严峻的"死亡之谷"以及管理、技术、商业、法律等方面风险重重的"达尔文之海"都有待跨越。[31]在有组织科研体系中,高校被赋予多重角色,面临多重制度逻辑的碰撞,其中科技成果转化的困局主要来自市场逻辑和学术逻辑之间语言体系的偏差。

首先,市场逻辑与学术逻辑的价值语言不同。这导致高校研发项目选题与市场需求存在偏差。市场逻辑致力于竞争经济效益,受其影响的企业具备敏锐的市场嗅觉,以迎合市场需求为目标导向,而在高校的价值金字塔中,学术逻辑追求的是知识体系的更新、学术价值的实现。从个体角度而言,高校科研人员大多深耕于固定的研究方向,由其学术兴趣驱动;从整体制度环境而言,我国高校科技管理体制行政化特征明显,在相应的高校资源分配体制下,学术成果能够撬动的资源更多,市场价值也就被置于次位。上述分歧是导致校企合作困难、高校科研成果转化率低的重要原因,也不利于高校和企业合力攻关科技难题的有组织科研体系建构。基于此,如何在市场逻辑和学术逻辑之间达成一致,进而获得市场需求和学术需求两者的普遍认可,成为当前急迫需要解决的重要课题。

其次,市场逻辑与学术逻辑的管理语言不同。当前,高校大多由国家举办,由教育部门主管,为非营利性事业单位。因此,高校与企业管理体制存在着较大偏差。在竞争机制的大浪淘沙之下,企业具备高效灵活的运作模式,以应对变幻莫测的市场环境。而高校因其独有的历史传统、机构属性和职能定位,在配套机制、工作节奏等方面相对企业而言较为迟滞。例如,高校管理存在着科研项目的审批缺乏效率性,科研经费的管理缺乏灵活性,资源配置缺乏敏锐性等问题。综上所述,企业与高校管理机制的差异和管理节奏的失衡将直接影响校企合作的流畅性和科技成果转化的效率,成为有组织科研体系中阻滞生产力输出环节的瓶颈。

### 3. 评价机制: 国家逻辑、市场逻辑与学术逻辑的价值取向冲突

有组织科研是在国家逻辑、市场逻辑、学术逻辑的交互影响下展开的,三种逻辑之间价值取向的冲突也引发了评价体系混乱、机制失灵。而高校科研的评价机制同时具备衡量高校科研成果、激励科研者创新动力、

引导科研方向、引领科技人才培养的多重功能，对加快国家战略急需的关键核心技术攻关、促进目标导向的基础研究突破、建设高水平人才队伍具有重要意义。因此，有组织科研的评价机制问题需要得到正确认识，多重制度逻辑之间的价值取向的交互和冲突需要厘清。

第一，国家逻辑和市场逻辑的外适性评价挤压学术逻辑的内适性评价。当前高校的科研评价机制被国家逻辑和市场逻辑的外适性质量评价裹挟，为了争取更多科研经费和资源配置，高校的科研指标逐渐向国家逻辑和市场逻辑靠拢，并通过考核任务、职称评聘、绩效分配等方式层层加码给科研人员。[32]于是，外在的行政力量和市场力量占据了成果评价的话语权，政治性、社会效益、经济效益逐渐成为科研评价中最重要的标准。这种实用主义的工具理性导向偏离了学术逻辑对科学知识和创新的原始追求，也挤压了具有学术特性的内适性评价的生存空间。内适性评价追求学术价值和科研共同体内部的认可，是滋养原始创新的重要方式。原始创新具有三个特性：一是没有现成模式可供参考；二是研究周期长，研究路径和成果不确定；三是超前于当前的社会实践，短期内可能不具备实用价值或商业价值。[33]这类研究既考验着科研人员的定力，也需要内适性评价机制的培育。外适性评价对内适性评价的挤压不利于长期性、原创性的科研产出，也不利于有组织科研的可持续和高质量纵深发展。

第二，市场逻辑的形式评价冲击学术逻辑的内容评价。在市场力量逐渐渗透及绩效管理思潮的双重影响下，市场逻辑以利益和效益为导向的价值观念也对高校的学术环境产生了一定程度的影响。伴随高校科研评价机制的市场化，自20世纪90年代之后，越来越多的高校科研管理部门将客观、操作性强的量化标准引入评价机制。量化评价机制占据主导地位后，在影响因子、论文数量、引用次数、课题级别等计量标准的催化下，唯论文、唯奖项、唯帽子等现象逐渐出现，违背了量化评价的初衷。[34]同时，市场逻辑下的大学排名逐渐将高校裹挟，并将压力传递至每位科研人员。以形式和效益为导向的量化评价机制尽管具有激励和促进学术产出的效用，在科研评价中也具有现实合法性，但对数量、形式、效益的追求也同时冲击着学术逻辑的内容评价。在内容评价中对研究质量和研究创新性的追求,逐渐转变为形式评价中对成果数量和成果级别的追求。在新型举国体制下,有组织科研首先要突破的是国家战略急需的关键核心技术,数量的累积和形式效果的体面不仅徒劳无功,还侵蚀着高校科研的风气和科研人员"板凳宁坐十年冷"的格物致知精神。

## 四、多重制度逻辑视域下有组织科研的风险规避策略

当前,高校是基础研究发展格局和国家战略科技力量的重要组成部分。实现有组织科研应在厘清多重制度逻辑交互影响的基础上,最大限度地协调多重制度逻辑的作用边界,驱动知识生产模式创新发展;疏通多重制度逻辑的语言体系,提升科技成果转移转化能力;平衡多重制度逻辑的价值取向,推进科研评价机制综合改革,为实现高水平科技自立自强、加快建设世界重要人才中心和创新高地提供有力支撑。

### 1. 协调多重制度逻辑的作用边界,驱动知识生产模式创新发展

高校作为基础研究主力军和重大科技突破策源地,本就面临着多样化的制度环境和制度秩序。有组织科研的提出加剧了科研组织场域复杂性和作用边界碰撞,应进一步协调多重制度逻辑的作用边界,驱动知识生产模式创新发展。吉本斯(Michael Gibbons)等人提出超越传统学科知识研究的知识生产模式,强调跨学科知识生产团队的重要性和伴随知识生产场域扩大而呈现出的组织异质性和多元性。[35]卡拉雅尼斯(Elias G. Carayannis)等人在此基础上发展出受自上而下的政策驱动或自下而上的创业赋权,凝聚政府、高校、企业等多元主体的创新网络和知识集群。[36]为推动我国高校有组织科研的发展,也应形成在政策驱动或创新创业赋权下,包容多元组织形式、鼓励跨学科团队的知识生产新模式。

首先,创新集中攻关和自由探索相结合的多元化科研组织形式。新发展阶段下,高校要根据国家战略需求和经济社会发展阶段的产业结构

特征、关键科技领域的研发需求，采用"揭榜挂帅""招募令"等方式汇集有兴趣、有意愿、有能力的科研团队和科研人员，形成高质量的入围清单和统一的信息管理平台，以健全关键核心技术攻关的高效组织体系，同时也要尊重科学研究灵感瞬间性、方式多样性、路径不确定性等特点，鼓励科研人员自由畅想、大胆假设、认真求证，充分调动他们的积极性、创造性。自由探索类基础研究聚焦探索未知的科学问题，勇攀科学高峰；目标导向类基础研究紧密结合经济社会发展需求，加强战略领域前瞻部署。[37]总而言之，要积极推动自由探索和目标导向有机结合，包容和鼓励多元化的科研组织形式。

其次，梳理学科边界，建设交叉学科集群。对照有组织科研的要求，跨学科合作是有组织科研的必然道路。对于高校而言，交叉学科集群既是一项全新的改革与探索，也是优化学科综合布局，深化学科内涵建设，进一步催生科学研究新领域的重要契机。在遵循学科发展客观规律的前提下，可按照分类统筹、一流牵引、主干强身、交叉融合的思路，广泛调研、因校制宜，在明确自身办学定位和优势特色的基础上，有针对性地进行细致规划、决策和论证。按照功能定位清晰、布局合理、精简高效的原则，拟订交叉学科集群的机构改革发展与布局的规划，形成与目标相符合的组织形式，[38]进而推动科技资源优化配置和学科建设创新发展，夯实有组织科研的学科基础。

### 2. 疏通多重制度逻辑的语言体系，提升科技成果转移转化能力

科技成果转化是有组织科研中不可或缺的一环，奥德里特施（David B. Audretsch）等研究者指出，对新知识的投资必须通过"知识过滤器"（the knowledge filter）才能最终促进创新发展、竞争力和经济增长，"知识过滤器"也就是科技成果转化的过程与其中的风险与障碍。因此，创业型大学既是新知识的生产者，也是科技成果转化的推动者。[39]在我国有组织科研体系中，科技成果转化涉及多个部门、多个主体，高校作为其中的重要组成部分，应当肩负起多重使命，加强与政府对接、与企业沟通，保持目

标一致、措施连续，共同推动成果转化落地。

第一，建设协调学术导向与市场需求的选题机制。一方面，应该发挥市场的灵敏嗅觉，推动科研人员对企业等需求端主体的关注，开展有市场前景的科研工作。在实践中，进一步建立健全由企业等多元主体参与的科研项目决策联席会议，使科研成果能够更加充分地反映经济社会发展需求。另一方面，企业也应当用科学的方式展示市场对科研的需求，即凭借市场调研的实证数据来参与选题的决策，使市场需求与学术需求能够顺利对接。

第二，优化校企合作的管理机制。在校企合作共同推动科技成果转化的过程中，高校作为事业单位，其管理机制和管理节奏相对企业而言较为落后。因此，为了更好地发挥市场机制在人才、资金、知识等各类要素资源配置中的作用，提升科技成果转化的整体效率，高校应进一步优化校企合作相关的管理机制。相关管理部门应该向企业高效的管理机制体系学习先进经验，熟悉企业的管理语言，在顺畅沟通中进行高效合作。具体而言，高校管理部门应进一步提高科研项目审批效率，增强科研经费管理的灵活性，提升具体政策公示的及时性和可操作性，建设与企业的有效沟通机制。

### 3. 平衡多重制度逻辑的价值取向，推进科研评价机制综合改革

科研评价一直是我国科技体制改革过程中的热点和重难点问题，也是有组织科研中的重要环节，兼具验收成果和科研导向的重要作用。为了进一步加强有组织科研，政府应注重平衡多重制度逻辑的价值取向，推进科研评价机制综合改革，健全完善科技成果分类评价体系，以科技成果评价促进高校科研范式和组织模式变革，进而促进科技与经济社会发展紧密结合。

第一，建立包容多元的分类评价体系。有组织科研处于多重制度逻辑的交互影响下，评价机制面临着外适性评价和内适性评价的不断拉扯。在国家逻辑和市场逻辑中，高校科研评价指向国家战略需求和社会经济效益，而在学术逻辑中，高校科研评价指向知识本身。外适性评价是有组

织科研得以成形的基础,内适性评价是有组织科研长期可持续发展的保障,两者缺一不可。因此,要进一步建立健全包容多元的分类评价体系,针对不同科研导向、不同科研生产方式提供恰当的评价方式,既要鼓励支持甘坐"冷板凳"、勇闯"无人区"的原始创新,又要引导激励敢啃"硬骨头"、善打"攻坚战"的协同攻关,[40]更好地激发各类主体的创新活力。同时,评价机制需要不断完善、动态更新,面对不同学科领域、不同应用类型的科研项目要做到具体问题具体分析,根据实际情况不断改善,形成符合研究特点和规律的评价机制。

第二,矫正科研评价中的不良风气。高校科研中形式评价过重导致的重数量、轻质量、唯论文等不良风气对有组织科研有百害而无一利。在科技飞速发展的背景下,加快国家战略急需的关键核心技术重大突破才是我国有组织科研改革与发展的重点举措。基于此,要进一步矫正科研评价中的不良风气,一方面破除量化考核标准作为唯一指标的评价方式,另一方面对具有重大学术影响、取得显著应用效果、为经济社会发展和国家安全作出突出贡献等高质量成果,提高其考核评价权重,具体由相关科技评价组织管理单位根据实际情况确定。[41]最终形成以内容质量为导向的评价体系,营造崇尚创新、崇尚高质量研究的科研风气,[42]推动有组织科研在内容层面而不是形式层面的切实落地。

## 参考文献

[1] 教育部印发《关于加强高校有组织科研　推动高水平自立自强的若干意见》[EB/OL].(2022-08-29)[2023-03-26].http://m.moe.gov.cn/jyb_xwfb/gzdt_gzdt/s5987/202208/t20220829_656091.html.

[2] 习近平.高举中国特色社会主义伟大旗帜　为全面建设社会主义现代化国家而团结奋斗——在中国共产党第二十次全国代表大会上的报告[EB/OL].(2022-10-16)[2022-03-26]. https://www.12371.cn/2022/10/25/ARTI1666705047474465.shtml.

[3] 王庆华.论政策过程中的利益博弈与价值博弈[J].中国行政管理,2009(10)：74-76.

[4] Alford R., Friedland R. Powers of theory: Capitalism, the State, and Democracy [M]. Cambridge: Cambridge University Press, 1985.

[5] Friedland R., Alford R. Bringing Society Back In: Symbols, Practices, and Institutional Contradictions[M]. Chicago: Chicago University of Chicago, 1991: 232-263.

[6] Thornton P. H., Ocasio W. Institutional logics and the historical contingency of power

in organizations：Executive succession in the higher education publishing industry，1958 - 1990 [J]. American Journal of Sociology，1999(3)：801 - 843.

［7］ Thornton P. H.，Ocasio W.，Lounsbury M.The Institutional Logics Perspective：A New Approach to Culture，Structure，and Process[M]. Oxford：Oxford University Press，2012：76 - 102.

［8］ Lounsbury M. A tale of two cities：Competing logics and practice variation in the professionalizing of mutual funds[J]. The Academy of Management Journal，2007(02)：289 - 307.

［9］周雪光,艾云.多重逻辑下的制度变迁：一个分析框架[J].中国社会科学,2010(04)：132 - 150 + 223.

［10］徐蕾,严毛新.多重制度逻辑视角下中国高校创业教育的演进[J].教育发展研究,2019 (03)：41 - 47.

［11］潘教峰,鲁晓,王光辉.科学研究模式变迁：有组织的基础研究[J].中国科学院院刊, 2021(12)：1395 - 1403.

［12］邓亮.多重制度逻辑下我国教育数据开放的风险透视及治理路径[J].教育学报,2022 (05)：118 - 128.

［13］樊春良.国家战略科技力量的演进：世界与中国[J].中国科学院院刊,2021(05)：533 - 543.

［14］[美] V.布什,等.科学——没有止境的前沿[M].范岱年,解道华,译.北京：商务印书馆,2004：52 - 54.

［15］邓衢文,刘敏,黄敏聪,万晶晶.我国及世界科技强国的基础研究经费投入特点与启示 [J].世界科技研究与发展,2019(02)：137 - 147.

［16］万劲波,张凤,潘教峰.开展"有组织的基础研究"：任务布局与战略科技力量[J].中国科学院院刊,2021(12)：1404 - 1412.

［17］高慧.高校哲学社会科学研究成果评价政策变迁中的多重制度逻辑[J].高等教育评论, 2021(02)：134 - 145.

［18］ Leydesdorff L.，Etzkowitz H. Emergence of a Triple Helix of university — industry — government relations[J]. Science and Public Policy，1996(05)：279 - 286.

［19］袁振国.创新学术建制　促进一流学科建设[J].中国高教研究,2022(08)：11 - 14.

［20］朱鹏举,王振国.基于供需匹配视角下的美国大学科研成果转化创新模式：概念验证中心研究[J].河北大学学报(哲学社会科学版),2021(04)：107 - 115.

［21］高慧.高校哲学社会科学研究成果评价政策变迁中的多重制度逻辑[J].高等教育评论, 2021(02)：134 - 145.

［22］胡德鑫.我国世界一流大学建设的制度逻辑与路径选择[J].复旦教育论坛,2019(03)：74 - 80.

［23］吴国盛.科学精神的起源[J].科学与社会,2011(01)：94 - 103.

［24］冒荣.远去的彼岸星空——德国近代大学的学术自由理念[J].高等教育研究,2010 (06)：8 - 19.

［25］赵叶珠,程海霞.移植与创新：德国学术自由理念在美国的嬗变[J].现代大学教育,2010 (06)：33 - 37.

［26］李立国,张海生.以知识创新为导向的大学治理变革逻辑与秩序维度[J].高等教育研究,2021(12)：12 - 20.

［27］胡德鑫.我国世界一流大学建设的困境与治理挑战——基于多重制度逻辑分析范式［J］.高等工程教育研究,2019(02)：134－139.

［28］张乾友.社会科学的自反性合法化：以美国工商管理学与公共行政学为例［J］.公共管理评论,2022(04)：179－193.

［29］尼克.人工智能史［M］.北京：人民邮电出版社,2017：25,109.

［30］陈亚玲.大学跨学科科研组织：起源、类型及运行策略［J］.高校教育管理,2012(03)：45－49.

［31］王江哲,刘益,陈晓菲.产学研合作与高校科研成果转化：基于知识产权保护视角［J］.科技管理研究,2018(17)：119－126.

［32］刘海洋,郭路,孔祥贞.学术锦标赛机制下的激励与扭曲——是什么导致了中国学术界的高数量与低质量？［J］.南开经济研究,2012(01)：3－18.

［33］杜育红,郭艳斌,杨小敏.我国高校科研的组织演变与时代创新［J］.国家教育行政学院学报,2022(12)：33－39＋48.

［34］沈壮海,夏义堃.中国特色哲学社会科学学术评价的职责边界与策略选择［J］.情报资料工作,2021(03)：23－31.

［35］迈克尔·吉本斯,等.知识生产的新模式——当代社会科学与研究的动力学［M］.陈洪捷,沈文钦,等译.北京：北京大学出版社,2011：3.

［36］Carayannis E. G., Campbell D. F. J. Open innovation diplomacy and a 21st century Fractal Research, Education and Innovation Ecosystem（FREIE）：Building on the quadruple and quintuple helix innovation concepts and the 'mode 3' knowledge production system［J］. Journal of the Knowledge Economy, 2011(03)：327－372.

［37］国务院关于全面加强基础科学研究的若干意见［EB/OL］.(2018－01－31)［2023－03－26］.http://www.gov.cn/zhengce/content/2018-01/31/content_5262539.htm.

［38］项延训,马桂敏.对学科群建设的认识与实践［J］.中国高教研究,2007(01)：41－43.

［39］Audretsch D. B. From the Entrepreneurial University to the University for the Entrepreneurial Society［J］. Journal of Technology Transfer, 2014(03)：313－321.

［40］侯建国.肩负起实现高水平科技自立自强的时代重任［N］.人民日报,2021－06－15(13).

［41］国务院办公厅关于完善科技成果评价机制的指导意见［EB/OL］.(2021－08－02)［2023－03－26］. http://www.gov.cn/zhengce/content/2021-08/02/content_5628987.htm.

［42］刘洋溪,李立国,任钰欣.资源保存理论视角下博士后满意度的影响机制研究——基于Nature全球调查数据的实证分析［J］.国家教育行政学院学报,2023(04)：83－95.

## 作者简介

刘洋溪　华东师范大学教育学部博士研究生

任钰欣(通讯作者)　华东师范大学教育学部硕士研究生

应　杰　金华教育学院

## 电子邮箱

renyuxin919@163.com

# 附:《中国教育政策评论》简介及投稿须知

《中国教育政策评论》是以评论我国教育政策热点及难点问题为主要内容的学术集刊。自创刊以来,本集刊一直秉持"教育研究密切联系实践,服务决策"的精神,对中国教育发展过程中的重大理论问题和实践问题进行了专门探讨,在教育研究、教育决策以及教育实践领域产生了广泛而深远的影响,已连续多次被确立为 CSSCI 来源集刊。自创刊以来,本集刊历年讨论的主题如下:

1999 年:教育政策与教育改革

2000 年:教育政策的科学制定

2001 年:教育政策的理论探索

2002 年:教师教育政策

2003 年:教育督导政策

2004 年:教育均衡发展

2005 年:教育制度创新

2006 年:中外合作办学

2007 年:科研政策

2008 年:教育公平

2009 年:创新人才培养

2010 年:教育质量与教育质量标准

2011 年:基本公共教育服务

2012 年:现代大学制度

2013 年:教育国际化

2014 年:高校绩效评价

2015 年:教育改革 30 年

2016 年：教育公平

2017 年：校内教育公平

2018 年：2030 年教育

2019 年：大规模测量与评估研究

2020 年：后疫情时代的教育思考

2021 年：教育脱贫攻坚的中国经验

2022 年（上）：教育数字化转型

2022 年（下）："双减"政策下的教育改革

2023 年（上）：有组织科研

《中国教育政策评论》面向国内外征集优秀论文。来稿要求如下：

1. 稿件未在其他正式刊物上发表。

2. 来稿一律按照国家对期刊稿件的投稿要求格式写作,稿件字数以 1 万字左右为宜(含注释、参考文献、附录、图表等)。

3. 来稿文内标题一般分为三级,第一级标题用"一、""二、""三、"……标识;第二级标题用"1.""2.""3."……标识;第三级标题用"（1）""（2）""（3）"……标识。

4. 正文字体一律为小四号,宋体。文内图标应规范,符合出版标准。表格标题置于表格前,以表格序号(表 1、表 2……)加标题名标识,表格序号与标题名之间空一汉字距离;图之标题置于图后,以图之序号(图 1、图 2……)加标题名标识,图之序号与标题名之间空一汉字距离。图表文字用小五号字。

5. 来稿所有引文务必注明出处。引用性注释采用顺序编码制,文中用"[1][2][3]……"以上标形式标注,具体文献放在文后,用"[1][2][3]……"编码,与文中的"[1][2][3]……"序号相对应。同一文献引用多次时,篇后注注码连续编号,参考文献可合并为一条。著录格式请参照《GB/T7714—2015 信息与文献　参考文献著录规则》,如：

　　[1] 符娟明.比较高等教育[M].北京:北京师范大学出版社,1987:67.

[2] 界屋太一.知识价值革命[M].黄晓勇,等,译.北京:生活·读书·新知三联书店,1987:12.

[3] 刘宝存.大众教育与英才教育应并重:兼与吕型伟、王建华先生商榷[J].教育发展研究,2001(4):57-59.

[4] 靳晓燕.北京密云:以教师交流促教育提升[N].光明日报,2012-05-30(14).

[5] 新华社评论员.让中国力量推动全球治理体系变革——学习习近平总书记在中央政治局第三十五次集体学习时的重要讲话[EB/OL].(2016-09-28)[2017-12-26].http://www.xinhuanet.com/politics/2016-09/28/c_1119642701htm.

[6] Fornell C., Larcker D. F. Evaluating Structural Equation Models with Unobservable Variables and Measurement Error [J]. Journal of Marketing Research,1981,18(01):39.

[7] Hastie T., Tibshirani R., Friedman J. The Elements of Statistical Learning[M]. New York:Springer,2009.

6. 文中的外国人名在第一次出现时,应于中文译名后加圆括号附注外文。

7. 文末请附作者简介、工作单位和电子邮箱,如有多位作者请标明通讯作者。

8. 为适应我国信息化建设趋势,扩大本集刊及作者知识信息交流渠道,本集刊已被中国学术期刊网络出版总库及中国知网系列数据库收录,作者文章著作权使用费与本集刊稿酬一次性给付。免费提供作者文章引用统计分析资料。如作者不同意文章被收录,请在来稿时说明。

投稿邮箱:oecdsses@ecnu.edu.cn

图书在版编目（CIP）数据

中国教育政策评论. 2023. 上 / 袁振国主编. —— 上
海：上海教育出版社, 2024.2
ISBN 978-7-5720-2523-5

Ⅰ. ①中… Ⅱ. ①袁… Ⅲ. ①教育政策－研究－中国
－2023 Ⅳ. ①G520

中国国家版本馆CIP数据核字(2024)第023266号

责任编辑　钟紫菱　谢冬华
装帧设计　郑　艺


中国教育政策评论　2023（上）
袁振国　主编

出版发行　上海教育出版社有限公司
官　　网　www.seph.com.cn
地　　址　上海市闵行区号景路159弄C座
邮　　编　201101
印　　刷　启东市人民印刷有限公司
开　　本　700×1000　1/16　印张15　插页1
字　　数　208千字
版　　次　2024年2月第1版
印　　次　2024年2月第1次印刷
书　　号　ISBN 978-7-5720-2523-5/G·2218
定　　价　88.00元

如发现质量问题，读者可向本社调换　电话：021-64373213